Almerinda Gama

Cibele Tenório

Almerinda Gama

A sufragista negra

todavia

Para Mainha (em memória),
mulher negra alagoana que amava os livros e, assim como
Almerinda, também tinha seu ofício na ponta dos dedos

Eu sempre, por instinto, me revoltei contra a desigualdade de direito entre homem e mulher. Lembro-me de que, quando criança, brincava com um primo [...]. Nós éramos crianças — talvez com dez, onze anos — e de uma discussão amigável surgiu uma dúvida: eu dizia que no casamento o homem e a mulher tinham direitos iguais e igual autoridade, que na casa, no casal, o direito era igual. Ele dizia que era do homem. Eu, não me conformando com aquilo, achei que devia servir de árbitro a nossa avó, que era considerada uma mulher sábia e que de fato era. [...] Então fomos juntos perguntar a ela quem era que mandava. Com certo tato, com muito jeito, ela disse que deveria haver harmonia, mas a autoridade do casal era do homem. Isso me deixou convencida da injustiça dos fatos, mas revoltada com isso. Meu primo saiu vitorioso, e eu saí cada vez mais revoltada e achando que devia haver igualdade.

Almerinda Gama

Introdução: "Quem é a eleitora da fotografia?" **9**

Parte 1: O voto

1. A República dos homens **19**
2. 1933: Uma eleição peculiar **26**
3. Se fosse eleita... **34**
4. 1989: A pioneira volta às urnas **48**
5. De Maceió a Belém: Os primeiros anos, a formação **52**
6. Uma "franco-atiradora" no movimento feminista **63**
7. Mais uma vez candidata **72**

Parte 2: A máquina de escrever

8. Do piano à máquina de escrever **87**
9. Rio de Janeiro, a terra das oportunidades **100**
10. Um crime, uma amizade e uma estreia **103**
11. "A inteligência não tem sexo" **109**
12. Uma assessora de imprensa para a FBPF **120**
13. "O respeito pela minha pele" **137**
14. Abismos e tensões no movimento sufragista **147**
15. Organização e luta sindical **157**
16. A questão da honra **164**
17. A vida na ponta dos dedos **169**

Parte 3: A casa

18. Em busca da matriarca **181**
19. A velha feminista e a bailarina da TV Tupi **187**
20. Rua Getúlio, 381: Portas abertas para o mundo **193**
21. O relicário domiciliar: Memórias, poemas, canções e amores **199**
22. Pequenas glórias e as contradições da memória **218**
23. A casa, uma herança **226**

Epílogo **235**
Notas **241**
Referências bibliográficas **263**
Créditos das imagens **277**

Introdução
"Quem é a eleitora da fotografia?"

Essa foi a pergunta que ecoou em minha mente na primeira vez em que me deparei com a imagem acima. Era uma manhã no Rio de Janeiro, e eu me encontrava no acervo de uma instituição de pesquisa, imersa em documentos, quando a fotografia surgiu diante de mim. Uma foto desgastada pelo tempo, carregava consigo o peso dos anos — bordas amareladas, rostos que haviam perdido a nitidez. Mesmo assim, era impossível ficar indiferente diante da figura feminina ali retratada.

Trajada elegantemente com uma estola de pele e tendo os cabelos adornados por uma boina, a moça deposita seu voto na urna, sem esconder o entusiasmo. Ao fundo, a cena revela alguns homens a observando, mas ela lhes parece indiferente. A eleitora surge radiante cumprindo seu ato cívico de votar. É a única mulher nesse registro.

Era 2015 quando eu me inscrevi para participar de uma oficina de produção audiovisual organizada pelo Centro de Pesquisa e Documentação de História Contemporânea do Brasil (CPDOC). Vinculado à Fundação Getulio Vargas (FGV), o centro preserva e organiza conjuntos documentais relevantes para a história recente do país, incluindo arquivos privados de personalidades nacionais, em especial as do mundo da política. A ideia da oficina era que os participantes propusessem, a partir dos arquivos da instituição, argumentos para curtas-metragens — uma forma de popularizar o acervo.

Os pesquisadores que, como eu, participavam da oficina tinham à disposição uma lista extensa de nomes notórios na política. Do ex-presidente Getúlio Vargas ao ativista antifome Herbert de Souza, o Betinho, a oferta compreendia, em sua maioria, homens. Encontrei uma alagoana desconhecida, chamada Almerinda Farias Gama. A ficha do acervo informava tratar-se de uma militante feminista que havia atuado junto ao movimento organizado de mulheres nos anos 1930. Constava também a informação de que Almerinda era jornalista e tinha sido uma liderança do movimento sindical no contexto do primeiro período em que Vargas esteve no poder no Brasil. A presença dessa mulher no acervo da instituição indicava que ela tinha relevância na história do Brasil contemporâneo. A partir desse primeiro contato, perguntas se multiplicaram: "Como nunca ouvi falar sobre ela?", "Uma liderança negra feminina no sufragismo branco?", "De que eleição ela participou?".

Sendo também alagoana e jornalista, como Almerinda, conheço a cultura local que costuma exaltar seus filhos "ilustres". Cresci ouvindo que Alagoas era a "terra dos marechais", pois ali nasceram Deodoro da Fonseca e Floriano Peixoto, os dois primeiros presidentes do país. Tentei relembrar alguma menção a Almerinda, mas não me recordei de nenhuma homenagem, menção honrosa, verbete... Para ela não havia busto, prêmio, nome de escola ou de rua; só silêncio.

Durante a pesquisa nos escassos documentos disponíveis, encontrei a fotografia em preto e branco que a retrata votando, com um largo e elegante sorriso estampado no rosto. Descobri que a imagem tinha sido reproduzida em muitos espaços, para ilustrar artigos e reportagens rememorando a luta histórica das mulheres brasileiras por igualdade política e jurídica. No entanto, nunca era acompanhada de legenda, e o seu uso se dava de maneira meramente ilustrativa.

Apesar do silêncio, a fotografia queria falar. Dispersa por entre pastas empoeiradas, a imagem resistia como se soubesse ser uma isca para fazer alguém desfiar a história. Fisgada pelo desejo de desvendar o que a fotografia queria me contar, comecei minha busca por Almerinda.

Mulher, negra, nordestina, jornalista, militante feminista, sindicalista, advogada, poeta e musicista. Essas são algumas das múltiplas facetas de Almerinda Farias Gama, que nasceu em Alagoas, em 16 de maio de 1899, e foi uma das lideranças da Federação Brasileira pelo Progresso Feminino (FBPF), entidade à frente da campanha sufragista brasileira entre os anos de 1920 e 1930.

A mulher que vivenciou dois prolongados períodos ditatoriais revelava que um dos seus maiores orgulhos era ser eleitora: "Nunca perdi uma eleição", dizia satisfeita.[1] Guardava seus títulos eleitorais como tesouros, e o primeiro deles, emitido em 1933, faz parte do conjunto de documentos que consultei no Rio de Janeiro.

Descobri que, ao tempo da foto, 1933, Almerinda já era viúva e não tinha posses. Contava com a destreza dos próprios dedos para assegurar sua subsistência: era datilógrafa, e foi pioneira entre as lideranças sindicais femininas ao fundar o Sindicato dos Datilógrafos, Taquígrafos e Secretários do Distrito Federal[2] — uma associação composta exclusivamente de mulheres, mas cujo nome o Ministério do Trabalho exigiu registrar no masculino.

Mesmo com a rotina frenética dos escritórios, a alagoana desdobrava-se, alternando frentes de atuação política. Minha pesquisa revelou que em nenhuma delas Almerinda teve um desempenho tímido, nem apenas simbólico, pelo contrário. Emprestou competência, carisma e brilhantismo ao movimento de mulheres, ao associativismo proposto pela Ala Moça do Brasil, ao partido em que consta como única mulher entre os fundadores, e aos companheiros e companheiras com quem lutava no movimento sindical. Interessava-se também em alimentar e exercitar seu espírito criativo por meio de expressões artísticas que foram suas paixões até o fim da vida: a música e a poesia.

Fruto de seu tempo, Almerinda foi uma mulher dos anos 1930, do Brasil que experimentava transformações profundas em seu tecido social. O país encontrava-se em transição de uma economia predominantemente rural para um modelo urbano e industrial e assistia à ascensão de Getúlio Vargas ao poder. Esse período foi marcado pelo rompimento com a experiência liberal da Primeira República e pelo surgimento de um projeto político em que o Estado se impõe como mediador das relações entre capital e trabalho. Almerinda não apenas testemunhou esses processos, mas se posicionou ativamente com relação às mudanças que aconteceram.

Além de ajudar a compreender as ações políticas protagonizadas por mulheres nas primeiras décadas do século XX, a trajetória de Almerinda revela a experiência de uma mulher negra na sociedade brasileira do pós-abolição. Sua postura independente e crítica em meio a uma sociedade injusta e desigual fez com que ela precisasse gastar bastante energia em diversas esferas de atuação. Não bastava ser boa profissional. Também era atuante na comunidade, dava vazão à sua criatividade e era atenta à vida política.

Com a coragem de ambicionar ter poder e recusar viver o destino que a sociedade reservava às mulheres negras, subvertendo o lugar de submissão que lhe estava destinado, Almerinda reverteu a história escravocrata e pavimentou o caminho para as que viriam depois dela.

Embora, mais recentemente, Almerinda tenha recebido alguma atenção em espaços específicos, ela permanece apagada das narrativas históricas sobre a participação feminina na política do país. Pouca gente sabe quanto ela contribuiu para emancipar as mulheres brasileiras.

Qual o motivo dessa lacuna? Em primeiro lugar, mulheres são personagens raramente destacadas nas narrativas. Relegadas ao esquecimento, foram encaminhadas ao silêncio, à obediência e à resignação. Sabe-se pouco a respeito das que vieram antes de nós. E se há desconhecimento sobre as mulheres em geral, a invisibilidade e o apagamento com relação às mulheres negras são ainda maiores, já que enfrentam a subalternização tanto de gênero quanto de raça. Um exemplo disso é que nos poucos espaços em que recebeu destaque por sua vida de luta, Almerinda foi relegada a pequenos verbetes nos quais uma interrogação ocupava o espaço destinado ao ano de sua morte. Determinada a reparar essa lacuna, segui rastros, percorri arquivos e entrei em contato com dezenas de cartórios de registro civil até localizar sua certidão de óbito.

Além do apagamento deliberado, a outra razão para Almerinda ter permanecido à sombra ao longo dos anos é que, mesmo tendo sido uma mulher ligada ao trabalho com o texto, ela não escreveu sobre si. Não deixou diários nem há livro de memórias. Talvez por ter sido totalmente absorvida pelas urgências da vida prática de quem dependia de si (e apenas de si) para ter algum sustento. O que se sabe sobre Almerinda, dito por ela mesma, provém de entrevistas que concedeu já idosa — na batalha contra o esquecimento, Almerinda lutou até o fim com as poucas armas que tinha ao alcance dos dedos. Também em razão disso, em algumas situações, contamos apenas com sua perspectiva sobre os acontecimentos e suas decisões.

Um dos desafios de reconstruir a trajetória de figuras públicas que não fizeram parte de círculos hegemônicos de poder, como é o caso de Almerinda, diz respeito à tarefa complexa de localização de documentos e fontes. Ao contrário de outras biografias, que podem demandar a sintetização de um grande volume de informações, este trabalho de investigação histórica e jornalística exigiu um garimpo minucioso para encontrar qualquer pista sobre Almerinda em arquivos públicos, jornais de época, filmes, músicas, publicações raras, fotografias e depoimentos. Mesmo assim, quando o assunto é Almerinda, ainda existem muitas perguntas sem resposta.

Ignorada pelos livros de história e longe dos acervos públicos, Almerinda não foi acolhida pelas instituições nem respaldada pela historiografia — ainda mais se comparada à companheira de luta feminista Bertha Lutz, que meticulosamente preservou documentos, cartas, projetos parlamentares e gravou em áudios suas experiências. Não à toa, as memórias do movimento sufragista no Brasil, por vezes, parecem cristalizadas unicamente em Bertha. Desbotadas ao fundo, encontram-se as "Almerindas", mulheres que também foram incansáveis na luta por dignidade, mas que por causa do racismo e do preconceito de classe foram excluídas dos registros oficiais. Resta resgatá-las e recuperar a sua contribuição.

Com o punhado de informações que apurei à época da oficina de produção audiovisual, produzi e dirigi, em parceria com o CPDOC, o curta-metragem intitulado *Almerinda, a luta continua* (2015).[3] O filme inspirou meu mestrado, cuja dissertação defendi no Programa de Pós-Graduação em História da Universidade de Brasília (UnB), em 2020, sob orientação da profa. dra. Teresa Cristina de Novaes Marques, referência nos estudos sobre o sufrágio feminino no Brasil.[4] Este livro tem sua origem nessa pesquisa, e sua escrita se deu em diálogo com uma extensa bibliografia, a qual pode ser consultada nas notas de referência.

Como há diversos pontos cegos na longa trajetória de Almerinda, optei por destacar os acontecimentos centrais da vida da minha conterrânea. Fiz isso por acreditar que as escolhas políticas e pessoais que ela fez em momentos difíceis podem ensinar a nos mantermos atentos aos nossos semelhantes e à dinâmica política.

Esta é a história de uma mulher negra e sua intervenção no mundo. Seguem aqui os comportamentos, os sonhos, as aspirações e as contradições de uma brasileira que viveu 99 anos e deixou uma rica experiência a compartilhar. Almerinda Farias Gama, a eleitora da fotografia em preto e branco.

Parte I
O voto

1.
A República dos homens

O ano era 1924. Havia alguns meses que Eliseu Visconti (1866-
-1944), um pintor nascido na Itália e radicado no Brasil, assi-
nara um contrato para criar um painel decorativo para o mais
novo palácio do Rio de Janeiro. O prédio substituiria a Casa de
Câmara e Cadeia, a antiga Cadeia Velha, que tinha sido palco
de importantes acontecimentos políticos e legislativos havia
pelo menos dois séculos. Sede da Câmara dos Deputados até
1914, foi ali que Joaquim José da Silva Xavier, o Tiradentes,
foi preso e condenado, e onde aconteceu a primeira Assembleia Constituinte em 1823. O local, no entanto, havia chegado
ao século XX em decadência, deteriorado pelo tempo, e des-
toava do restante da cidade que se remodelava buscando ares
de modernidade.

Nos primeiros anos do novo século, a administração da capital da República empreendeu um reordenamento do espaço
urbano, buscando replicar na América a estética e os padrões
de sociabilidade europeus. Era preciso transformar a velha cidade colonial em uma capital moderna.

Em 1921, o prédio da Cadeia Velha veio abaixo para dar lugar a um projeto em estilo eclético idealizado pelos arquite-
tos Arquimedes Memória e Francisque Couchet. Para abri-
lhantar o espaço que passaria a ser a nova casa do Legislativo e
que foi nomeado de Palácio Tiradentes, nada mais adequado
do que uma obra de um artista consagrado e que exaltasse a

nova face da República. Visconti já tinha trabalhado em outras encomendas governamentais para modernizar a cidade, construindo uma identidade visual que colaborava com os ideais do governo republicano.[1]

Em 1925 o artista apresentou o primeiro esboço da obra, mas a comissão responsável pelo projeto não pôde esconder a decepção ao vê-lo no seu ateliê na ladeira dos Tabajaras, em Copacabana. Na pintura a óleo da posse de Manuel Deodoro da Fonseca na Presidência da República, um anjo representado por uma figura feminina de cabelos dourados e asas esplêndidas abençoava a cerimônia. A comissão, inconformada com as testemunhas presentes na cena, imediatamente vetou a obra: o artista retratara mulheres.[2]

Em 1926 o Palácio Tiradentes foi inaugurado com uma nova composição de Visconti em seu plenário. A obra retrata a assinatura da primeira Constituição da República em 1891. Em tamanho real, estão representados os 63 constituintes. Os tons, diferente do esboço rejeitado, são sisudos, em variações de castanho. Desapareceram as figuras femininas, exceto a representação de Marianne, símbolo da Revolução Francesa, em um busto acima da mesa diretora.

A exigência não foi à toa. A Constituição assinada pelos personagens no painel de Visconti considerava eleitores "os cidadãos maiores de 21 anos que se [alistassem] na forma da lei". Embora o texto não negasse explicitamente o direito das mulheres de votar, na prática, elas não eram cidadãs — as juntas eleitorais rejeitavam os pedidos de alistamento feitos por brasileiras escolarizadas, impedindo-as de participar da vida política. O recado estava dado: a jovem República era uma república de homens; o espaço público era masculino e alfabetizado; somente aos homens que sabiam ler cabia se ocupar do mundo da política; às mulheres restava se dedicar unicamente aos assuntos domésticos.

Posse de Deodoro da Fonseca: Primeiro estudo para o Palácio Tiradentes, de Eliseu Visconti.

Assinatura da Constituição de 1891: a versão definitiva da obra de Eliseu Visconti.

Esse cenário começaria a mudar anos mais tarde, com a promulgação do Código Eleitoral de 1932, que prometia novos tempos na política brasileira. Para além da criação da Justiça Eleitoral, órgão responsável por administrar o processo eleitoral desde o alistamento até o reconhecimento dos eleitos, a legislação instituiu o voto universal e secreto e, de modo inédito, estendeu o direito do voto às mulheres, em resposta à intensa pressão política das feministas (também chamadas de sufragistas).

Em 3 de maio de 1933, mulheres alfabetizadas compareceram às urnas pela primeira vez, em uma eleição histórica. Além de votar, muitas se candidataram, entre elas a mais conhecida das sufragistas: Bertha Lutz, fundadora e presidente da Federação Brasileira pelo Progresso Feminino (FBPF). Na ocasião, Bertha disputou uma cadeira de deputada, recebeu um bom número de votos e, apesar de não ter sido eleita, garantiu a primeira suplência do Partido Autonomista. No mesmo pleito, foi eleita com votação expressiva Carlota Pereira de Queirós, uma médica e professora paulista que, ao contrário de Bertha, via no feminismo um movimento político desnecessário.[3] Queirós tornou-se a primeira mulher a ocupar uma cadeira na Câmara dos Deputados.

Dois meses depois da estreia feminina nas urnas — e sete anos após a inauguração do mural de Eliseu Visconti com os distintos senhores da República —, o Palácio Tiradentes "regurgitava".[4] Na manhã de 20 julho de 1933 o país faria um inédito experimento político: a eleição de representantes classistas para a Assembleia Nacional Constituinte. Além dos parlamentares eleitos pelo voto direto da população, o Código Eleitoral de 1932 instituía a participação de representantes classistas, eleitos indiretamente por delegados escolhidos por associações de categorias profissionais.[5] O Palácio Tiradentes seria o cenário dos eventos que marcariam esse novo capítulo da política brasileira.

A meio quilômetro dali, na pensão comercial em que morava com outras moças na rua do Rosário, 157, centro do Rio, Almerinda Gama vestiu sua melhor roupa, coloriu os lábios e as faces para externar a alegria que sentia em seu íntimo. Em uma concessão à moda do tempo, e em coerência com o inverno (apesar da temperatura pouco fresca), ela completou o traje com uma estola de pele de raposa emprestada de uma amiga feminista. Naquela quinta-feira, não iria ao Cartório Fonseca Hermes onde trabalhava como datilógrafa e escrevente, pois havia sido liberada do serviço. Tomou a máquina de escrever portátil, sua companheira de trabalho — e agora também de vida política —, para quem sabe escrever in loco uma notícia sobre a votação. Chamou um carro de praça e seguiu em direção ao Palácio Tiradentes para encontrar suas companheiras da FBPF, que desde 1922 funcionava como um núcleo de articulação política abrindo caminhos para a construção de direitos iguais para homens e mulheres. Naquela tarde de 20 de julho de 1933, a datilógrafa daria o arremate final em uma estratégia construída a quatro mãos por ela e Bertha Lutz, fundadora da federação. As feministas tinham percebido uma janela de oportunidade para participar da eleição através do novo modelo de representação classista.

Eram tempos de mudanças. Por meio de um golpe de Estado, em 1930, Getúlio Vargas havia ascendido ao poder e inaugurado uma nova fase da história política brasileira. Em um avanço de modernização acompanhado por um viés autoritário, o governo provisório de Vargas reformou o Código Eleitoral, instituindo o voto secreto e o sufrágio para mulheres alfabetizadas. A legislação eleitoral da Primeira República dava margem a que o processo fosse viciado, com fraudes generalizadas,[6] e algumas forças políticas por trás do movimento revolucionário de 1930 pretendiam levar o Brasil à ordem legal por meio da constitucionalização do país. O governo provisório convocou uma Assembleia Nacional Constituinte e aproveitou a ocasião para elaborar um experimento político que mudava a representação no Parlamento.

A nova proposta diversificava o perfil dos parlamentares. Além de deputados eleitos pelo voto direto, também fariam parte do Congresso deputados-empresários e deputados-trabalhadores que teriam a oportunidade de discutir os interesses e as necessidades de suas categorias no Legislativo.

Essa experiência política teve curta duração — e nunca mais se repetiu. Já em 1937 o Estado Novo fecharia os órgãos legislativos do país. A representação classista, como ficou conhecido o modelo criado pelo grupo político que chegou ao poder em 1930, teve um papel importante na luta política empenhada por Getúlio Vargas porque fortalecia o sindicalismo oficial. Com ela, Vargas buscava transformar associações e grupos que poderiam ser hostis ao governo em elementos reais de colaboração.[7]

No novo ensaio político o governo provisório determinou que, das 254 vagas para a Constituinte, quarenta se destinariam a sindicatos, associações de profissões liberais e associações de funcionários públicos.[8] Desde o fim do século XIX, o país contava com atividades sindicais que se apoiavam nas mais variadas tendências políticas, mas com o movimento de 1930 as coisas mudaram. O Estado passou a interferir diretamente nas questões vinculadas ao mundo do trabalho, conflagrando um modelo de sindicalismo de cunho oficial.[9]

Com a medida, o governo dispunha de mais instrumentos de controle sobre a massa trabalhadora, além de facilitar a formação de bases confiáveis na Constituinte.

Nos novos tempos, sindicalizados devidamente enquadrados teriam a chance de ter alguma voz no espaço político, e, se existia um grupo que mapeava qualquer oportunidade de participação política, era o das feministas.

Naquele 20 de julho de 1933, a hegemonia masculina no plenário do Palácio Tiradentes seria quebrada. No dia seguinte ao pleito classista, sem muito alarde, os jornais informaram um fato apontado como curioso: uma mulher chamada Almerinda Farias Gama, representando o Sindicato dos Datilógrafos e Taquígrafos do Distrito Federal, esteve presente e participou da votação. Ignorando os olhares masculinos que a fitavam com certo desdém, Almerinda sorriu ao depositar seu voto na urna. Um sorriso que ainda hoje segue fascinando.

2.
1933: Uma eleição peculiar

No caminho para o Palácio Tiradentes, Almerinda certamente repassou sua trajetória. Aquele seria o dia mais importante dela desde que pisara no Rio de Janeiro pela primeira vez, ao desembarcar em uma manhã chuvosa de 1929. Com a esperança de se beneficiar do progresso que a capital federal parecia oferecer, ela tinha deixado para trás a cidade de Belém, onde passara parte da infância e da juventude.

O Rio de Janeiro que Almerinda conheceu em 1929 experimentava grande ebulição não só política, como também nos âmbitos cultural e social. As mulheres já ocupavam espaços públicos, porém ainda existia um longo caminho de conquistas pela frente, como do direito de ser alfabetizada, de assumir melhores postos de trabalho, ou simplesmente de ser considerada dotada de capacidade intelectual.

Esse Rio cosmopolita, centro político do país, vivia uma aceleração sem precedentes. A movimentação era intensa e os negócios pulsavam no centro comercial. Almerinda fazia parte do grande exército de trabalhadoras que tomava as ruas em direção a fábricas, oficinas de costura, bancos, cartórios. Os lugares em que havia "trabalho de mulher". Ela era uma entre as muitas datilógrafas que inundavam as ruas.

Tinha tido sorte de conseguir emprego rápido, mas enfrentava dificuldades para chegar pontualmente ao serviço. Hospedada na casa de um casal amigo de seu irmão no bairro do Estácio, Almerinda tomava o bonde até o centro, onde ficava o cartório em que trabalhava. A distância era razoável e deixava a rotina ainda mais exaustiva. Cansada de perder tempo com o transporte, Almerinda foi atrás de um espaço mais próximo ao trabalho. A vida ficaria mais fácil e ela não correria o risco de aborrecer os chefes com atrasos.

A vaga ideal surgiu em uma pensão na rua do Rosário, uma das pioneiras da cidade, região repleta de casas comerciais e onde ficava a redação de diversos jornais. Instalada na casa de nº 157, estava a poucos metros do cartório, que ficava no nº 145 da mesma rua.

Os dias na pensão eram alegres, com gente jovem conversando por toda parte, fazendo planos. Além das moças e dos rapazes que ali moravam, o lugar ainda recebia outros pensionistas que faziam parada apenas para o almoço. Era, portanto, um ótimo ambiente para quem tinha acabado de chegar à cidade, já que se fazia amigos facilmente e não se gastava muito. Havia, no entanto, falta de privacidade: Almerinda dividia o quarto com outras duas moças. Guardava suas coisas mais estimadas na gaveta da cômoda que acomodava, além de roupas, seus diários e as fotos dos familiares que ficaram em Belém. Era ali que ficava armazenado, dentro de um de seus livros, o título de eleitora recém-conquistado.

Sua vida mudara muito desde a chegada à cidade. Novas perspectivas, novas amizades, novas atribuições. A rotina já não era mais a mesma desde que seu caminho e o da líder feminista Bertha Lutz haviam se cruzado em um dos encontros da FBPF na avenida Rio Branco, onde funcionava a entidade.

Bertha e Almerinda eram mulheres de mundos e de temperamentos distintos. Lutavam no mesmo campo minado, mas com experiências e alcances diversos. Bertha havia tido a oportunidade de estudar em ótimas escolas e frequentar uma universidade de prestígio na Europa. Era uma paulista de personalidade forte que emprestava seu rosto ao movimento feminista organizado no Brasil. Seu sobrenome indicava ser uma filha da elite: o Lutz vinha do pai, o cientista e pioneiro da medicina tropical Adolfo Lutz. Zoóloga por formação, em 1919 Bertha foi aprovada em um concurso do Museu Nacional, sendo a segunda brasileira a ingressar por concurso no serviço público.

Em comparação à figura caucasiana de Bertha, Almerinda era uma mulher parda, que nascera em Maceió e vivera a juventude no Norte do país. Tinha o corpo franzino mesmo na casa dos trinta anos, ao acompanhar uma amiga que levava uma criança para ser matriculada na escola primária, chegou a ser confundida com uma das alunas.[1] Era comunicativa e de sorriso fácil, vinha de uma família de posição confortável nas sociedades alagoana e paraense (parte da família era do Pará), mas desde jovem trabalhava pelo próprio sustento.

Bertha era a líder sob os holofotes; Almerinda trabalhava diligentemente, quase sempre nos bastidores. No entanto, ambas defendiam com convicção a igualdade de homens e mulheres perante a lei. Eram mulheres conscientes do fato de que carregar no corpo uma identidade feminina significava viver com amarras morais e legais que limitavam sua existência. Cada uma, a seu modo, era inquieta e visceral em seus ideais, filhas diretas de mentes feministas que, anos antes, haviam passado a questionar papéis e comportamentos tidos como naturais às mulheres. O cansaço com a dominação masculina lhes proporcionava uma conexão.

Da Europa e dos Estados Unidos, novos ventos traziam ares de mudança. A discussão não podia ser ignorada: estava presente nos jornais, nas revistas, no cinema. Ao redor do mundo, mulheres buscavam reconhecimento como seres políticos e exigiam o voto feminino — *"Votes for women"*, gritavam as *suffragettes* pelas ruas de Londres. Esse ambiente proporcionava a Bertha e Almerinda um entendimento significativo do peso da opressão que elas mesmas e as demais mulheres experimentavam em um lugar social que muitas vezes era aprisionante. Não podiam aceitar a superioridade legal masculina e acreditavam na igualdade absoluta entre homens e mulheres. Por caminhos e motivações diferentes, tomaram parte na luta. À época, a FBPF pautava a discussão no espaço público. Comandada por Bertha, a entidade, a partir de 1930, contaria também com a colaboração de Almerinda. No escopo feminista do começo do século XX, estavam as lutas por igualdade entre homens e mulheres: jurídica, salarial e de oportunidades. Esse tipo de feminismo que tinha como principal mote interesses jurídicos seria por diversas vezes, ao longo dos anos, alvo de críticas de ativistas e intelectuais por não destacar outras questões relevantes para as mulheres trabalhadoras, muitas delas alijadas do direito ao voto por não terem instrução formal[2] — vale lembrar que o próprio Código Eleitoral de 1932 permitia o voto apenas de mulheres escolarizadas.

Reféns de uma legislação que delimitava seu espaço de atuação, as mulheres do começo do século XX têm suas vivências atreladas à dos homens. Sem direitos políticos, tratadas pela legislação civil brasileira como tuteladas, e com limitadas perspectivas de trabalho, viviam em um tipo de limbo no qual não tinham mecanismos institucionais para se esquivar das injustiças decorrentes de abusos do poder masculino. Eram sufocadas por leis civis que regiam o casamento e por uma engrenagem social que lhes vigiava constantemente, sempre a lembrá-las de que seu lugar era no seio da instituição pela qual deveriam zelar acima de tudo: a família.

Não à toa, tanto Bertha quanto Almerinda eram vistas com desconfiança por serem mulheres que não estavam sob a guarda masculina. Bertha nunca se casou ou teve filhos, já Almerinda ficou viúva muito jovem. Indefiníveis: nem esposas nem mães. Essa condição, no entanto, proporcionou-lhes liberdade para se envolverem em atividades políticas.

A eleição de representantes classistas era o principal acontecimento naquele meado de 1933, e as sufragistas, atentas a qualquer abertura para ingressar no cenário político, elaboravam uma estratégia para participar da votação. Por causa da ligação de Almerinda com o meio operário, Bertha rapidamente reconheceu que ela seria o nome adequado para estar à frente de um sindicato que poderia levar uma mulher ao plenário do Palácio Tiradentes. Apesar de a categoria profissional à qual Almerinda pertencia ainda não estar organizada em um sindicato, ela já conhecia parte do movimento e tinha boa noção do funcionamento de uma entidade de classe, graças à vivência do irmão, José Antonio Gama, um líder sindical. (A casa dos Gama, em Belém, chegou a ser sede de uma cooperativa do Sindicato dos Gráficos do Pará.)[3] Além disso, Almerinda demonstrava grande disposição para assumir a tarefa. As demais feministas tinham pouco diálogo com os sindicatos que representavam outras trabalhadoras assalariadas, como o da indústria têxtil, ou com outras categorias profissionais, como a das costureiras e trabalhadoras domésticas, estes ofícios com pouca ou nenhuma organização política.[4]

Deslocar as lutas feministas para o âmbito do movimento sindical permitiria à FBPF ter um de seus nomes numa competição eleitoral e, consequentemente, em um espaço de representação política. Furar o bloqueio para estar nos lugares de tomada de decisão, mais do que um ato simbólico, faria com que o movimento ampliasse de forma efetiva os atores no jogo político.

Como Almerinda era representante de uma categoria profissional majoritariamente feminina, nada mais apropriado do que fundar um sindicato dessa categoria: o Sindicato das Datilógrafas, Taquígrafas e Secretárias. Além disso, ela não seria vista como uma estranha que se aproveitava da situação para se intitular sindicalista, uma vez que já conhecia elementos do movimento operário na cidade — seu irmão cultivava contato com os sindicalistas cariocas.

A oficialização do sindicato ou da associação junto ao Ministério do Trabalho, Indústria e Comércio (MTIC) era condição básica para que uma entidade participasse do pleito, o que acabava por tirar do jogo político lideranças operárias mais combativas. Mas, mesmo que a oficialização não fosse obrigatória, dificilmente as correntes revolucionárias participariam da eleição, por entenderem que a experiência era uma maneira de o governo manobrar os trabalhadores, ou por não terem articulação suficiente para tal.

O peso dado pelo governo provisório para as categorias na Constituinte foi o seguinte: vinte cadeiras para a classe dos empregados, sendo duas de associações de funcionários públicos e dezoito de sindicatos de empregados; e vinte cadeiras para a classe dos empregadores, sendo três para associações de profissões liberais e dezessete reservadas a representantes de sindicatos de empregadores. Quatro assembleias em datas diferentes foram marcadas para a eleição de cada grupo: a primeira, e a mais disputada, seria a dos empregados.

Para ter o controle de quem poderia participar daquele processo eleitoral, o governo provisório estabeleceu que apenas sindicatos reconhecidos pelo MTIC até o dia 15 de junho, portanto 35 dias antes da eleição, poderiam indicar delegados. Nesse dia houve grande movimentação para sindicalizar trabalhadores e o *Correio da Manhã* relatou que foram considerados aptos 346 sindicatos operários.

No Sindicato das Datilógrafas, Taquígrafas e Secretárias do Distrito Federal, uma assembleia extraordinária foi convocada para o dia 24 de junho de 1933, a fim de escolher quem seria a delegada-eleitora que participaria daquela votação. Tratava-se de mera formalidade, pois o nome de Almerinda já havia sido validado pela diretoria da FBPF tempos antes. As associadas chegaram na hora marcada no centro da velha cidade, onde boa parte dos sindicatos funcionavam. Uma das mulheres que aparece na ata dessa sessão é Maria Eugenia Celso, escritora mineira que ocupava o posto de vice-presidente da FBPF e que, sendo de família influente — era neta do visconde de Ouro Preto e filha do conde Afonso Celso de Assis —, estava longe de ganhar a vida como datilógrafa. Entre as associadas, poucas de fato exerciam a profissão. Juntou-se ali um punhado de colegas de cartório de Almerinda e algumas integrantes da FBPF que tinham outras ocupações, mas ajudaram a dar corpo e legitimidade à entidade.

Com dezenove votos, a escolha de Almerinda foi referendada.[5] Sobre o episódio, ela diria anos depois em entrevista: "Me consideraram porque eu era a criatura que estava em evidência, mais em contato com o movimento, mais conhecedora, de maneira que era a que estava mais bem aparelhada para ser delegada. E, assim, eu consegui".[6]

Mais um passo para chegar à eleição havia sido dado. Com essa estratégia idealizada por Bertha e tirada do papel por Almerinda, a FBPF colocaria uma mulher no plenário da eleição para representantes classistas. Entretanto, dias antes, no ato do registro do sindicato, Almerinda ouviu duas objeções do auditor do MTIC, ambas relacionadas à nomenclatura escolhida para a organização. A primeira delas: o nome não seria aceito no feminino. O auditor alegou que um sindicato deveria aceitar pessoas de ambos os sexos (embora as mulheres fossem maioria nesse tipo de trabalho).[7] A segunda: a expressão "secretárias" teria que ser suprimida. Ao passar os olhos no pedido de registro, o auditor riu e afirmou que "secretário" não era profissão. Sendo assim, o sindicato concebido pelas mentes feministas teria o nome de Sindicato dos Datilógrafos e Taquígrafos do Distrito Federal. O MTIC até poderia interferir na nomenclatura do sindicato, não poderia, porém, impedir que uma mulher estivesse à frente dele.

Na carteira representativa de delegada sindical, que hoje faz parte do arquivo do CPDOC, um detalhe chama a atenção. Insatisfeita com os vários substantivos masculinos no documento, Almerinda fez um pequeno traço na letra "o" para transformá-lo em "a". Nada de "companheiro" ou "portador". Pelo menos em sua carteira sindical, as palavras estariam no feminino: "companheira" e "portadora".

Carteira de delegada sindical de Almerinda Gama.

3.
Se fosse eleita...

Dentro do Palácio Tiradentes, ao lado da praça Quinze de Novembro, funcionários do MTIC se apressavam para deixar tudo em seu devido lugar para o evento. Não se tratava apenas de uma questão de organização, era necessário ordenar o espaço de acordo com as regras determinadas no Código Eleitoral brasileiro, publicado em fevereiro do ano anterior. Além da extensão do direito de voto às mulheres alfabetizadas e da criação da Justiça Eleitoral para administrar o processo desde o alistamento até o reconhecimento dos eleitos, o Código Eleitoral de 1932 também introduzira o voto secreto. Para garantir o sigilo, a legislação ordenava que, no local da votação, seria "separado do público o recinto da Mesa, e, ao lado desta, deverá achar-se a máquina de votar, ou um gabinete indevassável, para que, dentro dele, possam os eleitores, à medida que compareçam, colocar suas cédulas nas sobrecartas oficiais".[1] O lugar indevassável, que podia ser fechado por uma cortina ou porta, dava ao eleitor privacidade para colocar sua cédula de votação na sobrecarta (envelope) oficial.[2]

Diferentemente do dia 3 de maio, em que a população tinha ido às urnas e participado da eleição, dessa vez o voto seria indireto, feito pelos delegados dos grupos profissionais designados expressamente para esse fim. Um dos diferenciais do modelo brasileiro de representação era que a participação estava restrita a entidades profissionais, e não era permitida aos trabalhadores individualmente.[3]

De qualquer maneira, naquela quinta-feira de julho de 1933, ainda que apenas os eleitores devidamente diplomados e os funcionários em serviço estivessem autorizados a entrar no Palácio, o que se viu foram curiosos e convidados por toda parte. Esse era apenas o primeiro dia de votação dos classistas, iniciada com a eleição dos empregados. Cinco dias mais tarde, em 25 de julho, foi a vez dos empregadores. No dia 30 de julho foram definidas as vagas dos funcionários públicos e, no dia 3 de agosto, os profissionais liberais votaram.

As eleições para a escolha dos classistas seriam o segundo pleito realizado no país desde que mulheres haviam conquistado o direito ao voto. Almerinda não estaria sozinha na votação. Em sua companhia, outra mulher, Eufrosina Messena, representaria o sindicato sergipano de uma profissão majoritariamente masculina, a dos magarefes — sinônimo para açougueiro ou trabalhadores de matadouros. Tomariam parte nas eleições também como delegadas-eleitoras nos dias de votação que se seguiriam Bertha Lutz, pela União das Funcionárias Públicas e entre os profissionais liberais; Maria Eugenia Celso, pela União Profissional Feminina; e Carmen Portinho Lutz, pela União Universitária Feminina.[4] Todas essas associações reuniam-se no mesmo lugar, na rua Pedro I, no centro,[5] e assim como o Sindicato das Datilógrafas, eram ramificações da FBPF, que buscava ocupar qualquer brecha de participação social e política.

O pleito estava agendado para o meio-dia. Antes disso, os jornalistas já se amontoavam no local para cobrir o evento. Havia uma queixa generalizada entre os profissionais de imprensa sobre o lugar destinado a eles pela Comissão Eleitoral: estavam distantes do plenário, confinados em nichos. Alegavam que dali pouco se ouvia e que seria impossível acompanhar o desenrolar da votação. A celeuma foi resolvida quando o ministro do Trabalho, Salgado Filho, que presidiria a votação, chegou ao local e disse aos jornalistas: "Os senhores podem ficar onde quiserem".[6] Afinal de contas, era importante para o governo provisório que os jornais veiculassem que a votação fora um sucesso.

Na coletiva de imprensa improvisada, Salgado Filho salientou o desejo do governo de que o pleito ocorresse com isenção e liberdade, sem interferência das autoridades sobre os delegados-eleitores. Ele falou sobre sua satisfação em ver empregados e operários atendendo ao apelo e à boa vontade do governo para envolver as classes trabalhadoras nos negócios do país.[7] Na fala ficou evidenciado o interesse do governo tanto nos resultados das eleições, por ser uma chance de criar uma base de sustentação política, quanto no próprio enquadramento sindical dos trabalhadores. Dois anos antes, em março de 1931, o Decreto nº 19770, conhecido como "Lei de Sindicalização", havia consagrado a tutela do Estado sobre os sindicatos com a criação do sindicato único por categoria, a proibição de atividades políticas e a obrigatoriedade de reconhecimento pelo recém-criado MTIC.

Almerinda e os outros delegados entraram no Palácio Tiradentes pelo portão dos fundos. A credencial para ter acesso ao plenário era a carteira de delegado-eleitor. Almerinda tomou seu lugar nas cadeiras destinadas aos protagonistas daquela tarde. Destacava-se com sua boina encarnada e seu sorriso aberto.

Uma vez ali, Almerinda deve ter vasculhado o salão nobre à procura de um olhar de cumplicidade, atrás de Eufrosina, a representante dos magarefes. Na fotografia com a composição do plenário, Almerinda aparece como a única mulher sentada nas cadeiras reservadas aos delegados-eleitores. No dia seguinte, os jornais veiculariam que, por problemas de saúde, Eufrosina não pôde comparecer.[8] Coube ao destino que fosse Almerinda a única mulher presente. Acomodada em sua cadeira, ela encara o mural de Eliseu Visconti, bem à sua frente.

Os céus sobre sua cabeça eram de outros tempos. A monumental cúpula de vitrais do Palácio Tiradentes representa o céu brasileiro no exato momento da Proclamação da República, às 9h15 da manhã do dia 15 de novembro de 1889. Quando o sol incide sobre o vidro trabalhado, o palácio ganha ares quiméricos. O som que preenchia o ambiente era uma mistura de estilos de pronúncia, eram prosódias das mais diversas gentes vindas de todo o país para participar da eleição. No plenário, prevaleciam as vozes masculinas. Representantes de quase todas as unidades da Federação estavam presentes, com exceção de Amazonas, Alagoas, Mato Grosso e Goiás. Além da maior presença de delegados de estados mais ricos, chamava a atenção o alto número de representantes de estados do Norte, como o Pará, que contava com 21 delegados na eleição. Isso demonstrava como, fora dos grandes centros urbanos onde o movimento proletário independente era menor, o sindicalismo estatal alcançava maior adesão. Os estados do Norte, por exemplo, formaram um bloco que buscava levantar votos para um candidato da região. A ideia era que na bancada classista surgisse a chance de enfraquecer a dominância do Sul na Assembleia Constituinte.

Diferentemente da eleição da bancada dos empregadores, o governo exerceu um controle severo no pleito dos empregados. Promovia a sindicalização dos trabalhadores e intervinha diretamente na escolha de seus representantes.[9] O controle vinha não só da organização pelo MTIC, mas de Luís Aranha, irmão do ministro da Fazenda Oswaldo Aranha, chefe de gabinete do Ministério da Justiça e secretário-geral da União Cívica Nacional — coligação que reunia as forças que promoveram a Revolução de 1930 —, que, a partir do seu gabinete, orientava os votantes sobre a escolha dos delegados classistas.[10]

Os jornalistas que acompanhavam a escolha dos deputados classistas à Constituinte que se instalaria ao final daquele ano não pouparam os leitores de detalhes dos bastidores da votação.

Almerinda Gama na eleição de deputados classistas em 20 de julho de 1933.

Na edição do dia 21 de julho de 1933, o jornal *A Batalha* relatava jamais ter presenciado uma eleição com "cabala" (negociações políticas) tão intensa.[11] Os conchavos eram costurados até poucos minutos antes do início dos trabalhos, no plenário, nos corredores e até nos botequins dos arredores.[12]

Embora a FBPF vislumbrasse na eleição para representantes classistas uma oportunidade de construir alianças e oferecer apoio a categorias nas quais tinha bom trânsito, como a dos servidores públicos da qual Bertha Lutz fazia parte, Almerinda relatou não ter havido articulação política com as principais chapas. A chapa oficial era liderada pela União Cívica Nacional, de Luís Aranha; a outra, considerada de oposição, se congregava em torno da Federação do Trabalho. Segundo Almerinda, era claro que alguns delegados estavam articulados com o governo: "Eu via [...] que cada um queria ser eleito não somente pelo proveito pessoal, como também pelo proveito político [...]. Agora, notei que havia alguns que estavam assim como que comprometidos com os poderes organizados com os meios oficiais".[13]

Apesar de representar o Sindicato das Datilógrafas e Taquígrafas, naquele dia Almerinda lançou sua candidatura por conta própria. Os candidatos não eram designados previamente, então, no dia do pleito, qualquer um dos 282 delegados-eleitores podia passar a concorrer a uma das dezoito vagas. O número de delegados-eleitores terminou sendo bem inferior ao de sindicatos habilitados a participar do pleito (346).[14] Cada eleitor preencheria a cédula com os dezoito nomes (titulares e suplentes) que gostaria de ver assumindo uma cadeira na Assembleia Nacional Constituinte.

Acomodada em um dos assentos do plenário do Palácio Tiradentes e munida de sua máquina de escrever portátil, Almerinda pôs-se a datilografar cédulas com seu nome, deixando em branco os outros dezessete espaços. "Era, pois, uma candidata sem alianças, sem combinações com quem quer que fosse", destacou o jornal *A Noite*. Ao repórter, Almerinda detalhou os bastidores de sua participação no pleito:

> Meteram-me à última hora como suplente, numa chapa de dissidência, ou melhor, de emergência, de protesto. Essa oposição formou-se porque elementos estranhos ao proletariado procuravam absorver quase todas as dezoito cadeiras, alijando os verdadeiros proletários, principalmente os marítimos. Tendo verificado, porém, que ninguém se entendia, desinteressei-me dessa minha candidatura e fiz-me candidata a deputada, avulsamente, por mim mesma, sem me aliar a ninguém, embora com a certeza de derrota. Uma simples experiência.[15]

Mesmo sem articulações para a eleição, Almerinda estava ali representando a FBPF — que não era necessariamente um núcleo político. O programa defendido pelo seu sindicato na eleição era formado por ideias muito vinculadas à federação: equiparação de direitos dos dois sexos, sem quaisquer restrições; obrigação do governo de prestar assistência à infância, à velhice e à invalidez; e instrução gratuita em todos os níveis.

A máquina de escrever portátil que levava consigo, talvez para fazer jus à categoria que representava, e que colocara sobre sua bancada, logo chamou a atenção dos colegas, que formaram fila para lhe pedir ajuda na confecção de suas chapas de votação. Isso aconteceu porque a cédula deveria ser impressa, datilografada ou mimeografada,[16] e as quatro datilógrafas do MTIC presentes na votação não davam conta do trabalho intenso. Entre uma conversa e outra, Almerinda valeu-se de sua Remington para datilografar cédulas de outros votantes, incluindo, é claro, seu nome entre as dezoito vagas.[17] Em depoimento dado em 1984, ela relembraria o fato: "Me sentei

Atendendo aos pedidos de outros representantes sindicais, Almerinda confecciona cédulas para a eleição dos classistas.

à máquina, comecei a datilografar. Quem queria a chapa me pedia para fazer no papel em branco. Eu, então, [...] preenchia e entregava".[18] Assim, atendeu gentilmente a uma fila de colegas mesmo quando já havia sido iniciada a eleição. E como viria a destacar o *Diario da Noite*, "bateu à sua máquina durante quase todo o tempo de votação".[19]

Com as cédulas em mãos, os delegados-eleitores aguardavam a hora de votar. Pelas regras do Código Eleitoral do ano anterior, o delegado-eleitor usaria um envelope oficial, que não poderia ter marcas que identificassem o eleitor, e, dentro dele, seria inserida a cédula. Outra inovação implementada pelo código era o "gabinete indevassável", o local de votação onde o eleitor poderia envelopar a cédula com privacidade, garantindo o sigilo do voto. O pleito começaria pelos estados do Norte e terminaria com os do Sul do país. Embora o número de eleitores fosse alto, 270 delegados (doze não compareceram), a votação seguiu rápido, pois cada pessoa gastava em média dois minutos.

A chamada do nome de Almerinda quebrou a sequência masculina de nomes que se estendia desde o começo da tarde: "Sra. Almerinda Farias Gama, favor comparecer à mesa eleitoral para depositar seu voto".

Os fotógrafos se apressaram em cercar a mesa de votação. Um tumulto se formou, e o escrivão precisou intervir para restabelecer a ordem. Almerinda vestiu a estola de raposa em volta do pescoço, desejosa de obter o melhor registro possível de seu momento como cidadã-eleitora, e abriu um largo sorriso, coisa que não lhe custava muito. Na fotografia que eternizou esse momento (ver p. 9) nota-se uma mulher plenamente concentrada em sua missão cívica enquanto recebe olhares curiosos (ou de julgamento?) dos homens ao redor.

No meio do burburinho, de última hora, a chapa alternativa ligada à Federação do Trabalho convocou Almerinda para

Almerinda assina o livro de presença antes de depositar seu voto na urna.

ingressar como suplente. "Disseram: 'Vamos botar gente nossa, gente que trabalha'. Fizeram e, então, me botaram", relembrou Almerinda.[20] A chapa buscava formar um grupo com elementos representativos dos mais diversos estados.

A contagem dos votos começou às 16h40 e seguiu noite adentro. A razão da demora foi a leitura em voz alta de cada nome contido nas cédulas. Só às 2h40 os votos terminaram de ser contabilizados. Foram eleitos doze titulares e quatro suplentes que tiveram a maioria absoluta dos votos. Almerinda obteve cinquenta votos no primeiro escrutínio, o que não foi suficiente para ser eleita. Ainda restaram algumas vagas não preenchidas por maioria absoluta dos votos, e um segundo escrutínio foi convocado pelo ministro Salgado Filho. A essa altura, já eram cinco horas da manhã.

A votação seguinte foi mais rápida e correu até as 6h35. A apuração começou somente às 8h45 — mais de vinte horas depois do início da sessão. O segundo escrutínio teve 225 votantes, com 219 votos válidos ao fim. Almerinda obteve 53 votos, número ainda insuficiente para que as feministas conquistassem uma das cadeiras da Assembleia Nacional Constituinte. Ao contrário da eleição política, que era conduzida por um órgão alheio ao governo provisório — a recém-criada Justiça Eleitoral —, o próprio governo conduziu as eleições dos representantes classistas. Embora não tenham acontecido fraudes generalizadas, ele interveio tentando articular os eleitores em torno de nomes de consenso que eram do seu agrado.[21]

O processo eleitoral foi alvo de críticas por parte de vários operários que participaram como delegados-eleitores. Aos jornais, queixaram-se de que, de um modo geral, a eleição não correspondeu às expectativas do proletariado. Segundo eles, a lei estava sendo desvirtuada, já que o critério de votação tinha sido mais estadual do que proporcional ao número real de membros na categoria. Os ferroviários denunciaram que a chapa da União Cívica Nacional havia sido composta "ao sabor da política" e ignorado a maioria dos representantes de classe que enviaram delegados-eleitores.[22]

Em uma fala no dia da votação em 1933, embora tenha apontado a existência de elementos estranhos ao proletariado que articulavam para ficar com uma das dezoito vagas, Almerinda elogiou a votação afirmando que tudo ocorrera com a mais absoluta honestidade e que a interferência oficial tinha tido o "louvável intuito de articular, de coordenar". Ainda ativa na cena pública e participando da FBPF, ela suavizara a crítica aos acordos feitos pelo governo provisório com alguns candidatos. De toda forma, a combinação de votos não configurava uma manipulação do processo eleitoral, pois fazia parte da lógica de funcionamento do pleito.

Na velhice, já longe dos conchavos e colocando a sua própria história em perspectiva, ela se sentiu à vontade para falar dos representantes de classe que faziam jogo duplo junto ao MTIC para obter algum benefício, os "pelegos". Almerinda concordou que havia elementos ligados aos interesses oficiais e ampliou a crítica ao afirmar que poucos eram realmente da classe trabalhadora. Segundo ela, existiam muitos representantes de classes aristocráticas ou mais letradas, e "os trabalhadores queriam que aquilo fosse dado à gente do pesado, à gente que de fato encontrava a dureza da vida". [23]

O resultado da eleição apontou a vitória do governo provisório. A chapa da União Cívica Nacional foi a vencedora, elegendo dezessete deputados e cinco dos nove suplentes.

Como já antevia não ser eleita, Almerinda não cultivou o sentimento de derrota. O plano de ter mulheres no pleito fora bem-sucedido. Questionada por um repórter que fazia a cobertura naquela madrugada no Palácio Tiradentes sobre qual era o sentimento de ser a única mulher entre tantos homens, não se fez de rogada: "Minhas impressões? Excelentes. Sinto-me muito bem aqui. Que culpa tenho eu de estar sozinha?". [24]

Mas, dentro do movimento feminista, nem tudo corria na mais perfeita ordem. Anos mais tarde, ao relembrar esses acontecimentos, Almerinda deixaria vir à tona certo ressentimento com o resultado do esforço do dia 20 de julho. A conquista coletiva que ela empreendeu naquele dia, sendo a única mulher entre os 270 delegados-eleitores, não foi comemorada pelas demais integrantes da FBPF:

> Parece que algumas acharam que estavam esquecidas porque sempre há certa rivalidade. Eu não digo que tenha havido. Mas não houve mesmo assim um regozijo coletivo que chamasse atenção, não houve. As pequenas vitórias foram alcançadas paulatinamente, mas sem grande alarido.[25]

Na ausência de comemoração com as colegas feministas, Almerinda se juntou aos delegados-eleitores para celebrar a experiência da primeira eleição de representantes classistas. Seria mais um evento em uma semana agitada. Saiu da pensão rumo ao Magnífico Hotel, na rua do Riachuelo, onde as delegações de outros estados estavam hospedadas. Mais uma vez, era a única mulher entre companheiros homens. O jantar foi oferecido na sexta-feira, dia 21 de julho, aos deputados eleitos Francisco Mena, químico de São Paulo; Guilherme Plaster, comerciário de Minas Gerais; Ênio Lepage, comerciante de Santos; Armando Laydner, ferroviário de São Paulo; e Alberto Surek, comerciário de Minas. No momento da sobremesa, Almerinda pediu a palavra e fez um apelo aos colegas eleitos no sentido de atentarem para a mulher trabalhadora, "para que ela não seja o 'peso morto' nas atividades trabalhistas".[26]

Àquela altura, os colegas da eleição classista já estavam familiarizados com os temas que eram caros à jovem feminista. Ela havia sido destaque na capa do jornal *A Noite*, na edição de 21 de julho, dia seguinte ao da eleição, com o título "Se fosse eleita... As ideias e impressões da única mulher que votou na primeira eleição dos representantes de classe". A reportagem, que apresentava uma foto de Almerinda ao lado de sua inseparável máquina de escrever, afirmava que a eleitora das datilógrafas e taquígrafas cariocas, "embora pequena e esguia, se destacava ali, com a sua boina encarnada e o seu sorriso contente". O repórter quis saber como seria a atuação de Almerinda caso tivesse sido eleita:

Pois bem. Se fosse eleita, minha atuação na Constituinte seria no sentido de defender com ardor a estabilidade de todas as medidas decretadas pelo governo provisório atinentes às garantias asseguradas aos trabalhadores. Lutaria mesmo para que se ampliassem o mais possível essas garantias. Bater-me-ia também pela equiparação dos direitos dos dois sexos, eliminadas todas e quaisquer restrições.

Propugnaria a obrigação de prestar o governo assistência à infância, à velhice e à invalidez. Estes são os pontos capitais do meu "programa". Mas não me descuidaria dos demais problemas de interesse nacional, sobretudo o da instrução pública, que pretendo seja obrigatória, em se tratando da primária e da profissional.[27]

A FBPF não chegou a ter uma representante de seus quadros no plenário da Assembleia Constituinte. No entanto, além de conseguir emplacar Almerinda como uma das delegadas-eleitoras no pleito dos empregados, as feministas aproveitaram a

Almerinda (ao centro) e outros colegas comemoram
em jantar o sucesso da eleição classista.

eleição para fazer articulações políticas em prol de suas causas não só na capital federal, mas em todo o país.

Depois de anos incansáveis de luta empreendida por gerações de mulheres, episódios como esse da eleição classista, em que Almerinda não se intimidou diante de olhares de julgamento — que atestavam o estranhamento com sua presença, como se ela estivesse "fora de lugar" —, sinalizavam as primeiras mudanças no mundo político, até então hegemonicamente branco e masculino.

O dia 20 de julho de 1933 se tornaria um marco em sua vida, e Almerinda ainda falaria sobre a data por muitos anos. Foi também a partir desse dia que a foto em preto e branco, em que ela aparece depositando seu voto com satisfação na urna, passou a ser reproduzida regularmente em artigos, textos e reportagens sobre a história do sufrágio feminino no Brasil — sem legenda indicando o nome da eleitora e o contexto da votação, em que foi a única mulher presente e atuante.

4.
1989: A pioneira volta às urnas

Poderia ser mais um sábado qualquer da primavera ensolarada de 1989 na cidade do Rio de Janeiro, mas, naquele fim de semana, a democracia brasileira voltava a respirar. Almerinda começou a manhã lendo os jornais que assinava. Na casa da jornalista, sempre se liam jornais — era um costume trazido desde a juventude no Pará. Diferentemente de outras suas contemporâneas apegadas às lembranças do passado, a alagoana era uma mulher atenta ao mundo, queria estar a par das discussões sobre economia e política.

As notícias davam conta de que o candidato do Partido da Reconstrução Nacional (PRN), Fernando Collor de Mello, estava eufórico com a repercussão do debate televisionado no dia anterior. Essa era a primeira eleição presidencial direta em 29 anos. Entre os 22 candidatos que a disputaram, dois chegaram ao segundo turno, com dois projetos políticos antagônicos. De um lado, Luiz Inácio Lula da Silva, um metalúrgico que ganhara destaque no movimento sindical do ABC Paulista, exercia seu primeiro mandato como deputado federal depois de receber a maior votação já obtida por um candidato, e se colocava como o "candidato dos trabalhadores". Do outro lado, Fernando Collor, representante de uma oligarquia política em Alagoas, onde era governador. Sua campanha ganhava força com a promessa de caça aos "marajás" e modernização política.

A leitura dos jornais naquela véspera do segundo turno das eleições foi interrompida pelo toque do telefone: um repórter do *Jornal do Brasil* queria saber se a veterana votaria no dia seguinte. O jornal pretendia acompanhar pioneiras do voto feminino no Brasil na votação histórica do dia seguinte. Almerinda respondeu prontamente que sim, votaria. Jamais havia perdido um pleito desde que conquistara seu título de eleitora em 1933, e dessa vez não seria diferente. Também não via problemas de ser acompanhada pelo repórter: cada entrevista que concedia era uma arma na sua luta contra a morte social, contra o esquecimento.

Em maio daquele 1989 ela tinha se tornado uma nonagenária. Ao longo de décadas, foi testemunha de muitos Brasis: o país comandado por Getúlio Vargas, a quem admirava profundamente, mesmo com ressalvas às ações do Estado Novo; o dominado por militares por meio de uma ditadura; e, havia pouco, o que pediu a redemocratização. Aos noventa anos ela voltaria a encontrar a urna, sua velha conhecida — ainda que a nova Constituição Federal, promulgada em 1988, determinasse que o voto era facultativo para pessoas acima de setenta anos. Em matéria de eleições presidenciais, Almerinda ganhou com Eurico Gaspar Dutra, em 1945; com Getúlio Vargas, o político que mais admirava, em 1950; e com Juscelino Kubitschek, em 1955. Só não foi vitoriosa em 1960: optou pelo marechal Henrique Lott, mas quem levou a eleição foi Jânio Quadros. Depois de anos longe das urnas, preparava-se para novamente fazer algo pelo qual tanto lutou: votar.

A reportagem iria acompanhá-la até sua sessão eleitoral na Escola George Bernanos, na 14ª Zona Eleitoral, no Cachambi, bairro da Zona Norte do Rio. No dia seguinte o *Jornal do Brasil* traria fotos e depoimentos de outros eleitores ilustres, como o líder comunista Luís Carlos Prestes.[1]

Em Almerinda, o entusiasmo por eleições não havia cessado. Para muitas e muitos como ela, especialmente para mulheres que sabem como a luta pela completa cidadania feminina foi fundamental para a concretização da democracia, dia de eleição é dia de festa, de vestir a melhor roupa e ir às urnas. Para a ocasião, ela escolheu um vestido estampado sem mangas — afinal, o verão estava às portas — e voltas de colares. No registro do fotógrafo Sérgio Moraes, publicado no *Jornal do Brasil*, Almerinda repete o gesto de 1933: cédula na mão e sorriso no rosto. Cada vez que está diante de uma urna, reencontra-se consigo mesma e com as companheiras de luta do passado. É impossível repetir o gesto e não se lembrar daquela eleição de 1933. "Foi a eleição mais importante de que participei, porque abriu as portas do voto às mulheres."[2]

Almerinda votando no segundo turno das eleições presidenciais de 1989.

Na saída da seção eleitoral, o repórter do *Jornal do Brasil* estava curioso para saber em quem Almerinda votara naquele domingo de segundo turno. "Eu votei em Brizola no primeiro turno, agora votei em Collor, porque ele é meu conterrâneo", disse ignorando o fato de Collor ser na verdade carioca. Ao que parece, na hora de decidir seu voto, a identidade alagoana prevaleceu sobre a de trabalhadora/sindicalista. Nem o fato de Plínio Melo, seu ex-companheiro de Partido Socialista Proletário do Brasil (PSPB), ser um dos fundadores do Partido dos Trabalhadores (PT) e uma das principais lideranças do partido naquele momento, influenciou um voto em Lula.

Àquela altura, Almerinda experimentava a vida longe de sua terra natal havia mais de oitenta anos. Mesmo assim, diante da urna, demonstrava lealdade ao lugar de origem. A terra das Alagoas ainda tinha muita força sobre ela.

5.
De Maceió a Belém:
Os primeiros anos, a formação

José e Eulalia escolheram os primeiros dias do verão de 1896 para iniciar oficialmente a família em Maceió e casaram-se em 22 de janeiro. Eulalia Maria da Rocha era professora e José Antonio Gama, comerciante alagoano. Provavelmente, ao unir-se a ele, Eulalia viu-se obrigada a abandonar a ideia de trabalhar fora de casa. Ela tinha passado por um estágio de alguns meses em uma escola na capital alagoana,[1] mas jamais chegou a exercer a profissão de fato. Como mandava o protocolo moral da época, convinha a uma mulher casada dedicar-se exclusivamente à casa e aos filhos.

José construía e vendia casas populares para gente humilde. Na memória de Almerinda, ele era um homem justo que tinha a convicção de que o povo merecia morar em casas decentes e, por isso, dedicava-se ao ofício com perseverança. José também administrava um armazém na capital. Eulalia cuidava dos afazeres domésticos com a ajuda de uma empregada, o que significa que a família tinha uma situação financeira confortável. A casa dos Gama era lugar de afeto e ali nada faltava.

Antes mesmo de ter seus próprios filhos, Eulalia já cuidava do enteado, José da Silva Gama. Mas a família logo cresceu com a chegada de Júlia, a primeira filha do casal. Um tempo depois, Eulalia ficou grávida de novo. Como era costume, no dia 16 de maio de 1899 receberam em casa uma parteira, que, entre bacias de água quente e lençóis, ajudou-a a trazer ao mundo a caçula da família. Para a bebê recém-chegada, Eulalia e José escolheram o nome Almerinda Rocha Gama.

A menina chegou ao mundo em um momento agitado. O século XIX se despedia e os novos tempos vinham acompanhados de transformações profundas na sociedade brasileira. Contudo, em Maceió, as mudanças ainda seguiam um passo lento. A cidade era uma vila com pouco mais de 36 mil habitantes — apesar de já ser, como ainda é hoje, o município mais populoso do estado.[2]

Nos meses que antecederam a chegada do novo século, Alagoas, terra de dois protagonistas da jovem República, Floriano Peixoto e Deodoro da Fonseca, preparou-se para a festa de Ano-Novo. Nas ruas ouviam-se batidas de coco de roda ao som do ganzá, dos ensaios do bailado em que se pisa firme no chão em passo marcado, segurando a barra da saia. Enquanto a menina Almerinda treinava seus primeiros passos, os grupos de coco se reuniam na Sociedade dos Cocadores praticando o passo e a cantiga para receber os novos cem anos com festança:[3]

Mulher, não vá,
mulher, não vá,
mulher, você não vai lá.
Marido eu vou,
marido eu vou,
que papai mandou chamá.

A modinha famosa, cantada em ritmo de coco, reflete os valores da época: são os homens que decidem aonde as mulheres podem ir.

Adulta, Almerinda costumava falar que foi criada com muita liberdade, correndo descalça em lugares praieiros.[4] A Maceió da meninice permanecia em sua memória e foi tema de seus poemas. Pelos seus versos é possível conhecer o sítio, as palhoças, o beijo salgado da mãe depois de um banho de mar. Junto ao afeto da memória, o lamento de quem não podia mais viver aqueles dias. Ela já não era a menina de outrora, e a cidade também não era mais a mesma:

RECORDANDO...

Palhoças de sapé
Crianças comendo
Coquinhos de catolé.
Ao peso de uma pedra, à custa de um martelo
Outros guris
Quebram gostosos ouricuris
Minha memória vai revivendo
Cenas remotas, um quadro belo...
Lagoa grande, mansa sombra
Cercada de mangues e melancolia.
E o coqueiral, palmas ao vento,
Ergue-as ao alto, e contorce em lamento.
Cajueiros e coqueirais
Que eu talvez não veja mais...
Arrabaldes e subúrbios
Sem arrelias e sem distúrbios.

Como é tão grande essa distância
Que me separa da minha infância!
E na memória também me passa
A festa da Senhora da Graça:
Cavalinhos e leilões
Apitos de vários sons.
É na cidade em Maceió,
Onde festejam a Senhora do Ó
Natal... São João... um balão que cai
Um presente de mamãe... um beijo de papai...[5]

Almerinda descrevia o pai como um homem de temperamento brando, que jamais levantou a mão para os filhos. Resolvia tudo pelo diálogo, sem "puxão de orelha". Certa vez, seu coração de pai ficou apertado quando Júlia, a filha mais velha, chegou da escola aos prantos. Eram tempos em que as educadoras utilizavam palmatória no ensino da tabuada. Quem se enrolava nas contas levava um "bolo" na mão. A ideia de a violência ser instrumento de ensino era inconcebível para José. No dia seguinte, dirigiu-se à escola para tirar satisfação e proibir o uso de palmatória na educação de seus filhos.

Apesar dos descontentamentos com a escola, José sempre fez questão de que as filhas estudassem. À época, as famílias de classe média buscavam educação para suas filhas não só para prepará-las para assumir papéis de mãe e esposa, mas para assegurar que pudessem ganhar a vida de maneira honrada, caso fosse necessário.[6] "Eu frequentava uma escola particular. Naquele tempo era muito fácil, as mensalidades eram muito acessíveis. Meu pai me matriculou e eu ia, porque minha mãe me preparava direitinho, me vestia com a minha irmã, e nós íamos sozinhas ao colégio e voltávamos", relembrou Almerinda.[7]

O pai tinha ideias progressistas, libertárias. Pelo menos era assim que Almerinda o via, sem especificar bem quais eram esses ideais. Era fascinada por ele, parecia querer espelhá-lo. No mundo da menina, José era herói. A forte ligação entre Almerinda e o pai também é confirmada por outras pessoas da família, que embora não tivessem chegado a conhecê-lo, relatam o peso da figura paterna na vida da filha. Sobre a mãe, ela pouco falava.

Por isso o mundo desmoronou quando, um dia depois do seu aniversário de oito anos, Almerinda perdeu o pai.[8] A vida nunca mais seria a mesma. Essa seria a primeira de muitas perdas que ela experimentaria ao longo dos anos. Na edição do dia 23 de maio de 1907 do jornal alagoano *Gutenberg*, a viúva Eulalia da Rocha Gama prestou agradecimentos a todos que compareceram ao Cemitério Público de Maceió para o enterro de José e, em nome dos filhos e demais parentes, convidou a comunidade para a missa que mandariam celebrar no dia seguinte.[9]

Quando José faleceu, o cotidiano sereno e sem muitas dificuldades da família Gama em Maceió foi ameaçado. O impacto do luto foi tão profundo em Almerinda que o ano na escola foi perdido. Não havia energia para se manter na sala de aula e aprender sobre as coisas do mundo. Já não havia mais beleza em parte alguma da cidade.

A situação só não era mais desoladora porque a avó paterna, que também se chamava Almerinda e a quem todos se referiam carinhosamente como Mirandinha, tinha deixado o Pará em direção a Maceió para ajudar nos cuidados com o filho quando ele ainda estava doente. A família era originalmente de Alagoas, mas, alguns anos antes, uma parte dela havia se mudado para Belém. A presença e os dengos de vó Mirandinha iluminaram aqueles dias sombrios e trouxeram afago para as crianças. Porém, passados três meses da morte do filho, era chegada a hora de a matriarca voltar para casa. Os outros filhos a aguardavam.

A família Gama se reuniu para a despedida na ponte do embarque no ancoradouro de Maceió, região que é conhecida hoje como Praia da Avenida. Júlia e José, respectivamente dois e oito anos mais velhos que a caçula Almerinda, seguiriam com a avó para Belém. Almerinda, a caçula, ficaria com a mãe. No mundo dos adultos havia negócios a tratar, bens a administrar, e todos esses trâmites estavam sob a responsabilidade de Eulalia, que teria a companhia da filha enquanto tentava colocar as coisas no lugar. Depois de concluir as pendências burocráticas, talvez se mudassem para o Pará para reconstruírem a vida. Não se sabe se a separação das crianças foi decisão de Eulalia ou Mirandinha.

Chegada a hora de Almerinda despedir-se da avó, o aperto no peito foi grande e a menina pediu para reverem o plano. Era agosto de 1907, a noite caía. Agarrada à barra da saia da avó,

Almerinda implorou: "Eu também quero ir para o Pará. Mirandinha, me leva, eu quero ir para o Pará!".[10]

Quem relembra esse episódio desolador vivido pela menina é a Almerinda octogenária na entrevista de 1984. A infância rememorada é leve, marcada por afetividades e pela rede de proteção criada pela família, com exceção desse período imediato à morte do pai. Setenta e sete anos depois, Almerinda ainda recordava os detalhes daquele dia. A família, como ela conhecera até então, se desfez.

"É preciso notar que eu resolvi, porque essa é a expressão", contou sobre a decisão súbita de ir para Belém com a avó.[11] O Pará, onde ela nunca colocara os pés, já fazia parte da sua imaginação, pois era assunto constante em casa, afinal, era a terra onde a outra parte da família vivia.

No desejo de migrar para o Pará havia um misto de motivos, sendo a saudade o principal deles. Seu coração de criança já estava apertado com saudades antecipadas dos irmãos e da avó que lhe dispensava tantos cuidados. Saudades da família do lado de lá, dos tios e primos que ainda não conhecia.

Os apelos sensibilizaram a avó, mesmo não havendo mais tempo hábil para comprar uma passagem extra. Decidiram, então, que Almerinda embarcaria assim mesmo; comprariam um bilhete a bordo. À meia-noite, o navio levantou âncora. Quando o dia amanheceu a menina foi apresentada ao comandante do navio e liberada para seguir viagem. Essa foi a primeira das duas rupturas que marcaram a vida de Almerinda. E a partir de então ela passaria a experienciar a vida como eterna migrante dentro de seu próprio país.

Em 2 de setembro de 1907 a Belém sonhada apareceu diante dos seus olhos. Era chegado o momento de voltar a ser criança, espantar o luto, olhar com curiosidade as ruas largas com árvores diferentes das de Maceió. A menina demonstrou ter uma enorme capacidade de adaptação ao novo.

Assim como o Rio de Janeiro, Belém inaugurou o século XX no meio de uma série de transformações que buscavam romper com estruturas coloniais. O crescimento do cultivo e da exportação da borracha fazia com que o desenvolvimento econômico local se desdobrasse em uma completa renovação arquitetônica do espaço urbano. Ruas eram calçadas, o centro da cidade foi arborizado e deixou de ser um lugar majoritariamente residencial. Da mesma maneira como aconteceu na capital federal nos primeiros anos do novo século, o poder público de Belém tentava atender às demandas da elite regional que buscava um estilo de vida mais requintado e culto.[12] A riqueza da borracha não só mudou a fisionomia da cidade, mas impactou as práticas sociais e culturais da população. No início do século XX, Belém conviveu com diversas associações culturais, agremiações musicais, sociedades literárias e um bom número de jornais e revistas. Assim como Maceió, essa Belém pulsante também impactaria fortemente a vida de Almerinda.

Quem dava as ordens na casa dos Gama, no bairro Batista Campos, era Emília Gama, irmã de José e tia de Almerinda. O avô paterno, esposo de Mirandinha, já era falecido quando as crianças chegaram a Belém. Na casa viviam nove pessoas: vó Mirandinha e seus quatro filhos (duas moças e dois rapazes), Almerinda e seus dois irmãos, Júlia e José, além de uma funcionária que, resquício da escravidão, era considerada "cria de casa" e cujo nome não se sabe. Mirandinha era oficialmente a tutora das crianças.

Da avó Mirandinha vinham os afagos e a educação religiosa, a qual buscava garantir que as crianças fossem moralmente irrepreensíveis e as meninas desenvolvessem os valores cristãos que seriam a base para o bom exercício da maternidade. A família era bastante ativa na Primeira Igreja Batista de Belém, onde a tia Emília Gama atuava como superintendente da Escola Bíblica Dominical. Como também era musicista e tocava piano muito bem, conduzia o ensaio dos hinos.[13] Os domingos eram dedicados às atividades no templo batista. As crianças iam juntas e, logo pela manhã, às dez horas, estavam nas aulas de educação cristã de tia Emília. As tardes eram destinadas aos ensaios de música e, à noite, a família marcava presença no culto.

Emília Gama era alagoana, solteira, sem filhos, e teve uma oportunidade que poucas mulheres de sua época tiveram: a de ingressar no ensino superior. Cursou obstetrícia na Faculdade de Medicina da Bahia. Pelos jornais, sabemos que se formou entre 1905 e 1906.[14] Para se ter uma ideia de quão raras eram as mulheres no ensino médico superior, um levantamento feito a partir das teses doutorais da Faculdade de Medicina da Bahia defendidas entre 1840 e 1928 aponta que, de um total de 2502 teses, só quinze foram escritas por mulheres.[15] De volta a Belém, Emília exercia sua profissão no Hospital de Caridade, um braço da Santa Casa de Misericórdia do Pará. Ao que tudo indica, era uma figura com posição social de destaque na sociedade paraense. A coluna "Dia Social" do periódico *Estado do Pará* felicitava os sobrinhos da dra. Emília quando da ocasião de seus aniversários.[16] Seguindo a lógica de que a missão social das mulheres era gerar filhos e educá-los, mesmo sendo solteira Emília assumiu a criação dos sobrinhos.

Junto à instrução oferecida pela tia, Almerinda iniciou, no ano seguinte à sua chegada a Belém, as aulas no Grupo Escolar José Veríssimo, uma escola pública bem equipada e com bom ensino.

Em Maceió, ela e os irmãos frequentavam uma escola particular. A menina era estimulada pela família a se destacar na escola e correspondia a isso. Era dedicada e querida pelas professoras. Em Belém as aulas eram separadas: meninos no térreo e meninas no primeiro andar, para garantir uma "distância segura" entre os dois grupos. Além das disciplinas regulares, aprendia-se também sobre a história e a geografia do Pará. As meninas tinham ainda aulas de prendas manuais. "Eu fui uma péssima aluna nisso. As professoras fechavam os olhos, porque achavam que eu respondia bem nas outras matérias."[17]

Mesmo sendo a tia e a avó paterna as responsáveis pela instrução educacional e formação moral das crianças, o que condizia com os valores vigentes à época por elas serem mulheres, a família se diferenciava um pouco do modelo tradicional em que os homens tinham a supremacia do poder na esfera familiar. A casa dos Gama era liderada por mulheres.

O lado paterno da família de Almerinda em Belém possuía uma situação financeira que, se não das mais privilegiadas, era consideravelmente confortável dentro da sociedade paraense. Nas palavras dela, a condição da família era "regular".[18] Contudo, a renda familiar era garantida quase que unicamente pelo trabalho de Emília, e a situação piorou quando Manoel Gama, o irmão de Emília que era tipógrafo da *Provincia do Pará*, morreu de tuberculose.

Aparentemente sem motivo, Emília Gama retirou Almerinda da escola depois da conclusão do sexto ano. Uma decisão contraditória vinda de uma mulher que chegara ao ensino superior e parecia cuidadosa com a formação dos sobrinhos. Almerinda passaria nove anos sem estudar, só voltando ao ambiente escolar na Escola Prática do Comércio. Não há muitas explicações sobre essa decisão:

> Minha tia, não sei por quê, se descuidou de me mudar para o ginásio. Eu, por uma questão de brio ou porque achasse que ela não tinha a obrigação — era só minha tia, os recursos que me vinham da minha herança não davam para arcar com despesas maiores —, ou por qualquer motivo, eu nunca exigi dela que me mandasse estudar.[19]

À mercê das decisões dos adultos, Almerinda, àquela altura com doze anos, permaneceu em casa aprendendo prendas manuais, além de francês e um pouco de teoria musical. E dedicava-se ao piano com o auxílio de um professor particular. Todas essas atividades eram comuns às moças de família de classe média. Desse jeito, a menina foi sendo educada para se casar e exercer uma carreira doméstica, em que saber costurar, bordar e cuidar da casa consistiam em qualidades indispensáveis. As horas livres eram gastas imaginando-se no lugar das heroínas dos romances açucarados. Almerinda lia Émile Richebourg, José de Alencar, Camilo Castelo Branco, Guerra Junqueiro. Os poemas de Olavo Bilac serviram de inspirações para seus primeiros rascunhos como poeta.

Enquanto isso, em Maceió, Eulalia, a mãe de Almerinda, tentava seguir sua vida. Alguns anos depois da morte de José, contraiu segundas núpcias. Mas logo veio a decepção e o segundo companheiro, que era lembrado por Almerinda como um sujeito de índole duvidosa, a abandonou. Ao que tudo indica Eulalia foi vítima de um golpe: o marido se apropriou dos recursos da herança e a deixou completamente vulnerável. Segundo o Código Civil brasileiro vigente à época, dentro do casamento, o homem tinha plenos poderes. Ele era o chefe da família, responsável por administrar os bens do casal e autorizar a esposa a trabalhar fora. Ainda segundo o Código, a viúva que se casasse novamente perderia o pátrio poder sobre os filhos do casamento anterior. Por sinal, esse tema era caríssimo às feministas da FBPF, que estiveram à frente de uma grande mobilização por reformas dos direitos sociais e civis das brasileiras. A questão ganhou ainda mais destaque quando Bertha Lutz assumiu o mandato de deputada federal em julho de 1936. Ela então propôs uma ambiciosa reforma no status civil, penal e social das mulheres por meio da revogação de diversos artigos do Código, incluindo o que estabelecia a perda do pátrio poder pela viúva que voltasse a se casar.[20]

A jovem Almerinda cresceu observando como o destino de sua mãe era, de certa forma, determinado pelos homens com quem se relacionava, sendo eles também seus únicos provedores. Conscientizou-se da desigualdade jurídica entre homens e mulheres dentro de sua própria família e empenhou-se em evitar um destino semelhante. Desde a juventude Almerinda ansiava por independência. Sentia-se incomodada com o confinamento e a monotonia alienante da vida doméstica. Demonstrava descontentamento por depender economicamente de sua tia Emília. Embora sonhasse com um "príncipe encantado", recusava-se a depender financeiramente dele. Desejava ser a protagonista de sua própria história: "Não me acostumava com aquela vida doméstica que eu levava, de aprender a bordar, a costurar, tocar piano, somente, mas ficando sempre na dependência econômica dela [Emília], à espera de um marido para ficar na dependência econômica do marido. Eu não me conformava nunca com isso".[21]

Almerinda fora educada conforme os padrões da época, segundo os quais as moças de classe média deviam ser preparadas para um bom casamento — o rumo social reservado às mulheres. Para jovens como ela, o ideal era permanecer em casa e, se precisassem trabalhar, que pelo menos tal atividade fosse desempenhada no próprio lar, de modo a preservar as tradicionais funções maternas e familiares. No entanto, Almerinda nutria outros anseios, desejava ganhar as ruas e escapar dessas amarras. O trabalho, inicialmente concebido como uma possibilidade para se distanciar do âmbito doméstico, acabaria, anos mais tarde, por se impor como uma necessidade de fato.

Em terras alagoanas e paraenses, imersa em brincadeiras e livros, a trajetória de Almerinda inicialmente parecia seguir um roteiro comum ao de outras moças de sua idade e classe social. Mas as inquietações que ela carregava desde a infância — e alguns infortúnios — levaram-na a percorrer outros caminhos.

6.
Uma "franco-atiradora" no movimento feminista

Depois de uma adolescência confinada ao ambiente familiar, a juventude trouxe consigo mudanças e novas perspectivas para Almerinda. Na casa dos vinte anos, em seguida a um longo período longe da escola, ela voltou a estudar e conquistou seu primeiro emprego. Sua vida também se transformou quando um primo, com quem mantinha uma amizade muito próxima, finalmente revelou sua paixão. Benigno Gama havia deixado Belém ainda jovem, acompanhando a mãe, que era professora. Eles se mudaram para Xapuri, no Acre, onde Benigno trabalhava como jornalista, colaborando com o jornal *Commercio do Acre*.[1] Por meio de cartas, Benigno e Almerinda nutriram uma amizade que culminou em casamento, em 1923. Mesmo casados, seguiram se relacionando à distância e Benigno ia a Belém sempre que podia. Menos de um ano depois de subirem ao altar, Almerinda deu à luz um menino que morreu aos quatro meses de idade.

Em 1925, aos 26 anos, outro baque: o marido morreu, vítima de tuberculose. Então Almerinda, seguindo os passos de seu irmão José, que a essa altura havia se estabelecido no Rio de Janeiro atrás de melhores oportunidades, mudou-se para a capital do país em busca de independência.

Nos primeiros meses na nova cidade, Almerinda fixou residência na pensão comercial da rua do Rosário. Por ali, todos os colegas sabiam: Almerinda era "pra frente", dona de ideias libertárias. Engajada em debates e compartilhando suas opiniões com as moças e os rapazes que dividiam o mesmo lar temporário, ela não hesitava em expressar, até mesmo em brincadeiras descontraídas, suas convicções progressistas.[2] Entendia que o caminho para conquistar igualdade de direitos entre homens e mulheres passava, inquestionavelmente, pelo voto e pela presença de mulheres em cargos eletivos: "Eu achava que o voto era uma arma que nós tínhamos para poder ingressar no recinto onde se discutiam esses assuntos".[3] Foi assim que se sentiu atraída pelas discussões propostas pelo movimento sufragista.

Quando ainda vivia no Pará, Almerinda acompanhava, através da imprensa, as ações do movimento sufragista internacional, como relembrou em um artigo no jornal *A Província do Pará*:

O eco da campanha das sufragistas inglesas e americanas chegava ao Brasil num tom de mofa e zombaria, e as charges mais grotescas eram publicadas em jornais e revistas da época. Não obstante, as mulheres brasileiras que se ilustravam (felizmente, as universidades lhes foram franqueadas) sentiam revolta pela condição de inferioridade em que eram mantidas no âmbito jurídico e político. E o feminismo começou a despontar, sem nenhuma articulação, em vários pontos do país.[4]

Algumas das colegas de pensão, moças do comércio que já tinham participado de reuniões na Federação Brasileira pelo Progresso Feminino, atinaram que os discursos de Almerinda e da entidade se alinhavam. A datilógrafa, vista como feminista e libertária pelas amigas, certamente iria gostar de conhecer Bertha Lutz e ouvi-la falar. Depois de acompanhar pela imprensa as sufragistas estrangeiras, agora Almerinda ia conhecer as feministas tupiniquins.

O movimento feminista das primeiras décadas do século XX no Brasil era plural e abrigava diversas correntes ideológicas.

O tema era controverso, pois dentro desse escopo havia desde feministas católicas, defendendo que sem Deus, pátria, honra e família não haveria feminismo possível, até profissionais que acreditavam que a emancipação feminina tinha como pré-requisito o emprego assalariado. O principal norte das feministas da FBPF eram o sufrágio feminino e reformas que modificassem a condição jurídica da mulher.

Foi seguindo a sugestão das amigas que Almerinda começou a frequentar a federação, à qual rapidamente se integrou. Não foi difícil se aproximar de Bertha Lutz, que, segundo ela, era uma pessoa de contato fácil com outras mulheres. Quem ali chegava com disposição em participar, logo recebia tarefas. Naquele primeiro encontro, Bertha soube que a moça de olhos expressivos era, além de datilógrafa, uma escritora experiente que já tinha colaborado em jornais em Belém. Agora, no Rio de Janeiro, começava a tecer sua voz crítica nos periódicos da cidade. Rapidamente reconheceu nela um elemento de ação útil para a militância feminista.

Àquela altura, a FBPF já contava com quase uma década de esforços na defesa dos direitos e interesses das mulheres. Fundada em 1922, a FBPF havia anos tentava sensibilizar a opinião pública para as causas feministas, ao mesmo tempo que buscava intervir no jogo político. Isso incluía a defesa de políticos simpáticos aos direitos das mulheres — Bertha tinha acesso a nomes influentes a quem tentava convencer sobre a importância da emancipação feminina. O modelo de organização da FBPF era hierarquizado e institucionalizado na figura de uma pessoa jurídica, assemelhando-se ao dos partidos políticos contemporâneos com filiais em vários estados brasileiros.[5] Portanto, em 1930, ano em que Almerinda se tornou associada, o movimento já estava consolidado. Em um texto escrito em 1975, ela relembrou o nome das colegas mais combativas:

Da plêiade de mulheres ilustres que cerraram fileiras sob a liderança de Bertha Lutz, lembro, sem esforço, Rita Soares, ora aposentada como juíza federal, Luiza Sapienza, médica e professora, Maria Luiza Bittencourt, Carmen Carvalho, Beatriz Pontes de Miranda, Eunice Weaver, Baronesa de Bonfim, Edith Fraenkel, Raquel Haddock Lobo, Maria Sabina, Carmen Velasco Portinho, Maria Alexandrina Chaves, e tantas outras, médicas, advogadas e engenheiras que muito lutaram, principalmente pela emancipação da mulher casada, naqueles idos de antes da Segunda Guerra Mundial.[6]

Na FBPF, Almerinda foi ocupando o espaço de assessora de imprensa e relações-públicas. Tinha boas credenciais para a função: a habilidade na redação, a destreza na máquina de escrever e a rede de contatos que começava a formar com profissionais da imprensa carioca, gente conhecida de José, o irmão tipógrafo.

Seu trabalho era tanto dar visibilidade às ações e às atividades da entidade como também cuidar do secretariado: registrar as reuniões em atas, tomar notas, ajudar na organização de congressos. Almerinda assumiu essa responsabilidade em sequência ao fracasso das literatas da federação, que até então secretariavam as reuniões mas enfrentavam dificuldades com os apontamentos para as atas, carecendo de boa memória e velocidade na máquina de escrever. "Quando eu pedi os dados para levar para os jornais, não tinham dado nenhum, não sabiam o que escrever. Eu tive que fazer uma notícia às pressas", relembrou Almerinda.[7]

As feministas buscavam interferir na elaboração de projetos de lei e chegavam a redigir anteprojetos destinados aos líderes de bancada. Quando esses anteprojetos eram apresentados para discussão, a federação inundava os gabinetes do

Congresso com telegramas de apoio. Almerinda desempenhava um papel crucial, datilografando grande parte dessas mensagens. Se na ocasião a federação tivesse 150 associadas, eram enviados 150 telegramas nominais aos gabinetes do Congresso, o que deixava os deputados atordoados.[8] Quando se iniciaram os trabalhos da Assembleia Nacional Constituinte em novembro de 1933, as associadas da FBPF, lideradas por Bertha, organizaram-se em grupos e passaram a percorrer diariamente o Palácio Tiradentes, buscando persuadir os deputados constituintes a incluir direitos que beneficiassem as mulheres na nova Constituição.[9] Segundo Almerinda, tratava-se de uma tarefa árdua: "Tínhamos que pleitear junto às bancadas a votação das leis que pretendíamos".[10]

Entre os 243 parlamentares, havia aqueles com quem Bertha e a FBPF tinham certo trânsito político, mas era necessário um esforço de atuação conjunta para abrir caminhos de diálogo com as diferentes bancadas. Cada uma das mulheres que estava na linha de frente da FBPF era responsável por fazer o lobby feminista sobre uma bancada específica. Almerinda era responsável por abordar os representantes do Pará e também os deputados classistas representantes dos empregados. Afinal de contas, tinha estabelecido contato com boa parte deles quando participou do pleito classista em julho do mesmo ano.

Como a Constituição de 1934 mostraria, as feministas garantiram que fossem incluídos na Carta diversos dispositivos da sua agenda política, como a igualdade entre os sexos, os direitos políticos femininos e os direitos sociais, como a licença-maternidade.[11]

Dentro da FBPF, no entanto, os arranjos eram mais complexos. As vaidades afloravam e acirravam rivalidades. Almerinda recorda uma ocasião em que recebeu de Bertha o pedido para se retirar da mesa de reuniões, onde secretariava um dos congressos feministas organizados pela entidade, para que pudesse "satisfazer a vaidade" de medalhões ao incluí-las na comissão executiva.

Outro episódio também revela a guerra de egos. A FBPF acompanhava com cautela os desdobramentos do movimento civil-militar que depusera Washington Luís em outubro de 1930. Entretanto, uma associada novata na entidade, a advogada gaúcha Natércia Silveira, ignorou as recomendações e fez um discurso público elogiando o novo momento do país. Logo em seguida, foi desligada da entidade. Dali em diante, Bertha e Natércia disputariam o protagonismo do movimento feminista na capital do país.[12]

Em janeiro de 1931, Natércia fundou a Aliança Nacional de Mulheres (ANM), mais ligada às mulheres trabalhadoras. Com a bandeira de "proteger as que trabalham, dando-lhes independência econômica", a ANM arregimentou empregadas do comércio e professoras. É possível pensar que a partir de sua experiência como trabalhadora assalariada, Almerinda

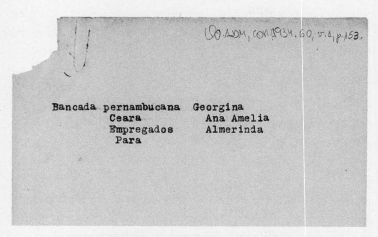

Documento da FBPF aponta quais bancadas as dirigentes da entidade deveriam abordar na Constituinte.

pudesse estar mais inclinada ao projeto político que Natércia iniciava, porém não aconteceu nenhuma aproximação. Fazia parte do seu caráter a lealdade aos amigos, e com Bertha não seria diferente:

Da Natércia, eu tenho apenas pequena recordação. Mas, de fato, foi uma criatura que quis levar para si os louros da vitória. Bertha tinha sido a grande líder, a antiga líder que tinha arrastado, e Natércia apareceu com uma plêiade de criaturas eruditas, ou pelo menos letradas. [...] Natércia chegou fazendo uma espécie de rivalidade. Eu não tomei conhecimento, porque meu tempo era pouco, não me interessavam as cisões.[13]

Na FBPF, Almerinda afirmava ser uma "franco-atiradora" do movimento feminista.[14] Dizia isso por fazer parte do núcleo duro que estava de fato à frente das atividades. Sempre atribuiu a Bertha o crédito por tê-la lapidado, transformando-a em uma das defensoras inabaláveis da causa. Em sua lembrança, Bertha aparece como uma mulher inteligente, amistosa com as colegas, extremamente dedicada à causa feminista e que sentia animosidade em relação aos homens e a organizações masculinas. De acordo com Almerinda, Bertha era a líder indiscutível do movimento e desprezava qualquer auxílio que viesse de homens. Achava que a mulher deveria se valer sozinha: "Ela queria mostrar que a mulher tinha conseguido o seu lugar ao sol com seu próprio esforço".[15]

Em um curto espaço de tempo, além de ser a responsável pelas notícias relacionadas à federação, Almerinda assumiu a tarefa de proferir discursos públicos, representar a entidade em eventos e engajar-se em outros movimentos. Para além de sua atuação nos bastidores, desempenhava um papel público, emprestando seu rosto mestiço à militância feminista.

Em abril de 1933, o jornal *Diario de Noticias* reportou os trabalhos da Convenção Nacional de Eleitoras, que discutia estratégias de divulgação da candidatura de Bertha Lutz à Câmara Federal. São apresentadas como líderes do movimento, merecendo destaque em fotos, Bertha, Almerinda e a escritora Maria Sabina de Albuquerque.[16] Nessa convenção, a alagoana defendeu que, nos casos em que não houvesse probabilidade de vitória de uma mulher, as eleitoras brasileiras deveriam apoiar a candidatura de homens alinhados com a causa feminista. Em outro momento, ao ser questionada sobre a baixa porcentagem de mulheres eleitas em países com direito a voto feminino, respondeu a um jornalista:

Vejo nisso um desinteresse altruístico do espírito feminino. A educação política da mulher não está ainda nem tão generalizada nem tão viciada como a do homem. Num país em que seja permitido o voto feminino, muitas mulheres não irão às urnas por desinteresse, como acontece mesmo entre os homens, enquanto outras irão sufragar o nome de um candidato masculino que mereça sua confiança, esquecendo no momento que os políticos não cuidam do interesse da pátria, mas da própria carreira e ascensão ao poder.[17]

A recomendação incansavelmente repetida por Bertha ecoava na mente de Almerinda: "Onde encontrar uma brecha, vamos entrando. Onde tiver um assunto, qualquer assunto, temos que ir badalando e fazendo feminismo".[18] Assim como Almerinda seguiu as orientações da líder para criar o Sindicato das Datilógrafas nos primeiros anos da década de 1930, na mesma época, e também guiada por Bertha, ela se dedicou à proteção da infância e da maternidade — ainda que não tivesse filhos. Em 1932, elogiou publicamente a FBPF por consagrar um dia do ano às mães brasileiras, uma proposta feita pelo Congresso Feminista do ano anterior. No entanto, não deixou de destacar que a figura a ser celebrada estava longe da idealização presente no imaginário de escritores, pintores e poetas, representada com ares de santidade. Sobre a maternidade, Almerinda escreveu em 1932: "[A mãe] é a figura supinamente humana que paga à vida o tributo pesado das maiores dores físicas e morais".[19]

Cada tarefa dada era cumprida diligentemente. Sob a orientação de Bertha, a franco-atiradora aperfeiçoava a mira.

7.
Mais uma vez candidata

O fim do ano de 1934 marca o início do afastamento de Almerinda da FBPF. Segundo ela porque a entidade vinha perdendo o seu caráter combativo: "O principal passo almejado pela Federação pelo Progresso Feminino já tinha sido conquistado, que era a igualdade política, o voto. Agora, precisava manter essa igualdade sempre junto às classes produtivas".[1] Em outra ocasião ela afirmou que "o movimento foi se desmoronando, eu não podia aguentar nas mãos!".[2] Uma possível interpretação dessa fala está atrelada ao compromisso com o movimento: embora o número de associadas da FBPF chegasse a oitenta — cem membras em determinado momento —, eram poucas as que realmente se dedicavam à entidade.

A verdade é que finda a campanha pelo sufrágio feminino, que foi a principal bandeira da entidade por anos, a FBPF buscava novos objetivos. Bertha passou a desenhar uma frente de atuação mais ambiciosa. Alertava as mulheres de que o voto não era um fim em si mesmo, que os direitos recém-conquistados eram frágeis: elas ainda não haviam alcançado a "terra prometida" do sistema político, estavam apenas nas margens.[3] Durante a Convenção Feminista de 1933 organizada pela entidade, a advogada amazonense Orminda Bastos, uma das mais destacadas associadas, defendeu que era hora de impulsionar outras pautas, influenciando a elaboração de novas leis. Perder o ímpeto em seguida à conquista do voto "seria confessar que o movimento iniciado não tinha finalidade".[4]

Nesse momento Almerinda passou a se envolver em outras frentes e causas. Em novembro de 1933, no Rio de Janeiro, foi fundada a Ala Moça do Brasil, uma associação político-social destinada a organizar cursos de educação cívica nos subúrbios cariocas e que se posicionava como uma frente política de renovação. Seu programa defendia a obrigatoriedade do ensino primário, técnico e profissional, a liberdade de pensamento, legislação do divórcio, laicidade do Estado, garantia de assistência médica e hospitalar e o amparo legal ao trabalhador de todas as classes.[5] Almerinda presidia a associação, que contava com uma diretoria mista, composta de homens e mulheres. Embora existam poucos registros pessoais dela sobre essa frente, há informações na imprensa. Afinal, seu trabalho como assessora de imprensa na FBPF permitira que ela construísse uma boa rede de contatos nas redações dos jornais cariocas. Não foi difícil convencer os jornalistas a publicarem notas sobre as atividades da Ala Moça, e há registros da associação em vários periódicos.

Pelos jornais sabemos que as reuniões do grupo aconteciam no bairro de Madureira, no Rio de Janeiro, e serviam como um núcleo político de formação de eleitores, recomendando candidatos alinhados ao seu programa. Preparavam terreno para o pleito de outubro de 1934.

Naquela época Madureira destacava-se como um importante polo de debate político no subúrbio carioca. A Frente Negra Brasileira (FNB), fundada em São Paulo em 1931 para reivindicar inserções econômicas, políticas e sociais para a comunidade negra, possuía duas delegações na então capital federal, uma no bairro do Catete e outra em Madureira, com o nome de Frente Negra Brasileira Suburbana.[6] O bairro também abrigava uma das filiais do Centro Cívico 4 de Novembro, agremiação política fundada em 1932 que buscava apoiar politicamente candidatos originários da comunidade. Enquanto colaborava com as feministas, Almerinda expandiu suas atividades, encontrou novos aliados ideológicos e explorou outros jeitos de fazer política.

A Ala Moça do Brasil e o Centro Cívico 4 de Novembro eram entidades que se apoiavam mutuamente. Não existem registros de um endereço específico da Ala Moça em Madureira; as reuniões aconteciam nas dependências do Centro Cívico 4 de Novembro. Além de compartilhar o espaço, há indícios de que a cooperação entre as entidades envolvia atividades e associados em comum.

No dia 22 de outubro de 1933 os moradores de Madureira se reuniram na sede social do Magno Football Club, na rua Carolina Machado, para a posse da diretoria do Centro Cívico 4 de Novembro. Algumas autoridades e representantes de entidades políticas e de classe participaram do evento, entre elas Almerinda. A *Revista Suburbana* relata:

Inauguração do Centro Cívico 4 de Novembro no salão da sede do Magno Football Club, em Madureira. Almerinda aparece ao lado dos dois homens de terno claro, no centro da foto.

É digna de registro, também, a representação da Ala Moça, organização feminina que por uma de suas representantes, vinha, disse a oradora, dar uma prova evidente de que a mulher propugna pelas grandes causas da coletividade, e que, em igualdade de deveres e direitos com os homens, deve já compartilhar dos movimentos políticos nacionais.[7]

Entusiasmada com a perspectiva de participar ativamente na política — até então um espaço de poder ocupado exclusivamente por homens —, Almerinda decidiu se aproximar de outro grupo político, mais afeito às questões do proletariado. Em agosto de 1934 ela fundou o Partido Socialista Proletário do Brasil (PSPB) com os deputados classistas Vasco de Toledo, João Miguel Vitaca e Waldemar Reikdal.[8] Almerinda havia construído essa nova rede de contatos um ano antes, durante a eleição classista. O intuito do grupo, que se articulava numa sede improvisada na avenida Passos, no coração do centro do Rio, era claro: servir aos interesses e aspirações da classe operária. Seu lema era: "A emancipação dos trabalhadores só poderá ser obra dos próprios trabalhadores". O PSPB se apresentava como o partido capaz de superar a desorganização do proletariado e de unificá-lo nas lutas. Num período marcado pela repressão policial a entidades sindicais e políticas que faziam oposição ao governo, o partido demarcava sua posição na defesa das liberdades democráticas, como direito de reunião, de greve, entre outros.[9]

Entre as propostas expostas no manifesto de criação do partido estavam o sufrágio universal para maiores de dezoito anos, sem distinção de sexo, nacionalidade e extensivo aos analfabetos, a adoção do regime de plebiscito para a solução de questões e conflitos que fossem de interesse da população, separação absoluta entre Igreja e Estado, gratuidade e laicidade do ensino em todos os graus, e a previsão legal de que só os ricos pagassem impostos. Havia também como pauta a revisão de toda a legislação social em vigor, inclusive a Lei de Sindicalização, a autonomia dos sindicatos em relação a partidos e a governos, e também a ampliação do sistema representativo, a fim de garantir a representação do proletariado em todas as câmaras legislativas do país por meio de delegados eleitores que fossem eleitos por seus próprios sindicatos de classe.

Era razoável que o programa incorporasse temas sugeridos por Almerinda, única mulher no diretório central do partido, especialmente propostas que não encontravam espaço na FBPF, como as relacionadas a divórcio, direito a voto aos analfabetos, ensino gratuito para todas as classes e defesa do proletariado.[10]

A instrução pública gratuita era uma pauta cara a Almerinda, que entedia a educação como um direito que deveria ser garantido e universalizado. Ela mesma era fruto da educação que recebera. Esse tema desdobrava-se em outro: o sufrágio universal para ambos os sexos, além da inclusão de não escolarizados no processo eleitoral — tema fora da agenda da FBPF. Havia também a defesa do divórcio mediante simples requerimento de qualquer um dos cônjuges. Almerinda já havia se manifestado positivamente sobre o tema na imprensa, porém com cautela: "Há em nossa legislação civil que vai ser revista e talvez modificada institutos inoperantes e muitos deles simplesmente humilhantes para a mulher".[11]

Um dos companheiros de Almerinda na fundação do PSPB foi o jornalista e sindicalista Plínio Melo. Como repórter do *Diario de Noticias*, Melo fazia a cobertura jornalística dos trabalhos da Assembleia Constituinte quando se aproximou dos deputados classistas que criariam o novo partido. Em entrevista, ele relembrou o PSPB:

> Nossa atuação se dava mais na Constituinte, através de uma espécie de fração que nós tínhamos. Eu era uma espécie de líder oculto daquela fração. Os principais dirigentes eram o

Vasco de Toledo, gráfico da Paraíba, Waldemar Reikdal, metalúrgico do Paraná, João Vitaca, Sabbatino José Casini, Euclides Vieira Sampaio, Orlando Ramos, Carlos Nogueira Branco e Almerinda Farias Gama. Havia uma espécie de bureau político para o exame da matéria a ser discutida e votada na Constituinte. Apresentávamos emendas, sugestões, sustentávamos oralmente. O Vasco, muito inteligente, chegou a debater alguns pontos com o próprio Osvaldo Aranha, que foi à Constituinte uma vez. No fim da Constituinte, há uma dispersão. Alguns elementos continuam líderes sindicais e voltam para seus estados. Eu passo a atuar mais como jornalista.[12]

Em algumas ocasiões o deputado classista Vasco de Toledo subiu à tribuna para denunciar a situação de inferioridade em que viviam as mulheres brasileiras e para defender o divórcio, uma das bandeiras do PSPB. Em um dos discursos afirmou: "Não é somente o direito de voto que consubstancia a emancipação da mulher. Há conquistas muito mais importantes que [...] não podemos esquecer. O divórcio, por exemplo, é uma delas".[13]

Ao término da Constituinte, o partido praticamente se dissolveu. De toda forma, sua vida seria breve, já que em 1935 a repressão sobre as esquerdas se intensificou, e, em 1937, iniciou-se sob a égide de Vargas o Estado Novo, período ditatorial que incluiu, entre outras medidas, a extinção dos partidos políticos.

Mas antes disso, entre os meses de agosto e setembro de 1934, partidos e grupos políticos das mais diferentes correntes traçavam estratégias para concorrer às eleições gerais para a escolha dos deputados que ocupariam a Câmara Federal e as Assembleias. A votação estava marcada para o dia 14 de outubro.

O PSPB convocou uma assembleia geral no dia 13 de setembro que definiria os últimos acordos e bateria o martelo sobre quais nomes seriam indicados para disputar a preferência do eleitorado.[14]

Como era de esperar, Almerinda, entusiasmada com a política, decidiu concorrer a uma das vagas da Câmara Federal destinadas aos representantes do Distrito Federal. Também era esperado que ela fosse candidata pelo seu partido, o PSPB, mas isso não se concretizou.

Sua candidatura foi feita pela legenda Congresso Master, empreitada da Master Systema do Brasil, um consórcio profissional cooperativo dos profissionais liberais.[15] O Código Eleitoral de 1932 permitia que legendas criadas especificamente para as eleições participassem em igualdade de condições com os partidos políticos.[16] Uma reportagem do *Diario da Noite* explicou que a entidade, presidida por Peri Lopes, funcionava em um regime de amparo mútuo, permuta de serviços, valores pessoais para os cooperados e suas famílias, e espécie de fundo para a aposentadoria.[17]

Em 16 de setembro de 1934, três dias depois da assembleia geral do PSPB, a Master Systema organizou o "Congresso Master de Direito ao Trabalho, para o homem, e o da Manutenção e Educação, para a criança menor de 14 anos", na praça Tiradentes. A entidade convocou partidos políticos, sindicatos e associações profissionais para tentar organizar uma chapa de deputados[18] — certamente uma maneira de construir uma bancada que abraçasse os interesses do consórcio. Como representante do Sindicato das Datilógrafas e presidente da Ala Moça do Brasil, Almerinda compareceu ao congresso. Não se sabe o que a motivou a procurar esse outro grupo político. Talvez tenha faltado estímulo para sua candidatura por parte do PSPB, ou seus colegas dirigentes tenham sugerido que ela concorresse a uma vaga inferior, como de deputada estadual.

A conquista da cidadania, com o direito de participar da vida política, representou um marco histórico para as mulheres, no entanto, elas ainda enfrentariam uma série de descrenças por quem já fazia parte do jogo político. Eram vistas como pouco competitivas nas corridas eleitorais e tinham desvantagem nas disputas internas partidárias. Mesmo Bertha, uma liderança indiscutível, bem relacionada e com comprovado traquejo político, ao que tudo indica, enfrentou dificuldades para ter seu nome validado na chapa de deputados federais do Partido Autonomista.[19]

O certo é que Almerinda foi ao Congresso Master e teve seu nome endossado para a disputa eleitoral. "A confiança de meus pares escolheu-me para a chapa que esse Congresso apresentará para as cadeiras de deputado federal no próximo pleito de 14 de outubro", escreveu ao *Jornal do Brasil*, explicitando que a candidatura pelo Congresso Master tinha sido decidida de forma independente ao PSPB.[20] Tudo indica que a datilógrafa tenha agido de modo pragmático, calculando que teria mais chances de sucesso lançando sua candidatura por outra legenda.

Mas a atitude independente de Almerinda parece ter gerado mal-estar entre os colegas socialistas. No dia 22 de setembro, uma pequena nota no *Jornal do Brasil* informou que Almerinda Gama não fazia mais parte do PSPB por ter se tornado "propagandista da organização imperialista conhecida pelo nome de Master System".[21] Almerinda desmentiu a notícia, escrevendo ao mesmo jornal dias depois: "O Partido Socialista Proletário, de cujo Diretório Central faço parte, não tomou medida alguma contra minha atitude, o que, aliás, seria exorbitar de suas finalidades políticas".[22] Expulsa ou não, seguiu com sua candidatura.

Além de Almerinda, a escritora capixaba Guilly Furtado Bandeira era a outra representante feminina da legenda buscando uma vaga no Congresso Nacional.[23] Almerinda apresentava-se ao eleitorado como uma candidata consciente das classes trabalhadoras e representante da intelectualidade feminina.

Panfleto da candidatura de Almerinda para as eleições de 1934.

Na cédula de votação, datilografada com seu nome, estava anexado um panfleto com uma foto da candidata. Diferente do traje usado na eleição de 1933, quando compareceu para votar com estola no pescoço e sorriso largo, no panfleto Almerinda exibe semblante compenetrado, cabelos ondulados arranjados num coque baixo e roupas austeras, sem adornos. Talvez uma tentativa de ser tratada com mais seriedade em um terreno que, até pouco tempo, era exclusivamente masculino. Almerinda colocava-se à disposição da sociedade como um nome viável para a Câmara Federal. No verso, uma breve descrição de suas propostas: "Lutando pela independência econômica da mulher, pela garantia legal do trabalhador e pelo ensino obrigatório e gratuito de todos os brasileiros em todos os graus, Almerinda Farias Gama se recomenda pelo seu passado e pelo seu presente aos que lhe vão sufragar o nome".[24]

A plataforma eleitoral de Almerinda sintetizava pontos que foram eixos centrais de sua vida pública e privada: as lutas contra as opressões de gênero e de classe. Seu lugar social, enquanto parte da massa trabalhadora assalariada, explica a ênfase nos direitos trabalhistas.

Em 13 de setembro de 1934, o *Jornal do Commercio* do Rio de Janeiro noticiou o programa político definido na II Convenção Nacional Feminista, o qual recomendava candidaturas de algumas mulheres que, segundo o texto, eram "prestigiadas pela opinião feminista organizada para exercer cargos administrativos e judiciais".[25] Mesmo que esses nomes ainda não tivessem sido acolhidos formalmente pelos partidos e legendas, a FBPF já colocava seu bloco na rua, apontando quem merecia a atenção do eleitor simpático à causa feminista. Figuras proeminentes da FBPF, como Bertha Lutz e Maria Eugenia Celso, além de outras mulheres líderes das Federações Estaduais pelo Progresso Feminino, como Lily Lages, médica alagoana, e Maria Luiza Bittencourt, advogada que concorreu a uma vaga no legislativo da Bahia, também eram apresentadas com perfis elogiosos.[26]

Curiosamente, Almerinda não aparece nessa lista. Da mesma forma, o boletim da FBPF de outubro de 1934 apresentava as candidatas que concorreriam ao pleito e eram recomendadas pela entidade, Bertha Lutz e Stella Guerra em destaque, nada de Almerinda. Ao que tudo indica, quando decidiu alçar voo longe das asas da FBPF, as antigas companheiras de luta viraram-lhe as costas. Para sua candidatura, Almerinda pôde contar apenas com a base de apoio político que construíra com a Ala Moça do Brasil.

Em fevereiro de 1935, concluída a apuração dos votos do pleito (um processo que levou meses), o boletim eleitoral revelou o resultado final das eleições. Almerinda Gama obteve 22 votos na eleição nominal do primeiro turno e 534 votos no segundo turno, números que não foram suficientes para garantir sua vitória.[27] Mesmo assim, ela figurou na seleta lista de mulheres que concorreram ao cargo no Distrito Federal, algumas das quais tiveram votações significativas, embora não suficientes para a eleição. Bertha Lutz obteve 39 008 votos no segundo turno, e Natércia da Cunha Silveira, rival de Bertha que liderava a ANM, conquistou 22 559 votos também no segundo turno.[28] No mesmo ano de 1934, a professora Antonieta de Barros tornou-se a primeira deputada eleita na Assembleia Legislativa do Estado de Santa Catarina, marcando sua presença como a primeira mulher negra a ocupar um cargo eletivo no país.

Depois de sua participação nas eleições de 1934, Almerinda afastou-se do movimento político-partidário. Nunca mais se candidatou a um cargo eletivo nem falou publicamente sobre isso. É possível que tenha se desencantado com a vida da política institucionalizada ou mesmo avaliado os riscos de uma atuação política diante do crescente cerco aos opositores do Estado. Em 1935, vale lembrar, o Congresso aprovaria a primeira Lei de Segurança Nacional voltada a punir "crimes contra a ordem política e social".

Embora tenha sido convidada para reuniões do Partido Comunista, não manifestou interesse nele, dizia não simpatizar com a agremiação.[29] Além do receio pela repressão, provavelmente também pesou o fato de um membro do partido tê-la criticado quando ela expressava entusiasmo com a nova legislação trabalhista elaborada pelo governo provisório.[30] Na velhice, relembrou com tristeza a decretação do Estado Novo em 1937, mas sem esconder sua admiração por Getúlio:

Achei que estavam distorcendo o rumo que Getúlio Vargas tinha dado para o aproximar da orientação hitlerista, totalitária. De forma que não me agradou, absolutamente

[...] vi o Getúlio como uma criatura de muito boa intenção, uma grande inteligência, muita parcimônia nos seus gestos e atos, e que, se não fez o melhor governo, foi devido a alguns auxiliares que veio a ter.[31]

Entre o ativismo, a luta pela sobrevivência e as violências cotidianas sofridas por ser mulher, feminista e negra, Almerinda não se esquivou de lutar e tentar ocupar as esferas do poder político. A vida prosseguiu com seus desafios e urgências. Na década de 1930 o cotidiano de uma mulher sem casamento, comprometida com as questões do seu tempo, carregando o rótulo de "feminista", e que, independentemente dos pré-julgamentos, deixava sua casa diariamente para trabalhar e assegurar sua própria existência, não era nada fácil. Dependia dela própria, somente.

Manifesto ao eleitorado carioca, 1934.

Parte 2

A máquina de escrever

8.
Do piano à máquina de escrever

Era mais um dia intenso de trabalho no Cartório Fonseca Hermes, no centro do Rio. Almerinda estalou os dedos, reanimando-os para a jornada de trabalho que ainda seguiria por mais algumas horas. A rotina dos serviços notariais e de registro podia ser bem intensa. A demanda por documentos, processos, protocolos e a pressão pelos prazos apertados tornavam o ambiente agitado e faziam com que datilógrafas acelerassem o ritmo nas máquinas de escrever. Lá pelo meio da tarde, Almerinda pensou em fazer uma pausa para um lanche. Seria bom respirar um pouco de ar fresco, deixar a mente se esvaziar e movimentar o corpo. Datilografar por tantas horas exigia atenção. Os dedos reclamavam, os ombros ficavam tensionados, o corpo sentia. Uma pausa no café da rua Miguel Couto seria benéfica. A distância do cartório até lá era curta, uma caminhada de pouco mais de cinco minutos. Avisou ao tabelião-chefe que faria um intervalo pequeno. "A menina quer que mande trazer o seu lanche aqui?", ouviu do colega. "Não, seu Djalma. Eu quero mudar, respirar um pouco o ar diferente", respondeu[1] e assim saiu para o breve descanso.

Ao fim da jornada de trabalho, ela encontrou uma amiga e lhe relatou como fora o dia. Contou-lhe sobre o ocorrido mais cedo no cartório, acreditando que o colega havia oferecido para buscar seu lanche como uma gentileza. Sua amiga, já sabendo como se davam as coisas no Rio, lhe explicou o real motivo da atenção do tabelião: moças não costumavam frequentar cafés sozinhas.

No máximo, iam em pares. Almerinda achou isso um disparate, ainda mais se tratando da capital federal. "Isso eu deixei lá no Pará!", falou furiosa. "Eu pensei que o Rio de Janeiro fosse mais adiantado. Pois agora quem vier atrás que me acompanhe. Eu é que não volto atrás. Eu continuo na minha independência, porque já vim corrida dessas peias."[2]

As "peias" eram as inúmeras amarras impostas às mulheres do seu tempo. Elas iam desde a exclusão feminina de posições de poder e prestígio até a demarcação dos lugares públicos que mulheres podiam frequentar. Ao deixarem sua casa e ganharem as ruas, as mulheres atravessavam a fronteira do mundo privado em direção ao público. A rua era o palco dos grandes acontecimentos. Era por onde os populares circulavam e experimentavam as transformações trazidas pelo progresso. Um lugar de potencial desvio e corrupção moral.

A presença cada vez maior das mulheres no cenário urbano não se traduzia em um abrandamento das regras morais; pelo contrário, quanto mais elas se distanciavam do mundo doméstico, mais a sociedade lhes impunha o sentimento de culpa pela negligência com o lar.[3] Afinal de contas, ao passar horas do dia no trabalho, a mulher estaria sobrecarregando o marido e se ausentando da educação dos filhos. Por causa desse raciocínio, o trabalho feminino era considerado restrito a determinados períodos da vida: quando a mulher estivesse solteira, divorciada ou viúva, ou em situação de escassez econômica. Tolerava-se que as mulheres solteiras trabalhassem para não serem um "peso morto" para suas famílias, colaborando financeiramente com elas. Ao se casarem, era hora de sair do emprego para se dedicar exclusivamente à família.

Ao deixar o Pará e se mudar para o Rio de Janeiro, Almerinda passou a existir por sua própria conta, sem marido, sogro, tia ou tios para controlar seus passos. Ela tinha esperado encontrar mais liberdade, porém, a realidade cotidiana lhe mostrava o contrário. Mesmo longe da guarda da família, se viu sob a vigilância da sociedade. E isso porque além de ser viúva, não ter nenhuma tutela masculina, também era, desde a juventude em Belém, uma trabalhadora.

Quando completou dezoito anos, em 1917, Almerinda recebeu a parte que lhe cabia da herança do pai. Com a autorização da avó Mirandinha, sua tutora — já que ela só alcançaria a maioridade quando completasse 21 anos —, uma casa que na partilha da herança tinha sido destinada a Almerinda foi vendida por 1,6 conto de réis. Emília Gama, a tia, perguntou à menina o que ela desejava fazer com o valor. "Aplique como você achar melhor", completou a tia. Começaram as sugestões dos familiares: "Que tal comprar uma casa?". Almerinda se imaginou sendo uma moça solteira morando sozinha. Iriam pensar que ela tinha saído solteira de casa e dado com os burros n'água, então preferiu evitar o falatório. "E se colocasse a casa para alugar?", alguém sugeriu. Ela descartou a ideia por temer inquilinos inadimplentes. Decidiu investir na própria educação: "Eu quero empregar esse dinheiro no meu cérebro, porque daqui ninguém rouba. Vou gastar este dinheiro estudando".[4] Essa seria a sua prioridade.

Almerinda via na educação uma chave para ter acesso a empregos melhores. Em uma época em que as mulheres, mesmo as de famílias abastadas, já não podiam contar com o sustento dos parentes para a vida inteira, a educação servia não só para dar status social, mas para proporcionar habilidades básicas indispensáveis para ganhar a vida decentemente no caso de um futuro incerto.[5]

A proposta de tia Emília foi a seguinte: ela ficaria com o dinheiro como se fosse um empréstimo e pagaria à sobrinha 10% do valor ao ano. Almerinda fez as contas na ponta do lápis: com o valor conseguiria voltar a estudar, dessa vez na Escola Prática de Comércio do Pará. Aceitou.

Nove anos haviam se passado desde que ela frequentara a escola pela última vez; desde então dedicava-se apenas aos afazeres domésticos. Estava saturada de viver entre bordados, tecidos e partituras. Agora, com os recursos da herança, teria a chance de vivenciar algo para além do cotidiano domiciliar.

A Escola Prática de Comércio era uma instituição mantida pela Associação Comercial do Pará com a ajuda do governo estadual e oferecia cursos gratuitos com a finalidade de aparelhar a mocidade para assumir postos de trabalho no comércio. À medida que a economia nacional se desenvolvia, cresciam também o setor terciário e a demanda por uma nova categoria de trabalhadores com preparação específica.

Segundo o governador do Pará à época, a prosperidade comercial dos países europeus devia-se ao ensino comercial e, por isso, era necessário preparar os jovens para que tivessem cultura e conhecimentos especiais sobre a área para "vencer nas lutas ásperas que se ferem na ordem econômica entre as nações adiantadas, reservada a vitória aos que forem mais capazes".[6]

Nessa época o setor administrativo começava a incorporar novas tecnologias para racionalizar tarefas e alavancar a produtividade. A protagonista dessa revolução era a máquina de escrever, que se tornava um elemento onipresente nos escritórios. Para manejá-la era preciso um treinamento específico, oferecido pela escola comercial.

Mesmo restrita à esfera doméstica, a jovem Almerinda tinha acesso a jornais e acompanhava a expansão do setor burocrático e o ingresso de mulheres nos escritórios. Seus olhos certamente foram atraídos pelas promessas de sucesso nos anúncios das escolas de datilografia e das casas comerciais que vendiam máquinas de escrever: "Não há um dia malsucedido para o operador da Remington",[7] dizia um anúncio da Casa Pratt, loja que também oferecia cursos de datilografia; "os bons datilógrafos encontram sempre fácil colocação no comércio",[8] prometia a Escola Remington, que mantinha unidades espalhadas por todo o país. A verdade é que a adoção massiva da máquina de escrever — um instrumento que servia à burocracia da vida cotidiana —, no fim do século XIX e início do XX, foi um dispositivo de libertação para uma geração de mulheres que se profissionalizaram como secretárias e datilógrafas. Almerinda seguiu a onda.

Ingressar nesse mercado era uma ótima decisão também por outro motivo: o emprego em escritório era considerado decente, íntegro. Essa percepção se dava, em parte, pelo fato de as secretárias atuarem como uma dona de casa versão escritório.[9] Além do trabalho na máquina de escrever, deveriam executar tarefas de limpeza e organização,[10] ser uma figura que ajudasse a instruir moralmente os funcionários. Um conto anônimo publicado no carioca *Jornal das Moças*, em 1921, dá um exemplo disso. No texto, um marido avista na rua sua datilógrafa e comenta com a esposa que a moça tem feito bem ao escritório: "Não imaginas a influência que tem, num escritório, a presença de uma rapariga bem-educada. Torna corretas as maneiras de todos".[11]

Para se matricular na Escola Prática de Comércio do Pará, era necessário ter mais de dezesseis anos, ter completado o ensino primário e apresentar atestado de vacinação. A escola oferecia um curso secundário que ao final de três anos conferia um diploma de "guarda-livros" — como se chamava no passado o profissional contábil. A formação era completa e passava por aulas de desenho, física, química, história natural e higiene, além, claro, do ensino comercial.

O curso atraía muita gente. Pessoas que viam na educação pública comercial uma possibilidade de se prepararem para vagas de emprego que prometiam alguma mobilidade ocupacional. Para os empregadores, as escolas comerciais eram interessantes por serem locais onde futuros trabalhadores recebiam qualificação à custa do Estado.

Na época, o magistério era a opção de trabalho mais comum para as mulheres de classe média. Para as de baixa escolaridade havia a possibilidade da costura e da ocupação como operária na indústria têxtil ou vendedora em lojas. Mais à margem e distantes do trabalho assalariado estavam as trabalhadoras domésticas e aquelas que, impossibilitadas de acessar postos formais, recorriam à autonomia forçada, sobrevivendo de trabalhos temporários e enfrentando o caos das ruas como vendedoras ambulantes ou lavadeiras — fugiam da pobreza improvisando caminhos de sobrevivência.[12] As opções eram escassas. Para uma pequena burguesia proletarizada, os empregos administrativos eram vistos, então, como "uma saída honrosa à humilhante entrada no trabalho assalariado feminino".[13]

Fazendo pouco caso dessas percepções, uma entusiasmada Almerinda ingressou na Escola Prática de Comércio em 1919. Seu mais novo compromisso diário lhe permitia sair de casa desacompanhada e, ao fim do percurso para a escola, que funcionava na travessa Campos Sales, n. 29, apreciar a baía do Guajará.

Nas escadarias da Escola de Comércio, entre tantos brados masculinos, os professores estavam se acostumando a ouvir, mesmo que baixinho, entre cochichos, o som da voz das poucas mulheres: dos 370 estudantes que faziam parte da instituição no ano que Almerinda matriculou-se, apenas 28 eram mulheres.[14] Havia apenas dois anos que moças tinham passado a ser aceitas como alunas, e o horário noturno das aulas não ajudava, afinal era quando as meretrizes estavam em cena, o que colocava em xeque a conduta das moças que circulavam naquele horário.

A disparidade entre o número de moças e rapazes na turma de 1919 ficou evidente quando, um dia, no intervalo das aulas, um fotógrafo apareceu para registrar os futuros profissionais do comércio. Os alunos do 1º ano, em sua maioria trajando terno claro e gravata escura, se aglomeraram ao redor da câmera. Posaram espremidos em uma sala grande.

Grupo de alunos do 1º ano da Escola Prática de Comércio de Belém.

Já as moças ocupavam tão menos espaço que até couberam máquinas de escrever na foto delas. Sem sorrir, como era o costume no século XIX e início do século XX, trajavam vestidos sobrepostos por camisas de manga comprida fechadas até o pescoço, completamente incompatíveis com o clima da cidade. Embora já tivesse alcançado a maioridade na ocasião, a estatura pequenina de Almerinda fez parecer que uma menina caíra de paraquedas ali. Estava no primeiro ano, mas tinha boas perspectivas pela frente.

Na Escola Prática de Comércio do Pará, as aulas de datilografia eram mistas, com moças e rapazes, e a sala contava com máquinas de escrever dos mais diversos modelos e marcas. Almerinda era uma das primeiras da turma, substituía os professores em suas ausências e recebia uma pequena remuneração por isso. O domínio técnico da escrita mecânica pavimentava seu caminho para ingressar no mundo do trabalho assalariado.

Em 1921, antes mesmo da conclusão do curso, as boas notas e a experiência adquirida na Escola Prática renderam a

As alunas de datilografia do 1º ano. Almerinda é a segunda da esq. para a dir., na última fila, em pé.

Almerinda seu primeiro emprego: como secretária do médico Heraclides de Souza Araújo, que desenvolvia atividades de difusão de higiene e saneamento no Instituto de Profilaxia e Doenças Venéreas, em Belém. Mesmo com a resistência da família, que lhe dizia que não precisava trabalhar, ela se dedicava ao serviço durante o dia, e à noite acelerava o passo para a aula. Se as tarefas no instituto se prolongavam e iam até mais tarde, seu chefe mandava um carro levá-la até a escola. O esforço valia a pena. Ela podia estudar, participar da vida comum, desenvolver amizades e quem sabe até flertar com algum pretendente. Tinha um emprego e, mais do que isso, um ofício.

Nos escritórios, equipados com máquinas de escrever, arquivos e telefones, homens e mulheres se dividiam nas tarefas de gerentes, vendedores, caixas, guarda-livros, secretárias, datilógrafas e taquígrafas. Embora o quadro de funcionários costumasse ter um perfil parecido — homens e mulheres com qualificações educacionais e domínio das técnicas comerciais igualmente sólidos —, os empregadores relegavam às mulheres os postos que eram considerados mais tediosos, repetitivos e que, em teoria, não demandariam esforço mental. Quase que exclusivamente as funções de datilografia, secretariado e taquigrafia eram ocupadas por empregadas, eram "trabalhos de mulher". A associação entre operárias de fábricas e trabalho repetitivo facilitou a identificação das mulheres com o trabalho mecanizado e repetitivo no ambiente do escritório.[15] Nos jornais, no cinema e nas campanhas publicitárias surgiam imagens de uma mulher e "do casal amoroso que ela forma com sua Singer ou com sua Remington".[16] Nas revistas, os artigos também reforçavam isso: "Meninas pobres ou ricas sonham a independência do emprego certo, a carteira bancária, o teclado polidáctil das 'remingtons' e 'underwoods'".[17]

Naquele tempo, ofício adequado à mulher era aquele em que ela pudesse exercer suas "virtudes femininas", como o capricho, o cuidado e a docilidade. A máquina de escrever, considerada frágil, seria o instrumento de trabalho ideal para a mulher, que faria do escritório a extensão do seu lar. Ali, poderia exercer sua concentração, delicadeza e destreza, qualidades consideradas inerentes à natureza feminina. A ênfase maior era na capacidade de digitação e menos na inteligência e na qualificação. As mãos das boas moças, como Almerinda, acostumadas ao piano, rapidamente se adaptariam às novas teclas.

Mas não bastava o domínio técnico para garantir a permanência nos empregos administrativos, uma vez que a aparência era um fator importante para o sucesso profissional.[18] Um artigo da revista *Fon Fon* aconselhava as funcionárias dos escritórios sobre como proceder ao longo da jornada de trabalho para manter a aparência impecável:

É um dever, uma obrigação iniludível de toda jovem que trabalha, como datilógrafa, ou em outra função qualquer, apresentar-se o melhor possível no meio em que exerce sua atividade. Limpeza, bom gosto e elegância são a ordem do dia. [...] O cabelo desgrenhado ou as mãos sujas exasperam-no [o chefe]. É inevitável que, no transcurso do dia, por efeito mesmo do próprio trabalho, sujem-se as mãos. Não recomendamos que a jovem esteja sempre a olhar-se, arranjando-se continuadamente. Temos, porém, de concordar em que ela precisa de alguns "retoques" ou "reparação", de vez em quando, sobretudo se sai para o almoço, para o *lunch* etc. É claro que ela terá, também, bastante compreensão para não realizar esses ligeiros "arranjos" à vista dos seus superiores.[19]

Ainda que, naquele período, a presença feminina no mercado de trabalho costumasse ser passageira e restrita a mulheres sem maridos, Almerinda seguiu trabalhando quando se casou com Benigno Farias Gama, em 1923.

Talvez o motivo da tolerância por parte de Benigno fosse o fato de o casal se relacionar à distância, o que fazia com que ele não tivesse expectativas quanto a ela realizar as atividades domésticas. De toda forma, ao que tudo indica, o casal comungava dos mesmos ideais, ou pelo menos o rapaz não se importava muito com o falatório gerado pelo trabalho da esposa. A essa altura ele já conhecia bem o pensamento independente de Almerinda, cujas opiniões feministas figuravam na *Provincia do Pará* desde muito cedo. "Ele sempre me deu plena liberdade de agir, sabia que eu era uma batalhadora, uma lutadora, sabia de minha atitude na imprensa [...]. Não interferiu em nada", relembrou Almerinda.[20]

Precocemente, em 1925, com apenas dois anos de casada, Almerinda perdeu o marido vitimado pela "peste branca", a tuberculose, responsável por altas taxas de mortalidade no Brasil

96

nas primeiras décadas do século XX. Além da dor do luto havia as incertezas do futuro. Inicialmente, o trabalho era para Almerinda uma fonte de renda extra e uma forma de ocupar o tempo fora de casa. Com a viuvez, o trabalho se transformou em uma necessidade vital, sua principal fonte de renda e subsistência.

A viuvez a colocou em uma posição social de "fragilidade" e dependência. Sem um homem (pai ou marido), a mulher era considerada incapaz.[21] Como Almerinda ainda era jovem, se mantivesse sua moral intacta, poderia encontrar um novo marido e reassumir sua posição social de esposa, retomando assim a "carreira doméstica" considerada essencial na época.

No entanto, na hierarquia dos interesses de Almerinda, o trabalho vinha à frente de um novo casamento. Ela estava mais interessada em assumir o controle de sua própria vida e ter alguma independência econômica do que nas lisonjas de possíveis pretendentes. A situação difícil que a mãe enfrentou depois do fracasso do segundo casamento lhe ensinara que ela não podia depender de homem algum. Então lutaria por sua liberdade, inclusive financeira, a qualquer custo.

Em Belém, a viúva Almerinda trabalhava como secretária, mas o salário não era suficiente para suas necessidades. Convencida de sua capacidade profissional e determinada a ter uma renda melhor, começou a procurar por empregos mais bem pagos nos anúncios de jornais locais. As contas não esperavam, então ela precisava agir rápido.

As opções de trabalho assalariado eram poucas, ruins e mal pagas. Almerinda enfrentou portas fechadas em bancos e seguradoras, que priorizavam homens ou ofereciam às mulheres apenas os piores salários. "No comércio, os ordenados sempre foram muito modestos, mas os bancários eram mais bem aquinhoados. Eu quis ser bancária e não podia ser, porque era mulher."[22] Ouviu as mesmas negativas na companhia de seguros.

"Ah, mas nós não empregamos mulheres, só empregamos homens [...]. Iam fazendo a seleção e só deixavam para as mulheres os serviços mais mal remunerados", relembrou.[23]

Além da restrição de candidatar-se a determinadas vagas pelo fato de ser mulher, havia outro mecanismo de discriminação naturalizado à época que escancarava a disparidade de gênero: quando os empregos permitiam mulheres, ainda que elas exercessem a mesma função dos homens, acabavam invariavelmente recebendo menos pelo mesmo trabalho. Essa marginalização, justificada pela supremacia masculina, relegava as mulheres a trabalhos inferiores e mal remunerados. No ideário da época, os homens deveriam ganhar mais porque arcavam com o sustento das famílias.

Em Belém, cidade considerada a metrópole da Amazônia, a situação não era diferente. "Eu vi que [lá] não tinha mais para onde ir [...]. Arrumei um emprego, aquela discriminação que fazia de mulher, fui a um emprego onde era pago 300 mil-réis. 'Quanto é o ordenado?' 'Duzentos.' 'Mas não era trezentos?' 'A homens nós pagamos trezentos, à mulher nós só pagamos duzentos.'" Ainda que já soubesse que a vida para as mulheres era mais difícil, situações como essa escancaravam as desigualdades entre os gêneros e faziam Almerinda refletir sobre o futuro.

A situação era a seguinte: com menos de trinta anos Almerinda havia perdido um filho, era viúva, trabalhava para sobreviver e buscava formas de melhorar seus ganhos. Atuava como secretária, porém ansiava por alguma ascensão profissional que se refletisse no salário. Não estava disposta a baixar a cabeça nem aceitaria receber menos por ser mulher. Passou a se sentir limitada e sem perspectivas em Belém. "Lá o meio era muito estreito", comentou certa vez.[24]

Almerinda foi alimentando dentro de si o desejo de deixar a vida no Pará para trás. Já não tinha mais nada ali que a prendesse. Na infância, quando a morte do pai amargou sua vida, ela saiu de Maceió para recomeçar em Belém. Quem sabe agora não existisse uma vida nova, com novas oportunidades a esperando em outro lugar? Não havia nada a perder. Sem marido, sentia-se "completamente independente".[25] Em outra cidade poderia refazer sua vida longe das expectativas e da vigilância familiar. À medida que a economia urbana se expandia, era comum que homens e mulheres deixassem seu lugar de origem em busca de melhores condições de vida, e a capital federal era um destino promissor.

Exausta com as constantes discriminações e a falta de oportunidades profissionais em Belém, Almerinda resolveu mudar o rumo de sua vida e buscar outro lugar no mundo. Além de serem o principal impulsionador da mudança de cidade, esses fatos criaram nela o desejo de participar da militância feminista. Ser mulher não era fácil, e a desigualdade salarial baseada na discriminação de gênero a fez sentir isso como nunca antes. Nada mais a prendia em Belém.

Mudar-se para o Rio de Janeiro fazia sentido também por outro motivo: José, o irmão por quem Almerinda nutria profundo afeto, havia migrado para lá anos antes. Ela não chegaria à cidade desamparada.

A decisão estava tomada: "Eu dei adeusinho e resolvi vir embora pro Rio de Janeiro".[26] Despediu-se da capital paraense com sentimentos mistos de tristeza e alívio. O futuro, incerto mas promissor, a aguardava na capital federal.

9.
Rio de Janeiro,
a terra das oportunidades

Com o coração batendo forte, Almerinda contemplou pela primeira vez o local onde construiria sua nova vida. O navio aportou no destino final, o Rio de Janeiro. Ancorados na baía da Guanabara, tripulantes e passageiros vislumbraram a silhueta da cidade. De cara, a datilógrafa se encantou com o grandioso edifício do luxuoso Hotel Glória, localizado em frente à baía.[1] Era noite em 1929, e a intensa iluminação de mais de 125 mil watts dava ao prédio ares de sonho.[2] Na manhã seguinte um pouco do encanto se perdeu no desembarque sob chuva. Carregando uma mala contendo mais expectativas do que roupas, ela achou a vista desinteressante: armazéns desprovidos de beleza, lama na avenida Rodrigues Alves.[3] A intuição, por outro lado, lhe dizia que ali, naquele solo, sua vida seria melhor.

Os dias serviram para José apresentar a Almerinda o que o Rio tinha de melhor. Já estabelecido na cidade, ele trabalhava nos jornais locais e era funcionário da Imprensa Nacional. Em José, Almerinda encontrou apoio para se instalar. Ele era solteiro e admirava demais a irmã de "ideias avançadas".

Os primeiros amigos dela foram os amigos dele, em sua maioria gente da imprensa que atuava desde a redação até a impressão de jornais. Sem nenhuma ocupação ainda em vista, aproveitava o tempo para explorar o novo ambiente antes de buscar trabalho. A moça vinda do Norte se deparava com os primeiros arranha-céus da capital, símbolos do progresso e da modernização que tomavam conta do país. Perambulou por Paquetá, pela ilha do Governador, por Petrópolis e assistiu à montagem do novo monumento no topo do Corcovado: um Cristo de braços estendidos abençoando a cidade e seus habitantes.[4]

Ainda que considerasse Belém lindíssima, Almerinda ficou mais do que satisfeita com o local que escolheu para viver: "De fato [o Rio] superava Belém, não posso dizer que não superava".[5]

Depois da ambientação, era chegada a hora de buscar emprego. Almerinda, perspicaz, havia pedido cartas de recomendação aos antigos professores e patrões. Munida delas, dirigiu-se à Associação dos Empregados do Comércio do Distrito Federal, onde se inscreveu na carteira de empregos. Estava ciente de que todos os estabelecimentos industriais, comerciais, bancários e financeiros precisavam de mão de obra qualificada para realizar serviços administrativos.

Por ser a capital federal, a cidade do Rio de Janeiro era o motor das operações produtivas e o centro de muitas atividades do setor terciário. Isso sem mencionar todo o aparato governamental e o comércio de importação. Na capital da República, o serviço público demandava trabalhadores que lidassem com as tarefas burocráticas e fizessem a máquina pública andar. Almerinda, por sua vez, percebera cedo o crescimento do setor e propositalmente havia se especializado em uma área em franca expansão. Já havia se aperfeiçoado tanto no teclado da máquina de escrever que sua habilidade, a essa altura, era incontestável. Aos trinta anos já poderia ser considerada veterana.

Ela não tardou em conseguir emprego no Rio: dois meses depois do desembarque recebeu um telegrama para comparecer ao Cartório Fonseca Hermes, na rua do Rosário, 145. O tabelião-chefe precisava urgentemente de uma datilógrafa. Como havia muito serviço a ser feito, no mesmo dia da entrevista ela foi contratada e já se pôs a datilografar.

O ritmo frenético das teclas da máquina de escrever era a melodia que embalava os sonhos de Almerinda em sua nova cidade. Além de seu instrumento de trabalho e sua ferramenta de sobrevivência, a máquina de escrever se tornaria também sua principal ferramenta de luta contra as injustiças do mundo, em especial as sentidas na pele pelas mulheres.

10.
Um crime, uma amizade e uma estreia

Os últimos dias de 1929, o ano em que Almerinda chegou ao Rio, foram marcados por crimes que escandalizaram a população local. Em 27 de dezembro as manchetes dos jornais cariocas detalharam uma tragédia que acontecera no dia anterior: em plena Câmara dos Deputados, que funcionava à época no Palácio Tiradentes, o deputado gaúcho Simões Lopes, da oposição, tinha assassinado seu colega deputado Souza Filho, que era governista. Eram tempos bélicos na política, com discussões acirradas entre os apoiadores de Washington Luís e os parlamentares da Aliança Liberal. Alguns deputados andavam ostensivamente armados, empunhando facas e revólveres, "verdadeiros arsenais ambulantes".[1]

Outro crime também recebeu destaque nos jornais naquele fim de ano, em especial porque a tragédia envolveu duas figuras que atuavam na imprensa carioca: a escritora Sylvia Serafim, colaboradora de *O Jornal* e do *Diario da Noite*, e Roberto Rodrigues, ilustrador e filho de Mário Rodrigues, diretor do jornal *Critica*.[2]

Sylvia Serafim pensou que sua vida havia acabado ao ler a *Critica* na manhã de 26 de dezembro: "Entra hoje em juízo nesta capital um rumoroso pedido de desquite!", dizia a manchete. A reportagem sensacionalista tratava do desquite de Sylvia e seu marido, Ernesto Thibau Jr. O jornal, conhecido pelas reportagens sobre crimes e escândalos, insinuava que o casal estava se separando porque Sylvia, descrita como "escritora

103

moderna" e "reivindicadora dos direitos da mulher no século presente", havia traído o marido com o médico Manuel Abreu. No começo da tarde desse dia, completamente transtornada por causa da reportagem que questionava sua honra, Sylvia comprou uma arma e dirigiu-se à redação da *Critica*, na rua do Carmo, centro do Rio. Foi recebida por Roberto Rodrigues, filho do diretor do jornal e irmão do repórter da *Critica* e futuro dramaturgo Nelson Rodrigues. Poucos minutos depois de ela entrar na sala da direção do jornal com Roberto, os colegas de redação ouviram um tiro. Tomada por ódio, Sylvia atirou em Roberto. Ele foi levado com vida ao Hospital do Pronto-Socorro, mas morreu depois de três dias.[3] Presa em flagrante, foi conduzida à delegacia.

A partir daí, a *Critica* iniciou uma campanha implacável contra Sylvia. O jornal passou a publicar diariamente uma foto dela acompanhada do seguinte texto:

Faz hoje [...] dias que Sylvia Thibau, esposa adúltera, mãe infame, cujos vícios inspiraram uma escandalosa ação de divórcio, para maior liberdade da cadela de rua, feriu de morte Roberto Rodrigues, artista de 23 anos de idade, chefe de família, profundamente honesto, com o fulgor de um grande talento e de virtudes inexcedíveis. A meretriz assassina será castigada.[4]

O caso ganhou muita repercussão e se tornou palco de uma luta entre grupos progressistas, que defendiam que Sylvia agira em legítima defesa de sua honra, e conservadores, que a atacavam mais por ser uma defensora da pauta feminista do que pelo crime em si.[5]

Poucas semanas depois do assassinato, alegando sofrer de apendicite, Sylvia conseguiu autorização da Justiça para ser transferida para a Casa de Saúde Santo Antônio, na rua do

Riachuelo, 161, onde cumpriu pena até o julgamento. Recolhida no estabelecimento hospitalar, Sylvia foi avisada de que uma pessoa chegara para visitá-la. Não se tratava de ninguém da família ou de seu círculo de amizades, era uma mulher desconhecida que insistia em encontrá-la. Na entrada do centro de saúde, a moça se apresentou como Almerinda Farias Gama. Sylvia possivelmente estranhou a situação, mas aceitou recebê-la. Almerinda nutria grande admiração por Sylvia. Leitora assídua de jornais, conhecia as opiniões feministas de Petite Source, o pseudônimo utilizado por Serafim em alguns de seus escritos — em especial, os mais polêmicos. Elas tinham em comum a paixão pelas letras e comungavam das mesmas ideias libertárias. Ao tomar conhecimento do crime e da campanha difamatória inaugurada pela *Crítica* contra a jornalista, Almerinda foi procurá-la na casa de saúde. O sentimento de empatia falou mais alto do que um eventual receio de ser associada a quem respondia judicialmente por um assassinato e vinha sendo difamada pela mídia: "Eu, sabendo que ela estava presa lá, por uma questão de solidariedade, resolvi fazer-lhe uma visita. Visitei Sylvia, gostei dela, ela tinha um trato muito fino".[6] Ali começou uma amizade.

Enquanto esteve presa, Sylvia continuou a colaborar para os jornais da rede de comunicação Diários Associados, do jornalista Assis Chateaubriand, e para a revista semanal *Fon Fon*. Sua coluna especial de página inteira no matutino *O Jornal* era intitulada "Para a mulher no lar: Modas, passatempos e ensinamentos úteis" e também seguia sendo publicada. Como era comum nas sessões femininas, a coluna apresentava dicas de moda e etiqueta, trazia um pouco de literatura, poemas, mas não se esquivava de tratar de assuntos da agenda feminista. Depois de ter contato com as ideias da mais nova amiga, e sabendo que pelas bandas do Pará ela já escrevera para jornais, Sylvia chamou Almerinda para contribuir em sua página.

Para a amiga nortista ela sugeriu a seção "Perspectiva", que apresentava uma visão retrospectiva dos fatos da semana. Almerinda aceitou de pronto. Na seção poderia expor suas convicções individuais, amplificar sua voz e colocar-se como observadora do mundo. O espaço também serviria a outro propósito. Ela acalentava o desejo de um dia lançar-se como escritora, e a coluna era uma chance de ouro de conquistar visibilidade no cenário literário. Não era incomum que as autoras estreassem no jornalismo, antes de se aventurarem nos livros.[7] A essa altura Almerinda contribuía de forma eventual com jornais escrevendo poemas e artigos. Mas, com Sylvia, passaria a ter um espaço fixo em um jornal de grande circulação.

Então, em 4 de maio de 1930, Almerinda estreou no matutino *O Jornal*, comentando a notícia de uma jovem esposa que, com apenas seis meses de casada, havia se suicidado ateando fogo em si mesma para fugir dos maus-tratos do marido.[8] Era o seu retorno à imprensa e ficou explícito que expressaria suas opiniões de feminista.

Três meses depois, por cinco votos a dois, o júri decidiu pela absolvição de Sylvia Serafim. A linha da defesa foi que Sylvia havia agido tomada pela perturbação momentânea dos sentidos causada pela reportagem "considerada desmoralizante para uma mulher que, segundo o seu próprio ex-marido, era honesta".[9] E o fundamento da decisão foi a "defesa da honra" — argumento que até então praticamente só era usado na absolvição de homens em casos de feminicídio.[10]

Em dezembro de 1930, portanto um ano depois do crime que resultou na morte de Roberto Rodrigues, sem nada dever à Justiça, Sylvia retomou sua vida com uma viagem a Belo Horizonte. A convite de intelectuais mineiros, entre eles a advogada e líder feminista Elvira Kamel, a escritora iniciou uma série de palestras sobre a condição feminina. Nos lugares por onde passou, entre eles o Teatro Municipal de Belo Horizonte,

Sylvia arrancou aplausos efusivos do público que a acompanhava.[11] Ela pôde dividir a alegria daquela recepção calorosa com sua companheira na viagem. "A brilhante escritora segue acompanhada por nossa distinta colaboradora Almerinda Gama", relatou o jornal *A Esquerda* no dia 18 de dezembro de 1930.[12] A amizade das feministas tinha vingado. Além de abrir as portas da imprensa carioca para Almerinda, Sylvia também lhe conseguiu emprego. Almerinda trabalhou por um tempo como secretária de Clóvis Dunshee de Abranches, advogado responsável pela defesa de Sylvia.

A jornalista frequentava a elite intelectual carioca, e Almerinda possivelmente também teve contato com esse círculo. Embora fossem de classes sociais distintas, eram mulheres cultas que compartilhavam um olhar crítico e não temiam manifestar suas opiniões em uma época que não era considerado de bom tom que mulheres falassem publicamente sobre determinados assuntos.

Por vezes, Sylvia e Almerinda davam entrevistas juntas. Em uma reportagem do jornal *A Batalha* sobre a concessão de direitos políticos às mulheres, as amigas aparecem em fotografias na mesma reportagem. Na oportunidade Sylvia declarou que o voto feminino, naquele momento ainda uma promessa de Getúlio, era importante porque seria valiosa "toda intervenção feminina nos cargos públicos". Já Almerinda fez menção à figura da princesa Isabel de Bragança, citando-a como mulher responsável pela libertação da "raça escrava em nossa terra". Na opinião da alagoana, Isabel "sabia que abalava os alicerces do trono de seu pai, mas o sentimento altruístico vibrou mais alto".[13]

Porém, publicar na imprensa não era só um passatempo da alagoana. Escrever gerava uma renda extra, mais do que bem-vinda para quem recomeçava a vida em uma cidade com um alto custo de vida. Sempre que possível ela cobrava pelo trabalho.

"Foi assim que eu continuei na imprensa, sempre a lutar pela emancipação da mulher e, pelo lado prático, fazendo questão que me pagassem sempre o valor do meu trabalho."[14] Afinal, a moça feminista era também uma trabalhadora assalariada aprendendo o que era espírito de classe.

A cada visita às redações, Almerinda fortalecia seus laços com os jornalistas. A dependência com relação a Sylvia, para publicar seus artigos de opinião, diminuía a cada dia. Com a certeza de que ainda tinha muito a contribuir, Almerinda alimentava a esperança de, quem sabe um dia, se tornar uma escritora reconhecida.

II.
"A inteligência não tem sexo"

Antes mesmo de voltar a estudar na Escola Prática de Comércio, aos dezenove anos, Almerinda já contribuía para jornais paraenses. Escreveu para *Provincia do Pará*, *Estado do Pará*, *Folha do Norte*, *Correio do Pará*, *Belém Nova*, entre outros,[1] crônicas e poesias que lhe renderam até mesmo um prêmio literário.[2] Tia Emília apreciava as letras e foi a responsável por incutir o hábito da leitura na família Gama. Além dos livros de romance, que faziam Almerinda e sua irmã Júlia sonharem acordadas imaginando príncipes encantados, sempre havia jornais disponíveis, e a menina os lia avidamente. E, além disso, os homens da família trabalhavam na confecção de jornais. Manoel Gama, irmão de Emília e tio de Almerinda, era tipógrafo da *Provincia do Pará*, o que certamente contribuía para que os jornais fizessem parte do cotidiano familiar. José, o irmão que vivia em terras cariocas, tinha a mesma profissão.

Nas crônicas escritas por Almerinda na adolescência, a crítica social sobre a condição feminina já aparecia. Certa vez ela se sentiu impelida a escrever ao ler um anúncio de jornal que dizia: "Procura-se uma moça de mais ou menos dezoito anos que tem uma cicatriz na orelha".[3] Imediatamente pensou que, pela orelha rasgada, devia tratar-se de uma "cria de casa", meninas pobres entregues a famílias ricas para trabalhar em troca de criação, costume comum em uma Belém que ainda mantinha práticas escravocratas. Almerinda imaginou que a cicatriz na orelha poderia ter sido causada por um brinco arrancado pelos patrões em um momento de furor. Escreveu então uma crônica denunciando que "aquele anúncio era para procurar uma moça de dezoito anos como quem procura um animal".[4] O texto repercutiu e chegou até o Juizado de Menores, onde foi instaurada uma investigação que averiguou que se tratava de um dono de açougue à procura de uma funcionária que trabalhava em seu estabelecimento.

A desigualdade de direitos entre homens e mulheres desperta o interesse de Almerinda desde cedo e é o que motiva a sua escrita. É intrigante pensar como uma menina de uma família de condições confortáveis, com o destino bem encaminhado enquanto moça prendada e educada, perfeita para um bom casamento, atentava para essas questões. Talvez a influência de tia Emília — a doutora da família que contrariou as expectativas da época ao não se casar e que seguiu uma carreira profissional de sucesso — tenha despertado essa consciência em Almerinda. Também foi fundamental o acesso aos livros na juventude:

> Eu sempre fui amiga da literatura. Sempre li muito e via, tomava conhecimento das grandes mulheres do passado, não das lutas, porque não se referiam à discriminação. Mas eu sempre tive consciência de que a mulher devia equiparar-se ao homem, que nesse ponto não devia haver discriminação. A inteligência não tem sexo.[5]

O acesso à leitura abriu as portas de Almerinda para a reflexão crítica e foi crucial em sua formação intelectual. A aproximação com a produção literária de mulheres a levou a ponderar sobre a subalternidade da condição feminina e fez com que ambicionasse outras possibilidades. Não era sem motivo que, nas sociedades antigas, a educação das meninas passava pela leitura, mas não contemplava a escrita, considerada "inútil e perigosa para o sexo feminino".[6] Historicamente, ao terem acesso ao letramento e em seguida à leitura, as mulheres se apoderaram também da escrita e, consequentemente, da crítica.[7]

Se Almerinda, recém-saída da adolescência, pôde expressar suas opiniões nos jornais belenenses ainda nos anos 1910, isso possivelmente deveu-se ao fato de que, mesmo não sendo muitas, algumas mulheres faziam parte da imprensa, seja nos noticiários tradicionais, lidos pelo público em geral, seja criando jornais pensados especificamente para o público feminino.

O primeiro jornal direcionado ao público feminino provavelmente foi o carioca *O Espelho Diamantino: Periódico de Politica, Litteratura, Bellas Artes, Theatro, e Modas*, lançado em 1827 e criado (que ironia) por um homem, o jornalista francês Pierre Plancher. A partir da década de 1830, as brasileiras passariam a assumir o protagonismo dos próprios periódicos. As primeiras iniciativas femininas de que se tem notícia foram as conduzidas pela escritora Maria Josefa Barreto, que lançou em 1833, em Porto Alegre, *Bellona Irada contra os Sectarios de Momo* e *Idade d'Ouro*. No mesmo ano, no Rio de Janeiro, estreou o jornal *A Mineira no Rio de Janeiro*, também dirigido por uma mulher.[8]

Ainda que o número de mulheres alfabetizadas no Brasil do século XIX fosse baixo, há registros de que durante esse período circularam pelo menos 143 revistas e jornais femininos e feministas no território nacional.[9] Dirigidas e direcionadas a mulheres, as publicações tinham formatos múltiplos e tratavam de assuntos diversos que passavam por moda, receitas, poesias e artigos de cunho opinativo. Enquanto algumas eram comprometidas com o combate à discriminação, muitas adotavam um tom conservador, reforçando a imagem da mulher mãe de família e sublimando as virtudes domésticas. À medida que a instrução feminina se expandia no século XX, ampliava-se o número de títulos. Dessa forma, as vozes femininas foram tomando lugar nas redações. As mulheres deixavam de ser apenas leitoras e passavam a ser também redatoras e diretoras de veículos femininos.

Em Belém, Almerinda contribuía com jornais não especializados, do tipo mais abrangente, que não falavam para um determinado segmento, e, por isso, suas reflexões sobre a condição da mulher alcançavam um público maior. Enquanto seus artigos defendiam ideias a favor da emancipação política, econômica, intelectual e social das mulheres, era comum que, ao folhear as gazetas, Almerinda se deparasse com contemporâneas paraenses que faziam pouco caso dessas questões: "Moças entrevistadas, advogadas e tudo mais diziam: 'Não, o lugar de mulher é no lar, a mulher deve ser a rainha do lar'. Eram contra, portanto, a emancipação da mulher. E eu me encontrava num meio muito estreito".[10]

Como Almerinda enxergava o mundo através da lente feminista, era atenta aos episódios cotidianos que expunham o ferrenho código moral imposto às mulheres, que, entre outras questões, impedia a sua participação na vida pública. A sua persona escritora denunciava na imprensa essa privação de direitos. Em um artigo publicado já no Rio, em 20 de julho de 1930, na coluna "Perspectiva" d'*O Jornal*, Almerinda usou dois episódios da época para limar as ilusões românticas. Escancarou o abismo entre o casamento imaginado pelas jovens solteiras como um lugar de felicidade plena, e a realidade da vida conjugal. Secretamente, muitas leitoras devem ter se reconhecido no desencanto descrito por Almerinda:

Mesmo a contragosto, pois costumo não fixar a atenção em casos passionais, os últimos dramas conjugais têm-me feito refletir na causa provável dos seus fatores. Passei sem comentário sobre o caso de uma menina de catorze anos que se deixara matar pelo marido ou não pudera eximir-se ao ferro assassino. Ela já fora anteriormente vítima, pelo simples fato de casar-se naquela idade, do crime cometido por seus pais perante a lei civil e perante a natureza. Quinze dias de casada apenas; qual fora a causa da tragédia? Mistério, que o seu autor levou para o silêncio do túmulo. Veio agora o suicídio de uma esposa que não suportou uma desinteligência entre o marido e um irmão. Teria sido este, deveras, o motivo do desespero? Se assim foi, só poderemos considerá-la uma doente mental. Cremos, porém, que talvez neste, como em muitos casos, haja antes uma grande desilusão da mulher que casa. É o derruir dos lindos bangalôs da fantasia, construídos por criaturas que vivem no sonho de um amor ideal que a existência não comporta. Qual a mulher casada ou viúva, que não teve ao menos [por] um curtíssimo momento um grande arrependimento de se ter casado?! Aquela que me vier desdizer com o próprio exemplo de felicidade conjugal, eu lembrarei a sua angústia em face a inúmeras pequenas decepções. À fantasista que alimenta o amor do esposo com a sua espiritualidade, recordarei o instante em que sentiu a realização inferior ao ideal entrevisto.[11]

E, assim, escrevendo sobre sentimentos femininos nada fáceis de admitir, Almerinda seguia com sua coluna n'*O Jornal*, mas buscava ampliar alcance publicando seus textos, principalmente poemas, em outros veículos, inclusive em outros estados. A seguir, o poema "Aspiração", publicado no jornal catarinense *A Gazeta*:

Num verso triste
Ele afirmou
Com meiguice,
Ele me disse

Que eu sou
A Dor personificada.

Se eu fosse a Dor...
A sua alma seria
A todos os instantes
Por mim torturada.

Eu lhe arrancaria
Lágrimas brilhantes
Como o sol de meio-dia
Para meu diadema.

Seu coração — uma gema —
Apertaria em minha mão
Para perturbar-lhe a pulsação.

E possuindo
O dom da transfusão,
Circularia em suas veias,
Nas artérias cerebrais,
E dominaria
Seus próprios ideais.

Como este Amor seria lindo!
Ah! Se eu fora
A Dor — criadora,
A Dor — purificadora,
Ele amaria muito mais minha tortura
Do que todos meus extremos de ternura.[12]

Em um tempo em que a comunicação era mais lenta, o caminho para publicar um texto muitas vezes se iniciava com uma carta cuidadosamente redigida e endereçada à redação de um jornal ou revista. É possível que Almerinda tenha agido dessa forma, na tentativa de ter sua produção difundida para além do Rio. Ela nunca escondeu que ambicionava o reconhecimento dos círculos literários, por isso, folheando outras gazetas dirigidas por Chateaubriand, chamou sua atenção um debate nas páginas do vespertino *Diario da Noite*.

O jornal dava espaço para que figuras ilustres expusessem, através de artigos, opiniões contrárias ou favoráveis à elegibilidade da mulher à Academia Brasileira de Letras (ABL). A imprensa era uma valiosa arena para a realização desses debates intelectuais.

A questão causava controvérsia. Os espaços de prestígio intelectual, assim como o espaço público, eram restritos à sociabilidade masculina. Entre os articulistas estavam figuras como o médico e ensaísta Antônio Constâncio Alves (que se posicionou contra, sugerindo que, se quisessem, as mulheres deveriam formar sua própria academia), o poeta e imortal Luís Carlos da Fonseca Monteiro de Barros (a favor, desde que a mulher primeiramente se comprometesse com a formação moral da família), a integrante da FBPF Maria Amélia Teixeira (a favor) e o escritor maranhense e também imortal da ABL Humberto de Campos (contra). Almerinda não conteve a irritação ao ler o texto deste. O pensamento vigente que considerava as mulheres intelectualmente inferiores e incapazes de participar de círculos de discussão a enfurecia por completo.

Sentou-se à máquina de escrever e redigiu uma carta aberta que o *Diario da Noite* publicou em 7 de março de 1930. Mesmo sendo uma escritora sem notoriedade na capital federal, Almerinda deu seu jeito de entrar no debate:

Carta aberta ao sr. Humberto de Campos

Meu ilustre patrício — A sua resposta à enquete do *Diario da Noite*, talvez por muito esperada, não correspondeu absolutamente à minha expectativa. Demasiado rude, a minha franqueza é motivada pela alta admiração que voto à sua inteligência, que o elevou ao nível atual, sem o auxílio do cabotinismo, escada fácil e comum aos nulos.

Esperava uma opinião favorável ou, quando menos, uma justificação eruditamente fundamentada, para apoiar o seu voto contrário ao ingresso da mulher no cenáculo das letras. Tal não se efetivou. Sem apertar a cravelha, o ilustre imortal fez vibrar a corda da "tradição".

Defender a tradição no Brasil é querer lutar contra as potências da natureza brasileira, que é "originariamente" evolucionista e revolucionária. Nascemos ontem sob o pavilhão português, e não quisemos ser fiéis à coroa. Antes de sermos independentes, já Tiradentes se sacrificava pela República, e a coroa imperial não demorou a ser substituída pelo capacete frígio.

E ao distinto acadêmico poderei falar como nortista que também é: será capaz de pretender viajar rio abaixo, de encontro à pororoca que sobe? Poderá a muralha clássica abater a corrente de brasilidade que percorre o Brasil de Norte a Sul, em todas as modalidades de arte?

Não, a tradição não existe entre nós.

Parece-nos, ao ler a sua resposta ao *Diario da Noite*, que o envergonha ser o Brasil considerado país feminista. Isto apenas o faria assemelhar-se à Inglaterra e à América do Norte. Quem sabe se o Brasil teria lucrado, se vice-presidente houvesse sido alguma mademoiselle Viana? [...]

A Inglaterra foi governada, por longos anos, pela rainha Vitória; a Holanda ainda o é pela rainha Guilhermina, e a

AD IMMORTALITATEM
UMA REPLICA FEMININA AO ACADEMICO HUMBERTO DE CAMPOS
A "ENQUÊTE" DO "DIARIO DA NOITE"

A enquête do DIARIO D ANOITE sobre se póde ou deve a mulher pertencer á Academia Brasileira de Letras, continúa a despertar o maior interesse em todas as rodas intellectuaes do paiz.

Como não podia deixar de ser, a resposta do academico Humberto de Campos causou a maior sensação no nosso meio. Ainda hoje recebemos a seguinte carta da sra. Almerinda Farias Gama, escriptora do Norte, collaboradora do "Estado do Pará", da "Folha do Norte", do "Correio do Pará", da "Belém Nova" e outras publicações, dirigida áquelle membro da Academia de Letras:

"CARTA ABERTA AO SR. HUMBERTO DE CAMPOS

"Meu illustre patricio — A sua resposta á "enquête" do "Diario da Noite" talvez por muito esperada, não correspondeu absolutamente á minha espectativa. Demasiado rude a minha franqueza é motivada pela alta admiração que voto á sua intelligencia, que o elevou ao nivel actual, sem o auxilio do caboticismo escada facil e commum aos nullos.

Esperava uma opinião favoravel ou, quando menos, uma justificação eruditamente fundamentada, para apoiar o seu veto contrario ao ingresso da mulher no cenaculo das letras. Tal não se effectivou. Sem apartar a cravelha, o illustre immortal fez vibrar a corda da "tradição"

Defender a tradição no Brasil é querer lutar contra as potencias da natureza brasileira, que é "originariamente" evolucionista e revolucionaria. Nascemos hontem sob o pavilhão portuguez, e nos quizemos ser fieis á corôa. Antes de sermos independentes, já Tiradentes se sacrificava pela Republica, e a corôa imperial não demorou a ser substituida pelo capacete phrygio.

E ao distincto academico poderei falar com nostia que também si será capaz de pretender viajar rio abaixo, de encontro á "pororoca" que sobe? Poderá a muralha classica abater a corrente de brasilidade que percorre o Brasil de norte a sul, em todas as modalidades da arte?

Não, a tradição não existe entre nós.

Parece-nos, ao ler a sua resposta ao DIARIO DA NOITE, que o envergonha ser o Brasil considerado paiz feminista. Isto apenas o faria assemelhar-se á Inglaterra e á America do Norte. Quem sabe se o Brasil teria lucrado, se vice-presidente houvesse sido alguma Mlle. Vianna?

Uma das respostas que mais coherente e respeitosa (em meu parecer) se apresentou foi a do sr. Affonso Celso.

A Inglaterra foi governada, por longos annos, pela rainha Victoria; a Hollanda ainda o é pela rainha Guilhermina, e a Republica do Brasil nunca o foi por mulher alguma. Deixo ao illustre intellectual o confronto das administrações.

Seguir a insinuação do illustre patricio, como a de seu collega Silvio Ramos, isto é, fundar academias femininas é incidir em erro identico E' seleccionar sexos entre espiritos; é estacionar, senão retroceder.

O processo seguido até aqui pela mulher tem sido outro. Quando a sciencia medica era vedada á mulher, sob pena de morte, Aguardiles conseguiu penetrar os humbraes de uma Academia, num "travesti" que Eludia mestres e collegas por todo um trocinio Sómente quando, para defender-se nas accusações que lhe faziam os invejosos de sua clinica, confessou-se mulher, é que vieram a saber-lhe o sexo, accusal-a como inclusa em pena de morte, sendo salva pelo concurso de sua vasta clientela feminina. E assim ficou aberta, em Athenas, a porta das Academias de Medicina ás reprobas da natureza (Humberto de Campos ou Berillo Marques). Joanna d'Arc também vestiu-se de homem para fazer a guerra, triumphar, o que não poderia revelando-se mulher, e que diriamos dos seus humilhadores, dos que lhe investigaram o sexo e lhe ensombraram a gloria?

Já houve até um immortal que "disco" — "A mulher é o anjo do lar". Qual seria o "immortal" que, ouvindo Mme Curie, na Academia de Medicina, se lembrasse de aconselhal-a a ir cerzir meias ou mudar os pensos dos netos?

As mulheres ainda não se lembrarram de requerer a excelsa graça da communhão dos immortaes, não porque desdenhem a agradavel convivencia de homens intelligentes e letrados, mas talvez porque esperam que o proprio homem reconheça quanto é ridicula a questão de sexo como assumpto primordial para selecção de intelligencias.

E agora, illustre academico, os respeitos de uma admiradora que não está longe dos 55 annos, e que, mesmo assim, sabendo que os intellectuaes não se deixam apenas arrastar e guiar pelo instincto genesico, não temeria candidatar-se á immortalidade, se estivesse consagrada pela sua penna, como Zelma Langerloff, Georg Sand, Julia Lopes de Almeida e outras, que dispensam plenamente o suffragio das urnas academicas, que elegem muitas vezes "illustres desconhecidos", cujos nomes se sepultam nas proprias urnas que os suffragam.

Amistosamente — (a) A. Farias Gama.
Rio, 16.2.30."

1930 CARNAVAL ... **HOJE CINE ELDORADO**

PASSOU UMA CAPOEIRA NO DELEGADO
A PRISÃO ACCIDENTADA DE UM "BICHEIRO"

O delegado José de Góes Calmon, actualmente servindo no 27° districto, hoje á tarde, em companhia do commissario Serpa, Nogueira e de outros investigadores, quando effectuava a prisão de um "bicheiro" no largo de São Francisco, recebeu uma rasteira, caindo no sólo.

Na queda o delegado Calmon, recebeu contusões na mão esquerda, pelo que foi ao Posto da Assistencia, receber curativos. Como os medicos de serviço desconfiassem que havia fracturas, mandaram o paciente ao exame de raio X.

O "bicheiro" foi preso e conduzido ao 3° districto, onde foi autuado e recolhido ao xadrez.

Carta publicada no *Diario da Noite*, 1930.

República do Brasil nunca o foi por mulher alguma. Deixo ao ilustre intelectual o confronto das administrações.

Seguir a insinuação do ilustre patrício, como a de seu colega Silva Ramos, isto é, fundar academias femininas, é incidir em erro idêntico. E selecionar sexos entre espíritos, é estacionar, se não retroceder.

O processo seguido até aqui pela mulher tem sido outro. Quando a ciência médica era vedada à mulher, sob pena de morte, Aguardice conseguiu penetrar os umbrais de uma Academia, num travesti que iludiu mestres e colegas por todo um tirocínio. Somente quando, para defender-se das acusações que lhe faziam os invejosos de sua clínica, confessou-se mulher, é que vieram a saber-lhe o sexo, acusá-la como inclusa em pena de morte, sendo salva pelo concurso de sua vasta clientela feminina. E assim ficou aberta, em Atenas, a porta das Academias de Medicina às réprobas da natureza (Humberto de Campos ou Berilo Marques). Joana d'Arc também vestiu-se de homem para fazer a guerra, triunfar, o que não podia revelando-se mulher, e que diríamos dos seus humilhadores, dos que lhe investigaram o sexo e lhe ensombraram a glória?

Já houve até um imortal que em resposta apresentou o [dístico] — "A mulher é o anjo do lar". Qual seria o "imortal" que, ouvindo madame Curie, na Academia de Medicina, se lembrasse de aconselhá-la a ir cerzir meias ou mudar os pensos dos netos?[13]

As mulheres ainda não se lembraram de requerer a excelsa graça da comunhão dos imortais, não porque desdenhem a agradável convivência de homens inteligentes e letrados, mas talvez porque esperem que o próprio homem reconheça quanto é ridícula a questão de sexos como assunto primordial para seleção de inteligências.[14]

Amistosamente — (a) A. Farias Gama

Rio, 18.2.30

O alerta dado ao ilustríssimo imortal da ABL era extensível a todos os leitores: os tempos estavam mudando. Considerassem-se avisados de que "a inteligência não tem sexo". Almerinda ainda não sabia, mas o ano reservava um encontro que daria um novo rumo à sua vida e que a faria ser parte das transformações que ela tanto almejava.

12.
Uma assessora de imprensa para a FBPF

Uma chuva de flores e serpentinas lançadas por populares que se espremiam nas ruas e janelas saudou o gaúcho Getúlio Dornelles Vargas, o presidente provisório, enquanto ele atravessava de carro a avenida Rio Branco em direção ao Palácio do Catete, sede do governo.[1]

Era dia 31 de outubro de 1930 e o povo carioca se reuniu para a recepção apoteótica de um comboio que chegava à capital da República. O movimento que se posicionava contra o monopólio de Minas Gerais e São Paulo no governo federal, a chamada "política do café com leite", tinha derrubado o governo de Washington Luís para colocar Getúlio na Presidência. Diante do descrédito das práticas políticas da Primeira República, a população observava com interesse o desenrolar do novo momento do país.

As feministas também acompanhavam as mudanças. Novos tempos traziam novos atores para o jogo político, e a necessidade de construir novas pontes de diálogo. Era hora de angariar apoio e de reforçar a campanha feminista nas ruas e nos meios de comunicação. Ampliar o número de adeptas também era importante, pois mostraria para os recém-chegados que o movimento era real e tinha fôlego.

Um dos focos de atuação da FBPF era a imprensa. Entre os diversos departamentos da federação, estava o de Expansão e Propaganda, braço responsável pela divulgação dos principais objetivos do movimento e destinado também à construção de uma

120

opinião pública favorável às reivindicações da mulher. Por isso, a chegada de uma nova integrante na FBPF, uma moça vinda de Belém, habilíssima na máquina de escrever, foi extremamente oportuna. Foram as amigas de pensão que lhe recomendaram participar de uma das reuniões da entidade. A datilógrafa não só participou de uma delas, como se interessou em engajar-se mais ativamente. Com a experiência acumulada na imprensa paraense e despontando como uma voz crítica dos jornais cariocas, Almerinda parecia a mulher certa para a tarefa de fortalecer a imagem da entidade e difundir as ideias do feminismo nos jornais.

Nas primeiras reuniões da FBPF foi apresentada à líder feminista Bertha Lutz. Ao tomar conhecimento de que a datilógrafa, mesmo vivendo havia pouco tempo na capital federal, já conquistara um bom número de amigos entre os jornalistas cariocas, Lutz logo compreendeu que sua rede de contatos e sua experiência eram um ativo valioso que poderia ser usado pela luta sufragista. Em um momento crucial para o movimento feminista no Brasil, Almerinda assumiu o papel de assessora de imprensa da FBPF. Recebeu de Bertha a seguinte instrução: "Eu sou a presidente, outra é vice-presidente, secretária, tesoureira, e você, como é muito diligente, fica na comissão de imprensa. Então, eu vou querer que você faça contato com [os] jornais com muita facilidade, você é muito querida, e as notícias lhe serão fáceis".[2]

Satisfeita com a função que recebera, Almerinda passou a atuar em inúmeras frentes. Concedia entrevistas falando em nome da entidade, emprestava sua voz e fazia as vezes de locutora de rádio para a narração do programa *Cinco Minutos Feministas* (produzido pela FBPF e que ia ao ar na Rádio Sociedade),[3] redigia as convocações para as associadas e enviava para que os jornais as publicassem, tomava nota das reuniões e, depois, punha-se a redigir as notícias, "traduzindo" as ações para que tivessem tom mais palatável.[4] Tudo isso, claro, sob a supervisão de Bertha Lutz. Era um trabalho árduo que exigia estratégia, planejamento e boas relações, demandando a presença de Almerinda na FBPF. Em determinados períodos, a Comissão de Propaganda, da qual Almerinda fazia parte, reunia-se diariamente, sempre à noite.[5]

Outra responsabilidade de Almerinda era recepcionar mulheres que procuravam a FBPF e conduzir reuniões para atender a suas demandas. Foi exatamente o que se deu na manhã do dia 19 de agosto de 1933, quando um grupo de garçonetes, uma delas com filho a tiracolo, bateu na porta da FBPF em busca de ajuda. Estavam aflitas com um novo decreto, o de n̄o 21 417-A, que tratava do trabalho feminino e que podia pôr em risco seus empregos.

Diante da crescente participação feminina no mercado de trabalho, considerada irreversível, e dos compromissos internacionais assumidos com a Organização Internacional do Trabalho (OIT), o Estado brasileiro buscou regular a presença feminina nesse ambiente. Para se ter uma ideia, de acordo com dados do Instituto Brasileiro de Geografia e Estatística (IBGE), em 1920, cerca de 1,5 milhão de mulheres exerciam atividades profissionais no Brasil, representando apenas 15,4% da população economicamente ativa do país. Em 1940, esse número mais que dobrou, chegando a quase 4,5 milhões de mulheres trabalhadoras, o que correspondia a 24,9% da população economicamente ativa.[6]

Nesse contexto, em 1932, durante a gestão do ministro Salgado Filho à frente do MTIC, foi promulgado o decreto n̄o 21 417-A, que regulamentava "as condições do trabalho das mulheres nos estabelecimentos industriais e comerciais". O decreto previa a proibição do trabalho feminino nos estabelecimentos industriais e comerciais, públicos ou particulares entre dez horas da noite e cinco horas da manhã. As únicas exceções seriam as mulheres que exerciam atividades em estabelecimentos "onde só trabalhem pessoas da família", ou em serviços de telefonia, radiofonia, em hospitais, clínicas, sanatórios e manicômios.

A legislação limitava as oportunidades de trabalho feminino e colocava em condição de ilegalidade as muitas trabalhadoras que já atuavam nesse horário. Era um recado dos agentes do Estado: a mulher que estivesse fora de casa à noite subvertia a ordem pública.[7] Mas e aquelas que, para sobreviver, precisavam ir às ruas sozinhas ou em horários não permitidos?

Um grupo profissional especialmente afetado pela nova legislação era o das garçonetes. Com baixos salários e dependentes das gorjetas, a proibição de trabalhar no horário de maior movimento, geralmente à noite, as colocava em risco de demissão em massa. Essa ameaça gerou grande angústia entre as garçonetes, que buscaram apoio na FBPF.

Quem deveria recebê-las naquela manhã era a presidente da entidade, Bertha Lutz, que se recusou a atendê-las porque as moças estavam acompanhadas de um homem, um advogado. Bertha achava que a mulher não devia ser "apadrinhada" por homem nenhum. Almerinda tinha sua própria leitura da situação: "Eu tinha a impressão de que ela via em cada homem um inimigo".[8] Diligente com a posição que ocupava e sensibilizada pela situação das garçonetes, Almerinda atendeu ao pedido de Bertha de que fosse ela quem se entendesse com o grupo.

A recusa terminou por beneficiar as garçonetes, pois não havia na FBPF pessoa que mais se identificasse com a questão levantada pelas trabalhadoras do que Almerinda. Ela conhecia na pele as agruras de lutar para conseguir sua própria subsistência. Ouviu com atenção cada ponto apresentado pelas trabalhadoras, e, assim, a federação entrou na discussão. Em acordo com elas, a entidade decidiu que uma comissão procuraria o ministro do Trabalho solicitando modificações na legislação. Almerinda também instruiu as colegas a se organizarem em um sindicato de classe, a fim de defenderem seus direitos perante os poderes públicos.

Almerinda (com uma criança no colo) recepciona as garçonetes na FBPF.

Em entrevista ao jornal *A Noite*, Almerinda explicou a situação de vulnerabilidade em que se encontravam as garçonetes que eram, inclusive, impedidas de se associarem ao sindicato de classe da categoria. Os garçons não queriam saber de mulheres na associação:

É doloroso o que se passa. Estas moças procuram uma ocupação honesta para viver, e o decreto em apreço vem prejudicá-las. O sindicato dos garçons, com quem me entendi, nega-se a recebê-las como sócias e muito menos defender suas pretensões, alegando que há uma lei que proíbe o ingresso de mulheres naquele sindicato... Completamente desamparadas, as prejudicadas recorrem à Federação pelo

Progresso Feminino, que, de acordo com o seu programa, vai defender os seus direitos, isto é, o direito de poderem elas trabalhar numa profissão lícita.[9]

Em minhas pesquisas, encontrei no Arquivo Nacional uma carta de quatro páginas datilografadas, escrita e assinada por Almerinda, direcionada ao então ministro do Trabalho, Salgado Filho, com uma proposta de reforma do decreto do trabalho feminino noturno. Não se sabe se o documento é um esboço ou uma cópia de uma carta que foi de fato enviada ao ministro depois do encontro com as garçonetes. De toda forma, o documento indica o comprometimento de Almerinda com a questão. Falando em nome da FBPF, ela enfatiza que a plena igualdade jurídica entre os sexos só poderia ser obtida com a reforma completa da legislação brasileira. Para ela, era essencial que as mulheres tivessem voz ativa na elaboração de leis e na discussão de assuntos que se relacionavam a elas, e era necessário contar com a participação ativa de elementos femininos em todos os órgãos encarregados da fiscalização. A carta também pede para que seja assegurada às mulheres que trabalham uma participação direta nos sindicatos de suas categorias:

O decreto nº 21 417 de 17 de maio de 1932 representa indubitavelmente uma iniciativa louvável, inspirada no desejo de proporcionar assistência à mulher que trabalha. Grande parte dos seus dispositivos preenche as suas finalidades, principalmente no que se relaciona com a maternidade, embora a experiência demonstre que, desde que a orientação ao trabalhador se torne onerosa, tende o empregador particular a procurar substituí-lo por outro menos protegido.

Outros artigos, porém, não obstante a sua intenção benevolente, se revelam, na prática, contraproducentes, excluindo as mulheres de certos serviços para os quais possuem aptidões especiais, como o de caixa, em certos casos, por exemplo, ou que representam mero meio de subsistência, melhor remunerado e mais accessível a aquelas que são obrigadas a dedicarem-se durante certas horas do dia à prole e que não possuem técnica de trabalho comercial ou manual especializado (é o caso das *garçonetes*, segundo resultou de nosso inquérito).

As restrições impostas pelo referido decreto não correspondem ao desejo e às necessidades da mulher, porque esta deve ser *livre* de escolher dentro de suas possibilidades a profissão que preferir, no horário que lhe convier, conciliando seus próprios interesses.[10]

Bertha e suas colaboradoras seguiram criticando o decreto que inviabilizava o trabalho de um grande número de mulheres. Futuramente, o trabalho feminino noturno faria parte do projeto de lei nº 736 de 1937, que ficou conhecido como Estatuto da Mulher, apresentado e defendido à época pela deputada Bertha Lutz. Antes disso, no entanto, devido ao lobby feminista, a proibição ao trabalho noturno feminino foi vetada da Constituição de 1934.[11]

Além de suas atividades de assessoria de imprensa e relações públicas, Almerinda seguia tendo sucesso na divulgação de notícias do movimento feminista pelos jornais. Bertha não a havia escolhido para a função à toa: além do talento para a escrita, Almerinda possuía um carisma que abria portas. Sua presença nas redações tornou-se comum, como destacaria o jornal *A Batalha* após uma entrevista com a feminista: "Despedimo-nos da sra. Almerinda Gama com um 'até logo' amigo, pois que as suas funções na Federação trazem-na quase que no nosso convívio".[12]

Se não conseguisse datilografar em casa ou na FBPF, poderia sempre contar com uma mesa emprestada de algum amigo jornalista nas redações do *Jornal do Brasil, Correio da Manhã, Diario da Noite* e *O Globo*, os periódicos aonde ia com mais frequência.

Cada vez se estreitavam mais as relações de amizade entre mim e os jornalistas da época. Eu chegava, às vezes, numa redação de jornal à meia-noite, ou mais de meia-noite, [...] o jornal [já] fechado. Eu chegava: "Não, pega, joga fora. Bota essa nossa porque tem mais urgência, para publicar uma convocação". De maneira que, por amizade, eles atendiam.[13]

No entanto, mesmo atuando como assessora de imprensa da FBPF, Almerinda não se furtava a expor suas opiniões pessoais nos jornais do Rio de Janeiro. Em algumas ocasiões, os temas de seus artigos entravam em conflito com as posições da federação, como foi o caso da defesa do divórcio.

O tema era espinhoso, e as feministas da FBPF fugiam desse assunto a qualquer custo. Nem Bertha Lutz nem suas colaboradoras ousavam se posicionar publicamente a favor do divórcio, pelo receio de confrontar a Igreja, uma potência político-eleitoral. Por outro lado, elas também não podiam ser contrárias ao divórcio, pelo receio de afugentar mulheres que "aderiam ao feminismo justamente com a expectativa de ver aprovada nova legislação sobre o casamento".[14]

A orientação coletiva da entidade até poderia ser a de neutralidade sobre o tema, no entanto, no terreno da imprensa, Almerinda ditava suas próprias regras. Já opinava por lá antes mesmo de se juntar à FBPF. Achava que o divórcio era uma questão de justiça e liberdade individual, fundamental para a emancipação das mulheres. Em mais de uma ocasião, saiu em defesa do instituto jurídico nos jornais. Levou o tema além quando, já longe das limitações impostas pela FBPF, juntou-se ao PSPB, que em seu programa defendia a "absoluta gratuidade dos registros de casamento, assegurado o princípio do divórcio mediante simples requerimento de qualquer dos cônjuges".[15]

Em artigo intitulado "Divórcio: Um bem ou um mal?", publicado no vespertino *Diario de Noticias*, em 30 de novembro de 1932, Almerinda argumentava que era tolice pensar que o que unia a família brasileira eram apenas os laços jurídicos:

Há em nossa legislação civil que vai ser revista e talvez modificada institutos inoperantes e muitos deles simplesmente humilhantes para a mulher. Infeliz o casal e impossível a vida em comum dos cônjuges cujo marido tivesse que invocar a todo o momento a autoridade legal do poder marital, quer para exercer o domínio que o Código lhe assegura sobre a mulher, quer para a administração dos bens do casal. Não são as leis que fazem os costumes, e sim estes que fazem aquelas. Querer impor hábitos ou corrigir costumes por meio de leis ou decretos é fossilizá-los ou provocar desobediência. [...] A estabilidade da família brasileira, a guarda de sua tradição de honorabilidade não reside nos códigos, mas na educação que ela receba, nos princípios morais que defende. O divórcio não virá trazer situações novas, mas remediar as existentes. Será injuriar os povos dos países em que há divórcio dizer-se que entre eles não há lares honestamente constituídos. Será que somente a família brasileira necessita do vínculo perpétuo para não se dissolver? É injúria para nós. O lar e a família subsistirão aqui, como ali, mesmo que faculte aos que já estão *de facto* demolidos o direto de reconstrução.[16]

Almerinda se posicionava, não evitava polêmicas. Imprimia assinatura própria na imprensa. Atrevia-se a falar e a apresentar seus pontos de vista para o mundo. Romper o silêncio esperado era uma atitude subversiva para as mulheres; mais ainda para aquelas que, como Almerinda, traziam em sua pele a cor da noite.

Almerinda Gama em dois momentos distintos: na infância, por volta de 1910; e na juventude, exibindo o corte de cabelo curto, popular nos anos de 1920 e símbolo da emancipação feminina à época.

Título de eleitor de Almerinda Gama, emitido em 1933, um ano após a conquista do voto feminino, oficializado pelo Código Eleitoral de 1932.

Almerinda (segunda sentada da esq. para a dir.) atuando como secretária em uma das mesas do II Congresso Feminista, realizado no Rio de Janeiro em 1931.

Celebração de aniversário do Sindicato dos Guindasteiros do porto do Rio de Janeiro. Almerinda (em destaque) é uma das convidadas do evento.

Acima, Almerinda acompanha um menor apreendido que passava por testes realizados por assistentes sociais. Abaixo, em meio a uma redação masculina e junto à sua máquina de escrever.

Após sua aposentadoria, explorando o Brasil em viagens, sempre registradas em fotografias.

O piano, que Almerinda aprendeu a tocar na infância, voltou a ser uma parte importante de sua vida na velhice. Na foto, é acompanhada de um amigo ao violino. Abaixo, livros e lembranças na casa da rua Getúlio, no Cachambi, Zona Norte do Rio de Janeiro.

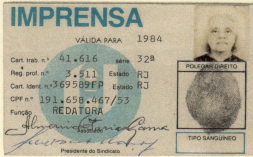

Documentos pessoais: título de eleitor emitido em 1986, durante o período de redemocratização, quando Almerinda já não era obrigada a votar; carteira profissional emitida pela Federação Nacional dos Jornalistas (Fenaj); e carteira de passageira especial, que garantia gratuidade no transporte para idosos.

13.
"O respeito pela minha pele"

Nas décadas de 1920 e 1930, "sufragistas" e "feministas" eram quase sinônimos, já que no topo das reivindicações do movimento feminista estava a extensão do voto às mulheres. Ambos os termos eram carregados de estereótipos depreciativos. Na imprensa, as sufragistas/feministas eram retratadas como feias,[1] velhas horrendas,[2] masculinizadas,[3] extremadas e espalhafatosas,[4] ex-mulheres[5] ou aquelas que não conseguiram arrumar marido.[6] Cada expressão era uma tentativa de indicar que as feministas estavam distantes dos ideais de feminilidade, beleza e recato impostos pela sociedade à época.

Portanto, seguir Bertha Lutz e os ideais feministas significava também lidar com inúmeras críticas e estigmas. Almerinda lembra: "Ela [Bertha] era ridicularizada porque defendia os direitos da mulher, a igualdade da mulher. [...] Quem a seguisse não era bem vista, porque achavam que as mulheres estavam querendo ser igual a homem".[7]

Aquelas que participavam da FBPF poderiam receber olhares tortos em seus círculos sociais. Os estigmas surgiam porque, ao questionarem a privação de direitos, as feministas estavam "virando o mundo de cabeça pra baixo". Os valores familiares eram considerados fundamentais para o bem-estar da nação e cabia à mãe/dona de casa honrada cuidar com zelo de cada um dos membros da família. Esse era um discurso disseminado em todos os lugares. Médicos, escritores, juristas, legisladores (homens, claro), difundiam direta e indiretamente

137

o comportamento esperado para as mulheres. Quem se distanciava disso era colocada em xeque.

Porém, se as sufragistas tinham que lidar com estigmas o tempo inteiro, no grupo que agitava as coisas na FBPF existiam aquelas que conheciam opressões de outra ordem. A violência de gênero que concebia a mulher como incapaz, tendo que se submeter ao domínio masculino, também podia se somar a violências de outra natureza, como a racial e a de classe, que colocam mulheres pobres e negras em posição de inferioridade em relação a mulheres brancas e ricas. Almerinda e as companheiras, portanto, levavam vidas completamente diferentes.

As líderes da FBPF eram mulheres brancas com privilégio de classe, e, ao começar a frequentar a FBPF, Almerinda logo se deu conta disso. As primeiras das quais ela se aproximou foram, além de Bertha, a engenheira Carmen Velasco Portinho, a médica Luiza Sapienza, a poeta Maria Sabina de Albuquerque, e Beatriz Pontes de Miranda, esposa do jurista Francisco Pontes de Miranda. Esse pequeno grupo de associadas evidencia o perfil das mulheres que estavam à frente da FBPF: filhas da elite brasileira, com profissões de prestígio e situação financeira confortável.

Quando organizou seu II Congresso Internacional Feminista, a FBPF solicitou que as interessadas preenchessem um formulário de inscrição. Existiam dois modelos de formulário, sendo que em um deles o campo "profissão" não aparecia. Mesmo no modelo de formulário em que havia o campo, muitas mulheres o ignoraram ou apenas traçaram um risco no lugar, dando a entender que eram donas de casa. Entre esses formulários houve apenas um em que a inscrita informou a profissão como "doméstica". No quadro de associadas figuravam enfermeiras, funcionárias públicas, jornalistas, estudantes e principalmente professoras.[8] Operárias, empregadas domésticas, costureiras e auxiliares de escritório eram poucas, como Almerinda relatou: "De classe baixa, muito poucas. Era a classe média inferior, mas, quase sempre, nós tínhamos, por exemplo, a baronesa de Bonfim, era uma das nossas sócias".[9] Associadas negras, como Almerinda, também eram poucas.

Durante o II Congresso Internacional Feminista, realizado em junho de 1931, algumas delegadas aproveitaram uma pausa entre as atividades para um passeio na praia do Recreio dos Bandeirantes, no Rio de Janeiro. As delegadas sorridentes posaram para uma foto bem agasalhadas com casacos e sobretudos. Culpa do frio que fazia na cidade. Em contraste com a maioria dos rostos alvos, algumas poucas mulheres negras se distinguem, entre elas Almerinda, a primeira na fila sentada, à esquerda.

Ainda que houvesse outras mulheres negras, Almerinda era a única que fazia parte do "núcleo duro" da FBPF, formado pelas principais articuladoras.

Excursão ao Recreio dos Bandeirantes, no Rio de Janeiro, em 14 de junho de 1931. Almerinda é a primeira, à esq., na fila de baixo.

A alagoana nasceu onze anos depois de o Senado do Império aprovar a Lei Áurea, que extinguiu oficialmente a escravidão no país, e viveu sua infância e juventude convivendo com todos os estigmas de que a população negra e mestiça era alvo no início do século XX. As relações oriundas do sistema escravista contaminaram a sociedade e consolidaram uma estrutura racista, reforçando a imagem de pessoas negras como exóticas, aculturadas e sinônimos de problema nacional.

O Brasil foi o primeiro país da América Latina a estabelecer formalmente uma sociedade eugênica logo nas primeiras décadas do século XX. No país, líder em ciências biomédicas e saneamento, existiam (entre médicos e reformadores sociais) teorias que relacionavam a identidade racial com a saúde da nação. A identidade brasileira como uma nação de pretos e mulatos era vista como negativa, e, assim, a noção de aprimoramento racial produzida cientificamente a partir de um modelo eugênico europeu era bem recebida pela classe educada.[10] O "problema da raça" inquietava as elites do país.

Ao mesmo tempo, nos anos 1930, começava a raiar uma série de associações de homens negros e órgãos de imprensa negra. Em 1931 foi criada em São Paulo a Frente Negra Brasileira (FNB) com o intuito de disseminar a união política e social do povo negro.[11] Mesmo com a implantação do Estado Novo e o endurecimento de Vargas nesse período, muitas entidades sociais se mantiveram ativas. Existia, entre os intelectuais e as lideranças negras, uma fusão da luta de classes e de raças que pensava a condição do negro pela sua situação proletária.[12]

Embora não haja registros de que Almerinda tenha participado da FNB ou de outras associações negras a partir de 1933, sua presença em Madureira, local de reuniões da Frente Negra Brasileira Suburbana, é um forte indício de que estivesse ciente do debate sobre discriminação racial e valorização da negritude promovido pela FNB.

Integrantes da Frente Negra Brasileira Suburbana no bairro de Madureira não se organizavam restritivamente em associações que tivessem um cunho identitário racial mais acentuado; atuavam em diferentes posições, como em parceria com a Ala Moça do Brasil, comandada por Almerinda. As frentes de atuação e os endereços dessas entidades se confundiam, como apontado anteriormente.[13] A Ala Moça realizou muitos de seus encontros na rua Itaúba, nº 35, endereço onde também funcionava uma escola criada pela FNB do Rio de Janeiro.

Entre uma reunião e outra, quem passava por ali também podia dar a sorte de ouvir os acordes de Mano Décio da Viola, um dos compositores dos sambas-enredo da Escola de Samba Prazer da Serrinha, que daria origem anos depois ao Grêmio Recreativo Escola de Samba Império Serrano. Mano Décio também morava na rua Itaúba.[14]

Madureira era, portanto, um território de cultura efervescente e de confluência de várias lutas, onde militâncias proletária e racial convergiam. Enquanto a Ala Moça do Brasil incidia na formação de eleitores, conscientizando moradores da importância do voto, Almerinda era tocada pelas vivências e pelos acontecimentos desse reduto onde negros podiam ser protagonistas.

O que significava ser uma mulher negra no Brasil do pós-abolição? O que Almerinda pensava a respeito de sua negritude? Que situações de preconceito e racismo ela viveu? Existem algumas pistas em seus escritos.

Em 1942 Almerinda realizou o sonho de se tornar uma escritora, ao lançar seu livro de poemas que recebeu o sugestivo título de *Zumbi*. A obra se inicia com um poema épico sobre o líder do Quilombo dos Palmares, o mais conhecido núcleo de resistência negra à escravidão no país. Nele, Almerinda associa beleza a negritude e exalta a bravura e a postura de não subserviência de Zumbi, indicando que conhecia bem a história de resistência do povo negro. Eis um trecho do poema:

ZUMBI

Arrebatado das florestas africanas
E trazido para aqui
Pelo negreiro
Traiçoeiro,
Aquele negro belo
Como um Otelo
Chamava-se Zumbi
Ao sentir o travo
Do cativeiro
Na terra brasileira
Mostrou que não nascera
Para ser escravo
Trazia da mata virgem
Todas as liberdades
Que explodiam, em revoltas
Nas senzalas das herdades
E Zumbi que encarnava a pujança
De toda uma raça mansa,
O negro mais viril
Que pisou o Brasil,
Não dobrou o torso,
Não curvou o lombo
Ao chicote de nenhum fidalgote
Foi fundar nos Palmares,
O maior quilombo [...][15]

Anos antes, em 1938, no cinquentenário da abolição no Brasil,
Almerinda publicara no jornal catarinense *A Noticia* outro escrito sobre o tema.[16] No artigo intitulado "Raça", ela registrou
suas impressões sobre a discussão racial no país. Ao mesmo
tempo que rejeita a superioridade intelectual ou física de

brancos sobre negros e mestiços, ela adota um tom apaziguador, apregoando que no Brasil não havia conflitos de raça. O artigo enaltece a miscigenação e a diversidade de raças no país. Para explicar seu ponto, Almerinda utiliza duas alegorias: na primeira, um garoto que vai com o pai assistir a uma corrida de cavalos no Jockey Clube fica feliz ao se dar conta de que o cavalo que escolhera aleatoriamente para apostar leva a melhor no turfe. Encantado com a agilidade do *pur-sang* que ganha a prova, o menino pergunta ao pai qual é o motivo de não se criarem cavalos de raça para o serviço no campo. O pai explica que embora belos e rápidos, esses cavalos não se prestam à carga. "Para aquele serviço só mesmo os nossos pacíficos e pachorrentos burros", diz. O menino, então, afirma ter perdido o interesse nos cavalos de raça e chega à seguinte constatação: "Os nossos burros são muito mais úteis!".

Na segunda alegoria, um menino conta que um colega fez pouco caso do cãozinho vira-lata que ele acabara de ganhar, comparando-o ao seu cachorrinho Lulu, de raça. Desapontado, o menino retorna para casa e ouve do pai que mesmo entre os vira-latas "encontravam-se muitos cães de excelentes qualidades, amigos de seus donos, fiéis e dedicados". A criança passa a achar valor, então, em seu cãozinho, e chega à conclusão de que cada raça tem virtudes especiais. "Nenhum deles, porém, tem merecimento pela cor do pelo. Um cão branco não é, por esse motivo, superior a um cão preto."

Ao final do texto, a voz de Almerinda assume a narrativa:

Os homens também são assim. Há raças variadas. Cada raça tem suas qualidades peculiares, quer seja sob o ponto de vista físico, quer seja sob o ponto de vista moral. Umas e outras necessitam-se e completam-se. Como poderia o pobre do homem branco lavrar as terras africanas, se a sua pele não resiste ao sol? Exposto à incidência do sol tropical, recebe

143

queimaduras de terceiro grau como se tivesse recebido um banho de água fervente. A pele fica toda empolada. Só o negro resiste com galhardia. O nosso índio — de raça vermelha ou amarela — conforme queiram afirmar os cientistas, traz consigo a altivez e o sentimento da liberdade. [...] No Brasil, se reconhece o valor do indivíduo sem levar-se em conta a raça a que pertence. E os maiores valores nacionais não têm sido de raças puras, mas de mestiços bem caldeados e negros.[17]

O ponto de vista expresso por Almerinda parece ecoar o discurso da democracia racial, difundido por Gilberto Freyre. Em *Casa-grande & senzala*, lançado em 1933, Freyre destaca a diversidade cultural brasileira e enfatiza que a herança da escravidão resulta em relações raciais harmoniosas, negando a realidade do racismo. Nesse contexto, a mestiçagem, antes vista como um problema, passou a ser considerada uma solução. Em poucos anos essa ideologia ganhou grande alcance e, possivelmente, influenciou a percepção de Almerinda sobre si mesma. No artigo ela busca responder (a partir de sua experiência como mulher negra que, ao que tudo indica, enfrentou estigmas raciais) à visão negativa do mestiço, atribuindo-lhe valor.

No fim dos anos 1980 Almerinda participou do curta-metragem *Memórias de classe* (1989), dirigido pelo cineasta Joel Zito Araújo. No filme ela rememora sua atuação na militância operária e comenta a educação familiar que recebeu. Sobre o pai, deixa uma percepção no ar:

Minha infância transcorreu dentro de muito amor e muita harmonia. Meu pai não batia, não repreendia, não puxava a orelha, tudo que ele queria era pela conversa. Ele dizia: "papai não quer isso, não gosta disso". E nós, pelo amor, pra não fazer alguma coisa que papai não gostasse, não fazíamos coisas erradas. E assim, eu fui criada. Isso é que marcou para mim: o amor, *o respeito pela minha pele, pelo meu físico, ser bem tratada*. O que me gerou depois um incidente na maturidade, ou na juventude, assim direi, que depois eu passarei a falar quando falarmos do movimento sindical.[18]

Nesse trecho, percebemos a força do laço entre Almerinda e o pai, José. O silêncio sobre a mãe contrasta com a ênfase aos ensinamentos paternos, gravados em sua memória: o amor e respeito pela "pele" e pelo "físico". Seria possível que o pai buscasse incutir não apenas o respeito ao corpo em seus aspectos ligados à honra e pureza feminina, mas também à autoaceitação de sua cor, vista como um defeito em uma sociedade racialmente estratificada?

A ascensão social pode ter "branqueado" a família de Almerinda perante a sociedade alagoana e paraense, evitando certos incômodos. No entanto, as características físicas que marcam a negritude e servem de base para a discriminação ainda estavam presentes em Almerinda: a cor da pele, a textura do cabelo, as feições do rosto. Mesmo aqueles cuja pele não é retinta não são imunes às violências raciais. De qualquer forma, quando Júlia Gama Martins, a irmã de Almerinda, morreu de tuberculose em 1921, aos 24 anos, o obituário do jornal não teve dúvidas de como classificá-la: "alagoana, parda".[19]

No curta *Memórias de classe*, Almerinda menciona um "incidente" relacionado ao tema do "respeito pela minha pele" no movimento operário, mas o filme não apresenta o relato do ocorrido. Não se sabe se ela não concluiu o assunto ou se sua fala foi cortada na edição final.

Mesmo o tom da sua pele sendo mais claro, o que poderia torná-la mais tolerada em seu meio, Almerinda vivenciou episódios de discriminação racial. Um exemplo disso ocorreu no já mencionado congresso feminista organizado pela FBPF em que Bertha Lutz, a fim de "satisfazer as vaidades", solicitou que Almerinda se retirasse da mesa para dar lugar a "medalhões", todas brancas.

Embora não haja registro de algum episódio de racismo explícito na FBPF, a existência de racismo velado é evidente. Afinal, se Almerinda também era uma liderança da entidade, por que não seria considerada um "medalhão"? A cor de sua pele e sua posição social teriam sido levadas em conta? Não há registros de Almerinda falando abertamente sobre o assunto. No entanto, houve quem não hesitasse em denunciar que a organização que defendia a igualdade de direitos era um poço de contradições.

14.
Abismos e tensões no movimento sufragista

Os salões do Automóvel Club, situado na rua do Passeio, no Rio de Janeiro, estavam repletos de filiadas e simpatizantes ansiosas para ouvir as líderes do movimento e as convidadas do encontro naquela noite de 20 de junho de 1931. Era o mesmo local que havia sediado o I Congresso Internacional Feminista em 1922, com a presença ilustre da sufragista estadunidense Carrie Chapman Catt. Dessa vez, para a segunda edição, compareceram representantes da Aliança Internacional pelo Sufrágio Feminino e da União Francesa pelo Sufrágio Feminino, entre outras entidades internacionais, evidenciando a rede de mulheres no Brasil e no exterior que lutavam por trabalho, educação e, principalmente, representatividade política através do direito ao voto. Para pintar uma imagem de representação espraiada pelo país, a FBPF fez um arranjo: Almerinda foi apresentada como delegada de Alagoas, seu estado de origem — onde não pisava havia mais de vinte anos.

A abertura do congresso foi concorrida e contou com a presença de autoridades da República, entre elas Gregório da Fonseca, o secretário da Presidência da República, representando o chefe do governo provisório. Getúlio Vargas não compareceu ao evento, mas recebera no Palácio do Catete, na tarde do dia anterior, uma comitiva de delegadas liderada por Bertha Lutz e Maria Luiza Bittencourt, outra importante liderança da FBPF.

147

Todas as ideias pleiteadas pelo elemento feminista do Brasil são belas e devem ser acolhidas com simpatia. Estamos para isso preparados e atravessando um momento excepcional para a sua aceitação, tanto mais quanto no Brasil verificamos que o feminismo continua integrado na tradição da família,

disse um sorridente e cerimonioso Vargas, indicando que estava atento ao pleito principal do movimento, o voto feminino. Depois da fala, as delegadas cercaram o chefe do governo e posaram para uma foto publicada no *Correio da Manhã*.[1] As políticas da FBPF estavam sendo bem cerzidas.

Passada a prestigiada cerimônia de abertura, as delegadas se direcionaram para as assembleias deliberativas. O tom dos debates foi tempestuoso, e não foi diferente no dia 25 de junho, terceiro do congresso, quando a então secretária da FBPF, Conceição Andrade de Arroxelas Galvão, teve sua carta lida no plenário. O texto era direcionado à líder Bertha Lutz e a Ilka Labarthe, representante do Rio Grande do Sul no congresso.

O chefe do governo provisório, Getúlio Vargas, entre as delegadas do II Congresso Internacional Feminista.

Na carta, Conceição expressava sua revolta por, em uma época de penúria como a que, segundo ela, atravessava o país, haver espaço para as feministas pensarem em "luxo e em divertimentos" — os congressos eram uma oportunidade de reunir a nata política, nas aberturas costumavam ocorrer concertos de boas-vindas e apresentações de orquestras de câmara, e os presentes se vestiam à moda (de luxo) da época.[2] Ela apontava a incoerência de tratar de problemas relacionados ao elemento operário sem consultar os "verdadeiros líderes desta classe, que conhecem as suas necessidades e sabem defendê-la quando de direito". Conceição ainda sinalizou outro problema: o hábito de ser negada a palavra a muitas das congressistas. Por fim, alegando saudades dos momentos de idealismo, pediu demissão do cargo de secretária e apresentou a desistência de seu mandato como delegada do congresso. "Vejo claramente que já não podemos caminhar pela mesma trilha", lamentou.[3]

Temendo a repercussão dessas denúncias, a FBPF correu para abafá-las. Dois dias depois publicou no *Diario de Noticias* uma carta-resposta alegando que os apontamentos de Conceição não eram verdadeiros. O texto, assinado por Bertha Lutz, Maria Eugenia Celso, Carmen Portinho, Alice Coimbra e Orminda Bastos, negava que houvesse no meio da federação preocupações com luxo, e afirmava que as trabalhadoras do comércio haviam sido convidadas para o evento.[4]

No mesmo congresso, outra delegada também apresentou uma queixa. Permínia Madalena Costa, que representava a União dos Empregados do Comércio, pediu desculpas pela simplicidade de sua oratória e defendeu um "reajustamento" entre medidas defendidas pelas mulheres em situação confortável e as necessidades das mulheres pobres, aquelas que, sem amparo para viver, precisavam trabalhar em escritórios, lojas comerciais, ateliês de costura ou em qualquer outro ofício. Para ela, a campanha feminista deveria estar engajada em pressionar o governo por melhores condições para as muitas empregadas em casas comerciais que trabalhavam em circunstâncias insalubres, recebendo comissões insignificantes sobre os artigos vendidos "ao invés de ordenados mensais compatíveis com a natureza dos seus trabalhos".[5] Por fim, conclamou as colegas a unir forças e transformar o descontentamento com a exploração feminina em um boicote efetivo aos estabelecimentos que relegavam a mulher a um plano inferior ao homem.

Fatos como esses revelam que a organização enfrentava críticas internas — apesar de viver um bom momento com as sinalizações de Vargas. O controle da fala e a falta de diversidade denunciados por Conceição e Permínia expunham a exclusão das trabalhadoras menos instruídas. A participação dessas mulheres nos debates sobre a independência feminina era limitada, consistindo em uma contradição do movimento. O pedido de desculpas de Permínia por sua falta de jeito ao falar sugere que os encontros feministas eram marcados por um alto nível de eloquência e erudição. Teriam as trabalhadoras analfabetas ou com pouca instrução espaço de fala nesses encontros? Tudo indica que não.

No íntimo, Almerinda compreendia que, embora lutassem no mesmo campo, ela e suas companheiras vivenciavam realidades distintas. Naquele meio, encontrava poucas trabalhadoras assalariadas como ela. A aproximação da FBPF com as mulheres de camadas mais populares era feita dentro de determinados limites. Bertha e suas companheiras não conseguiam atravessar as barreiras de classe para construir uma estratégia de ação solidária com a participação dos movimentos de trabalhadores, por exemplo. A pauta de um subconjunto de mulheres era considerada a pauta "das mulheres".

Na arena política a FBPF se empenhava em lutar por melhores condições sociais para essas trabalhadoras, mas fazia isso sem a participação das mulheres diretamente interessadas.

As feministas iam às ruas para lutar por igualdade de gênero, mas não convidavam, nem mobilizavam, as empregadas domésticas que mantinham suas casas em ordem. Mesmo outras categorias de trabalhadoras assalariadas, como professoras, funcionárias públicas, enfermeiras e datilógrafas, que figuravam entre as associadas, tinham pouco ou nenhum poder de decisão dentro da FBPF.

Embora Bertha e a FBPF fossem engajadas na elaboração de leis para beneficiar as mulheres trabalhadoras, incluindo melhores condições laborais e direitos relacionados à proteção de grávidas e crianças, isso era feito de maneira assistencialista, sem incluir no debate as próprias mulheres das classes operárias, e por isso foram criticadas diversas vezes.

Por um lado, existia uma incapacidade ou falta de interesse de reduzir a distância entre esses universos. Por outro, a ausência de mulheres da classe operária no grupo, formado por mulheres "respeitáveis" de classe média e alta, era conveniente para manter uma imagem de refinamento que facilitava a conquista de apoio político de homens da mesma classe social.[6]

Vivenciando o duplo papel de militante do movimento feminista e de mulher que dependia do próprio trabalho para viver, em mais de uma ocasião Almerinda explicitou a Bertha as dificuldades que a vida real lhe impunha e que ditavam os limites de sua participação nas atividades da FBPF.

As colegas pareciam ter dificuldade em compreender a realidade de quem vivia com pouco tempo e dinheiro. Isso ficou evidente quando Almerinda não pôde comparecer à II Convenção Feminista Nacional, em Salvador. Sem condições de arcar com as despesas de viagem, ela escreveu uma carta a Bertha em 22 de agosto de 1934:

Bertha, boa tarde.

Falei com o dr. Chagas, perguntando-lhe qual a solução que ele dava ao teu pedido. Respondeu-me que isso ficava para o dr. Sousa Araújo resolver. Várias vezes eu já conversara com este último a respeito do nosso caso, e ele mostrava a impossibilidade do Centro dispensar-me. Com a resposta do dr. Chagas, que não é claramente uma autorização, ele me disse que não faria embaraços à minha ida, não obstante manter a opinião anterior. Noto que também não é do agrado do dr. Chagas o meu afastamento, que talvez me seja prejudicial, visto ser eu uma simples contratada, e há três meses apenas.

Quanto à requisição de passagem, de maneira nenhuma poderia ser feita pelo Instituto, visto que não sou funcionária do mesmo, e sim do CIL, que é fundação autônoma. Sei que Maria Luiza e d. Beatriz Pontes de Miranda estão providenciando para conseguir-me passagem gratuita ou com abatimento, e eu lhes sou sinceramente grata por todo esse interesse. Mas esse problema econômico é-me insolúvel por várias faces. Estamos às portas da Convenção, e eu não estou aparelhada a empreender uma viagem com guarda-roupa próprio, por modesto que seja. Bem sabes que meus recursos limitam-se ao ordenado, sempre consignado às despesas habituais, agravando-se a situação presente com o fato de ser fim de mês. Uma viagem qualquer acarreta ainda despesas eventuais, contribuindo tudo isso para me deixar seriamente endividada.

Agradeço, Bertha, toda a boa vontade e esforço que empregaste para proporcionar-me essa ida à Bahia, mas, como vês, só será possível quando a situação me for mais propícia. Abraço-te, sinceramente agradecida, e perdoa a falta de préstimo da amiguinha.

Almerinda Gama[7]

CENTRO INTERNACIONAL DE LEPROLOGIA
FUNDADO SOB OS AUSPICIOS DA SOCIEDADE DAS NAÇÕES
Séde: Instituto Oswaldo Cruz, Rio de Janeiro, Brasil.
End. telegraphico: «Manguinhos», Rio. Caixa postal 926.

Rio, 22 de Agosto de 1934.

Bertha: bôa tarde.

Falei com o Dr. Chagas, perguntando-lhe qual a solução que elle dava ao teu pedido. Respondeu-me que isso ficava para o Dr. Souza Araujo resolver. Varias vezes eu já conversara com este ultimo a respeito do novo caso, e elle mostrava a impossibilidade do Emilio dispensar-me. Com a resposta do Dr. Chagas que não é claramente uma autorização, elle me disse que não poria embaraços a minha ida, não obstante manter a opinião anterior. Noto que tambem não é do agrado do Dr. Chagas o meu afastamento, e que talvez seja prejudicial, visto ser eu uma simples contractada, e ha três mezes apenas.

Quanto á requisição de passagem, de maneira nenhuma poderia ser feita pelo Instituto, visto que não sou funccionaria do mesmo, e sim do C. I. L., que é fundação autonoma. Sei que Maria Luiza e D. Beatriz Pontes de Miranda estão providenciando para conseguir-me passagem gratuita ou com abatimento, e eu lhes sou sinceramente grata por todo esse interesse. Mas esse problema economico é-me insoluvel por varias faces. Estamos às portas da Convenção, e eu não estou apparelhada a emprehender uma viagem com guarda roupa proprio, por modesto que seja. Bem sabes que os meus recursos limitam-se ao ordenado, sempre consignado ás despesas habituaes, aggravando-se a situação presente com o facto de ser fim de mez. Uma viagem qualquer acarreta ainda despesas eventuaes, contribuindo tudo isso para me deixar seriamente endividada.

Agradeço, Bertha, toda a bôa vontade e esforços que empregaste para proporcionar-me essa ida á Bahia, mas, como vês, só será possivel quando a situação me fôr mais propicia. Abraço-te, sinceramente agradecida, e perdôa a falta de prestimo da amiguinha Almerinda Gama

Carta de Almerinda a Bertha Lutz, 1934.

A carta que chegou às mãos de Bertha foi escrita em papel timbrado do Centro Internacional de Leprologia (CIL), que tinha sede em Manguinhos, no mesmo lugar onde hoje funciona a Fundação Oswaldo Cruz (Fiocruz), no Rio de Janeiro. Tratava-se de um empreendimento do governo brasileiro iniciado em 1934 para o desenvolvimento de pesquisas sobre a hanseníase.[8] Era um projeto conduzido pelo cientista brasileiro Carlos Chagas, o "dr. Chagas", a quem Almerinda se refere na carta. O centro iniciou suas atividades em abril de 1934. Pouco tempo depois, Almerinda entrou para a lista de funcionários da entidade como datilógrafa.[9]

Chagas integrava o grupo dos cientistas pioneiros de Manguinhos juntamente a Adolfo Lutz, pai de Bertha, de quem era amigo pessoal. É possível que Bertha tenha usado seus contatos para garantir essa posição a Almerinda e, assim, esperava que ela retribuísse a gentileza do emprego com maior envolvimento na FBPF. Mas Almerinda acreditava que a ausência para uma viagem, mesmo que sem oposição explícita do chefe, poderia prejudicá-la, pois estava havia pouco tempo no emprego.

Na carta, outro receio aparece: o de se sentir deslocada por não possuir trajes adequados para o evento. O guarda-roupa das líderes da FBPF era repleto de vestimentas de tecidos nobres e chapéus elegantes, e em conferências como aquela todas caprichavam, seguindo a moda europeia que ditava os usos e costumes nos anos 1930.

Foi a partir desse ano, 1934, que Almerinda começou a se distanciar da FBPF. Além de avaliar que o movimento estava perdendo fôlego e já deixara para trás seus dias mais aguerridos, havia outra questão fundamental: a alagoana precisava trabalhar. Em outra carta a Bertha, dessa vez para pedir ajuda com uma questão do trabalho, Almerinda inicia se explicando: "Há muito tempo que não tenho notícias suas, pois me encontro um tanto afastada, devido ao grande acúmulo de serviço".[10]

Anos depois, quando perguntada sobre seu afastamento da federação, Almerinda explicou: "Enveredei na luta por outros caminhos. Porque eu tinha a minha própria subsistência".[11] Voltou a comentar o assunto em 1991: "Fui sendo solicitada pra essas coisas, inclusive na minha vida particular, eu tinha que dar um duro!".[12] O alto nível de comprometimento e disponibilidade era difícil de ser mantido por quem tinha uma rotina de trabalho extenuante.

Por mais de três anos, Almerinda equilibrou a participação na luta feminista com as responsabilidades como trabalhadora assalariada, além da vida partidária e o papel de liderança na associação Ala Moça do Brasil. Durante esse período, também era estudante de direito. Uma reportagem do jornal *O Globo*, de junho de 1934, informava que a ganhadora do concurso "Repórter-Amador" havia sido a "poetisa e bacharelanda em direito d. Almerinda Gama".[13] No panfleto de sua campanha eleitoral em 1934, Almerinda apresentava-se como "advogada consciente dos direitos das classes trabalhadoras", embora não existam registros de que ela tenha concluído o curso, ou exercido de fato a profissão.[14]

Enquanto frequentava salões nobres e conhecia figuras da elite carioca ao lado das sufragistas, na vida privada Almerinda se esforçava para garantir a própria sobrevivência. Conciliar militância política, emprego e cuidados com as tarefas domésticas, na dupla jornada que as mulheres da classe trabalhadora conhecem bem, tornava-se cada vez mais difícil. É verdade que outras lideranças da FBPF, a exemplo de Bertha Lutz, também trabalhavam, mas em casa contavam com o auxílio de funcionárias.

Ao fim, o que parece ter sido o fator crucial para o afastamento de Almerinda da FBPF foi a insensibilidade do movimento para as questões reais vivenciadas pelas mulheres das camadas populares. "Na FBPF pesava mais a voz das mulheres da elite, de pensamento pouco sensível aos problemas das mulheres trabalhadoras", relatou.[15] Em outra ocasião, Almerinda explicou que esperava que a entidade, depois da conquista do voto, encampasse a luta por igualdade em outras esferas: "O principal passo almejado pela Federação do Progresso Feminino já tinha sido conquistado, que era a igualdade política, o voto. Agora, precisava manter essa igualdade sempre junto às classes produtivas".[16] Com a expectativa frustrada, Almerinda viu sua situação na FBPF se tornar insustentável. Era hora de se movimentar.

15.
Organização e luta sindical

Sem alardes ou anúncios formais, Almerinda foi se afastando da FBPF, mas não abandonou a vida pública. Continuou engajada em suas atividades políticas, diversificando as frentes de atuação. Em meados dos anos 1930, ajudou a fundar o PSPB, esteve à frente da Ala Moça do Brasil e tocou o Sindicato das Datilógrafas. E foi como presidente deste que se aproximou ainda mais do movimento operário carioca.

Desde que fundara o sindicato, Almerinda frequentava outra federação (além da FBPF), a Federação do Trabalho do Distrito Federal, localizada na praça Tiradentes. Seu sindicato era associado à entidade.

Fundada em setembro de 1931, a Federação do Trabalho tinha o propósito de "monopolizar a representação sindical do proletariado do Rio de Janeiro".[1] Entre os principais sindicatos filiados à organização estavam o dos gráficos, dos bancários e dos trabalhadores em empresas de petróleo e similares. Categorias sem longa tradição de luta e com dirigentes mais jovens.[2]

Como representante do Sindicato das Datilógrafas, Almerinda era uma delegada da Federação do Trabalho. Ao se envolver nesse meio, foi fazendo amizades e se transformando em uma referência para as lideranças sindicais. Ali, ao lado dos colegas operários, começou a erguer sua nova trincheira de luta.

Com a experiência na militância política da FBPF, como funcionária de cartório e também como estudante de direito, Almerinda conhecia como poucos os meandros burocráticos, e devagar foi se tornando uma espécie de assistente jurídica não oficial da Federação do Trabalho. Essa função consistia, na prática, em oferecer apoio aos sindicatos, especialmente àqueles que representavam trabalhadores menos instruídos. A dinâmica sindical envolvia diversas atividades, e muitas entidades, sobretudo as formadas por trabalhadores com pouca educação formal, não tinham o conhecimento necessário para lidar com as demandas.

Era o caso do Sindicato dos Operários e Empregados em Empresas de Petróleo e Similares do Distrito Federal. Na época, não era incomum os empregados que limpavam os tanques subterrâneos terminarem o trabalho intoxicados, até mesmo desmaiados. Os que trabalhavam confinados não contavam com instalações sanitárias, não tinham acesso a água potável ou a alojamentos adequados. Esse quadro de descaso por parte do empresariado com a salubridade, higiene e segurança dos empregados era quase geral para todo o operariado da época.[3]

Diante de uma série de irregularidades, o presidente do sindicato, que já havia reparado na maneira como Almerinda agia na federação, lhe pediu auxílio: "Companheira, nós queríamos fazer um contrato de trabalho com as empresas aí, mas precisamos elaborar. Quer nos ajudar?".[4]

Almerinda conduziu uma reunião, ouviu as reivindicações e redigiu as exigências dos empregados. Datilografou um calhamaço que chegou às mãos de Azevedo Brandão, procurador do MTIC, que abriu uma investigação para inspecionar as condições de trabalho nos locais mencionados.

Esse tipo de auxílio era a tal ponto relevante que Almerinda passou a receber uma gratificação por ele. Mesmo sem cargo oficial, ela estava sempre na Federação do Trabalho, com sua máquina de escrever a postos. Sua função recebeu o nome de "redação de ofícios e fiscalização de secretaria".[5] No rol das entidades que contavam com seus serviços estavam os sindicatos dos guindasteiros, choferes, padeiros e alfaiates.

Em outro episódio, atuando como assistente da Federação do Trabalho, Almerinda mostrou que mesmo sendo pequenina no tamanho, não levava desaforo para casa. Um companheiro do Sindicato dos Trabalhadores nas Indústrias de Chapéus havia sido dispensado do trabalho injustamente, e o empregador era obrigado a lhe pagar uma indenização. No entanto, para que isso ocorresse, o MTIC precisava encaminhar o processo à Justiça, e ele estava sendo retido no ministério por Mário Bolívar Peixoto de Sá Freire, que por muitos anos havia sido advogado sindical no Rio de Janeiro antes de ser nomeado oficial de gabinete do ministro. Era persona non grata entre os de luta.[6] O sindicato pediu ajuda a Almerinda.

Ela soube que Sá Freire havia chamado o empregado demitido para uma conversa em um escritório particular, longe da esfera oficial, e deduziu que a intenção do encontro era "comprar" o operário e fazê-lo desistir da ação. Então decidiu acompanhá-lo. Uma vez lá, iniciou uma discussão com o oficial do MTIC, que a ameaçou: "Se não fosse mulher, eu lhe virava o braço". Almerinda respondeu: "O senhor pode virar. Tem superioridade de sexo, superioridade de força, superioridade física". Como advogado, ele sabia que isso era crime.[7] Furioso, Sá Freire deixou o local. Almerinda escreveu uma representação relatando o ocorrido e a entregou nas mãos do ministro Agamenon Magalhães. Não se sabe o desfecho da reclamação.

Embora tivesse que lidar com o peso dos olhares pela sua escolha de conviver com tantos homens, ainda mais sendo uma mulher viúva que não estava sob "nenhum cuidado" masculino, Almerinda parecia mais à vontade com os companheiros operários do que com as associadas da FBPF. Naquele grupo, estava entre seus pares. Gente que conhecia a dureza cotidiana do mundo do trabalho.

Nos sindicatos não havia nenhum tipo de iniciativa ou debate sobre a questão do trabalho da mulher e de menores de idade.

Segundo Almerinda, isso se dava porque a Federação do Trabalho não era procurada por trabalhadoras. Tampouco os companheiros dos sindicatos estavam interessados no assunto. A atividade de Almerinda ali era menos institucional e mais uma iniciativa própria, construída junto aos companheiros de maneira independente. Ela não participava das disputas políticas na entidade. Era mais interessada em encontrar brechas de atuação. Na verdade, beneficiava-se do aparato institucional da entidade para respaldar seu apoio aos sindicatos: "Eu atuei junto ao sindicato de choferes, de portadores de bagagem, de guindasteiros, de chapeleiros, de empregados de casas de diversões, e era sempre acobertada. Era com as costas quentes da federação, era com a autoridade dela, com o nome dela, que eu fazia tudo aquilo".[8]

Como única mulher presente no cotidiano da Federação do Trabalho, entidade que congregava quase que exclusivamente categorias profissionais masculinas, a datilógrafa tinha uma tática para se preservar nesse ambiente: omitir que fazia parte do movimento feminista. Como já se sabe, as seguidoras de Bertha eram malvistas. Por isso as companheiras de FBPF sabiam do vínculo de Almerinda com o movimento operário, mas o contrário não acontecia. "Eu evitava [falar] para que essa antipatia não se refletisse sobre minha pessoa e não anulasse o trabalho que podia prestar. [...] Lá na Federação do Progresso Feminino eu dizia bem o quanto eu fazia, mas junto a eles, trabalhadores, eu nunca me apresentava como feminista."[9]

Naquele ambiente, era preciso se descolar da imagem de Bertha Lutz e das sufragistas para evitar olhares tortos dos companheiros. Havia também outra questão: muitos colegas mais radicais consideravam Bertha burguesa, alguém que não conhecia as agruras do proletariado e que só buscava melhorias para sua própria classe.

A discrição parece ter funcionado, porque o trabalho desenvolvido por Almerinda com o movimento operário rendeu bons frutos. Em 18 de fevereiro de 1934, a Ala Moça do Brasil, presidida por Almerinda, inaugurou em São João de Meriti, na Baixada Fluminense, o Ginásio Almerinda Gama, um projeto gestado por ela em parceria com o Sindicato dos Carvoeiros, Tropeiros e Lenhadores. A educação era um dos principais motes da Ala Moça do Brasil e da campanha de Almerinda ao Congresso em 1934. Era também uma preocupação constante dos operários, que buscavam alternativas para garantir a instrução de seus familiares, em especial das crianças. Colega dos operários de São João de Meriti, Almerinda fazia parte de uma comissão que buscava providências para a educação e a saúde dos moradores do local.[10]

Juntos, Almerinda e o sindicato, criaram uma escola que tinha como público-alvo os próprios trabalhadores e seus familiares, que por uma pequena contribuição poderiam ser alfabetizados.[11] Como informava o *Correio da Manhã*, o terreno e

Almerinda (sentada, à dir.) em reunião no Sindicato
dos Choferes do Rio de Janeiro em 1935.

o prédio da escola foram doados pelo Sindicato dos Carvoeiros, Tropeiros e Lenhadores.[12]

O centro de ensino, "fundado em moldes os mais racionais e modernos",[13] contava com jardim de infância, cursos primário, secundário e comercial, e oferecia um determinado número de matrículas gratuitas para pessoas desprovidas de recursos. Pelos jornais, sabemos que Almerinda esteve envolvida na criação do ginásio. Eis a justificativa para que a escola levasse seu nome: "A denominação desse Ginásio representa uma homenagem à operosa feminista srta. Almerinda Gama, que tem sido infatigável na agitação das causas do ensino".[14]

Muito além do auxílio como datilógrafa e com atividades administrativas, Almerinda prestava aos sindicatos outro tipo de amparo: utilizava o seu capital político para fazer lobby no MTIC.

Ao atuar com as feministas, ela teve contato com figuras importantes do governo Vargas. Um exemplo foi ter conhecido o então ministro do Trabalho, Indústria e Comércio Joaquim Salgado Filho durante o pleito classista. O jeito desinibido de Almerinda e o fato de ser a única mulher na votação fizeram com que fosse apresentada a ele.

Em meados dos anos 1930, a Federação do Trabalho pressionava os empregadores para que cumprissem a legislação trabalhista que começava a ser colocada em prática. As entidades tinham contato permanente com o MTIC, e Almerinda atuou por diversas vezes como representante dos sindicatos. Ela contava com a simpatia de nomes importantes no ministério, inclusive dos vários chefes de gabinete que se sucederam no cargo: Jaci Magalhães, Azevedo Branco e Agripino Nazaré. O mesmo se seguiu quando Agamenon Magalhães assumiu a pasta em julho de 1934. Ela lembra: "Eu notava da parte deles muita simpatia, porque eu era a única mulher militando e não me fazia de gostosona, não procurava seduzir ninguém com um sorriso mais bonito e nem tampouco pedia este mundo e o outro. Só pedia aquelas coisas que estavam dentro da lei, não abusava".[15]

Ao mesmo tempo que não se privava de ser livre, andar e fazer o que bem entendesse, Almerinda fazia questão de salientar que era uma mulher que tinha uma reputação a zelar, e não cedia a nenhum tipo de barganha para ter suas demandas atendidas.

A questão da honra era importante por múltiplos motivos. Ela era uma mulher viúva, negra, feminista e trabalhadora.

16.
A questão da honra

Dedicada à causa que abraçara, Almerinda não hesitava em circular pela cidade fora dos horários considerados adequados para
as mulheres. Empenhava-se em ser um elemento sempre presente junto aos sindicatos e, como ela mesma afirmava, era a
única mulher presente nas assembleias. O que era ainda pior:
não só andava à noite, mas cercada de figuras masculinas. Ao
mergulhar de cabeça na militância operária, ela se tornou vulnerável a um duplo risco: ser considerada uma figura promíscua,
sem respeitabilidade sexual, e ser encarada como uma mulher
masculinizada. Era a única figura feminina entre homens considerados abrutalhados, sem educação formal, e não tinha a "supervisão" de nenhum parente masculino. "No bairro do Came-
rino — perto do cais do porto, ali perto da rua Larga —, onde
estava o Sindicato dos Carregadores de Bagagens, eu saía dali à
meia-noite, uma hora da madrugada, sozinha ou acompanhada
por eles. Cada um deles procurava ser mais cavalheiro comigo."[1]
   Essa postura era transgressora: "mulher direita", mulher
que "se dava ao respeito", prestava atenção aos horários de estar
na rua. E quem não seguia a cartilha era vista com maus olhos.

A rua era um espaço pouco frequentado pelas mulheres de elite
nos primeiros anos do século XX. Alguns dos referenciais de
moralidade femininos passavam pelos horários, pelas companhias e pelos destinos que tomavam as mulheres quando saíam.[2]
Em uma crônica da época, o jornalista e contista Luiz Edmundo

observou que era incomum ver mulheres nas ruas, e ainda mais raro encontrá-las em cafés, bares ou restaurantes. Se a fome apertava durante um passeio pelo centro, elas se permitiam entrar apenas em confeitarias e, mesmo assim, em um horário específico, no turno da tarde: "A Colombo, por isso, é um tanto frequentada por famílias. Às duas da tarde, começam elas a chegar".[3]

Em nome do fortalecimento das organizações sindicais a quem prestava auxílio, Almerinda ignorava por completo essa etiqueta. Os empregados do setor de diversões, por exemplo, só encontravam tempo para se reunirem depois do trabalho, já no início da madrugada. Batiam o ponto e seguiam para a sede da Federação do Trabalho, na praça Tiradentes. E lá ia também Almerinda acompanhar as plenárias que seguiam noite adentro:

> Precisavam de uma assistência, não me recordo para quê, disseram: "Almerinda, você, que mora por aqui, você fica". Eu fiquei; eu, que era a única mulher de lá, fiquei. [...] E, então, eu fiquei lá para dar assistência, dar uma orientação ao Sindicato de Diversões. Fui pra casa quase às quatro horas da manhã, porque era a hora em que eles se reuniam.[4]

Em uma das crônicas do livro *A alma encantadora das ruas*, o jornalista e contista João do Rio descreve uma cena cotidiana na capital carioca: diversos tipos transitando pela rua do Ouvidor, a "rua que tinha ouvidos", no centro do Rio. Quando os ponteiros do relógio marcavam seis horas da tarde, já não se viam nas ruas as damas da alta sociedade. No crepúsculo só havia operários com vestimentas precárias e "a lata do almoço presa ao dedo mínimo", e um grupo específico de mulheres:

> Ninguém as conhece e ninguém nelas repara, a não ser um ou outro caixeiro em mal de amor ou algum pícaro sacerdote de conquistas. Elas, coitaditas!, passam todos os dias

a essa hora indecisa, parecem sempre pássaros assustados, tontos de luxo, inebriados de olhar. Que lhes destina no seu mistério a vida cruel? Trabalho, trabalho; a perdição, que é a mais fácil das hipóteses; a tuberculose ou o alquebramento numa ninhada de filhos. Aquela rua não as conhecerá jamais. Aquele luxo será sempre a sua quimera. São mulheres. Apanham as migalhas da feira. São as anônimas, as fulanitas do gozo, que não gozam nunca. E então, todo dia, quando o céu se rocalha de ouro e já andam os relógios pelas seis horas, haveis de vê-las passar, algumas loiras, outras morenas, quase todas mestiças. A mocidade dá-lhes a elasticidade dos gestos, o jeito bonito do andar e essa beleza passageira que chamam — do diabo. Os vestidos são pobres: saias escuras, sempre as mesmas; blusa de chitinha rala. Nos dias de chuva um parágua e a indefectível pelerine. Mas essa miséria é limpa, escovada. As botas rebrilham, a saia não tem uma poeira, as mãos foram cuidadas. Há nos lóbulos de algumas orelhas brincos simples, fechando as blusas lavadinhas, broches "montana", donde escorre o fio de uma *châtelaine* [...]. Quantos sacrifícios essa limpeza não representa?[5]

Essas "anônimas" eram as mulheres pobres. As que não eram (porque não podiam ser) rigorosas com os horários adequados para circular nas ruas eram as trabalhadoras. Eram elas que transitavam reparando nos luxos das vitrines, desejando vestidos que não poderiam comprar. Eram, como descritas por João do Rio, quase todas mestiças. As mulheres negras que, historicamente, sempre trabalharam, nas lavouras da escravidão e, depois, nas ruas como vendedoras, lavadeiras, quituteiras, operárias. O que o destino reservava a essas mulheres, questiona o cronista para responder em seguida: "Trabalho, trabalho; a perdição, que é a mais fácil das hipóteses". A indecência seria um destino inevitável para aquelas que trabalhavam e circulavam pelas ruas "fora de hora".[6]

Almerinda, mestiça tal qual as personagens de João do Rio, desafiava convenções sociais ao dedicar suas noites ao auxílio dos sindicatos e à luta feminista. Também em nome das reivindicações feministas, percorria as redações na madrugada, em busca de espaço nos jornais para suas causas. Essa era a hora do "fechamento", quando os diretores batiam o martelo sobre o que estamparia a primeira página das edições que seriam distribuídas assim que o dia raiasse. Circulando pelas ruas desertas da cidade nesses horários, Almerinda podia ter sua reputação manchada, tornar-se alvo de línguas maledicentes.

Além do horário de saídas à rua e das companhias, a profissão de datilógrafa carregava consigo uma má fama, o que contribuía negativamente para a percepção da sociedade sobre as ações de Almerinda. Em comparação a outros trabalhos ocupados por mulheres da classe baixa e da classe média ascendente, o ofício de datilógrafa possuía relativo prestígio social. Os salários eram um pouco melhores e apenas as mulheres com certo grau de cultura e escolaridade conseguiam empregos na área.

Porém, ao mesmo tempo que a profissão tinha uma aura positiva, as datilógrafas também eram vistas como alpinistas sociais, "entidades perigosas cujos dedos, como os das Parcas, tecem o destino dos homens".[7] A herança de Eva, carregada por toda mulher, faria com que as datilógrafas seduzissem os homens nos escritórios, corrompendo-os e induzindo-os ao pecado. Por meio de olhares encantadores e fala sensual, todo o corpo de trabalhadora seria um convite à tentação. A categoria das datilógrafas e secretárias sofria como poucas esses estigmas.

Era muito comum que jornais e revistas entre os anos 1920 e 1940 trouxessem textos em que os autores (homens) fantasiavam com as trabalhadoras de escritório, como este trecho de um conto publicado na revista *Fon Fon*:[8]

Quando digo ao leitor que Mlle. Gervoize é datilógrafa, imagina certamente, por sobre uma máquina de escrever, uma carinha brejeira, de cabelos alvorotados, um pescoço nu, braços nus, um ouvido pronto a ouvir palavras tentadoras, olhos feitos para provocá-las, sobre a mesa um *baton de rouge* de lábios ao lado da borracha de apagar, sob a mesa, pernas completamente à mostra metidas em meias de seda.

Em outro artigo, as datilógrafas são apresentadas como golpistas interesseiras: "O número de banqueiros, chefes de casas comerciais, proprietários de indústrias, artistas e literatos que têm contraído matrimônio com suas secretárias e datilógrafas é grande. A tal ponto que muitas dessas criaturas fazem disso um sistema".[9]

Diante desse cenário, não é de estranhar que Almerinda sempre enfatizasse sua honestidade e sua moralidade. Mulheres como ela (carregando um corpo não branco em uma sociedade recém-saída de um modelo escravocrata) sentiam (e infelizmente ainda sentem) na pele as violências de quem tem o corpo objetificado, hipersexualizado e tratado historicamente como mercadoria.

São diversos os estereótipos raciais impostos sobre a população negra: a "mãe preta", o negro sofredor e a mucama/mulata com apetite sexual. Nas narrativas das sociedades escravocratas, a dita sexualidade acentuada do corpo negro surge como uma característica que seria inerente à própria raça. No decorrer do século XX, persiste no imaginário social brasileiro a visão racista e preconceituosa que limita a mulher negra ao prazer sexual, e cria-se o mito da mulata sensual e provocativa às relações extraconjugais.[10]

Era nesse cenário de preconceitos que Almerinda travava suas batalhas. Apesar dos estigmas e das opressões, aceitava o risco e encontrava maneiras de proteger sua imagem. Enquanto fosse possível, continuaria atuando na cena pública em defesa dos projetos políticos em que acreditava.

17.
A vida na ponta dos dedos

Quando a cidade amanhecia, um exército de moças caminhava apressadamente para o trabalho, como quem tivesse medo: "passo apressado, cotovelos colados ao corpo... Mesmo quando vão duas ou três, juntas, evitam falar e rir".[1] Eram operárias, vendedoras de lojas de modas, telefonistas, secretárias, escriturárias e, claro, datilógrafas, personagens presentes nas ruas da capital do país, polo da modernidade em transformação. Qualquer um que se prestasse a observar o movimento das ruas podia chegar à mesma conclusão de um cronista nos anos 1920: "O Rio, hoje, é a cidade das datilógrafas".[2]

E não era só uma impressão.[3] Eram muitas as Almerindas que levantavam cedo para a luta diária pela sobrevivência e enfrentavam cotidianamente olhares masculinos que as viam como concorrentes aos postos de trabalho.

Vale lembrar que em 1934 Almerinda estava empregada no CIL, em Manguinhos, onde acabou não ficando muito tempo. Ao saber que a datilógrafa de mãos ligeiras estava desempregada, o tabelião do 9º Ofício de Notas, onde ela já havia trabalhado, prontamente a chamou e lhe garantiu trabalho. Em 1935 voltou a trabalhar como escrevente de cartório, função que dominava como ninguém. Bons funcionários deixam uma marca, e a reputação profissional de Almerinda era excelente. Além disso, ela se encaixava no "perfil" que se exigia para esse tipo de trabalho.

"O trabalho era intenso, eu baixava a cabeça ali e datilografava."[4] As teclas da máquina de escrever eram uma extensão de

169

seus dedos, fundidas ao seu corpo. No entanto, por mais que se dedicasse e se esforçasse, seu trabalho era visto como "trabalho de mulher".

Em janeiro de 1931 a revista *Vida Domestica* revelava a necessidade de que as datilógrafas fossem "jovens de boa apresentação", e ressaltava que "depois dos quarenta anos é difícil para uma mulher encontrar colocação no comércio".[5] O repórter entrevistou o diretor de uma escola comercial e lhe perguntou se era fato que os patrões preferiam o trabalho feminino:

— Para certos empregos sim: datilógrafas, secretárias. Além disto, tais ocupações constituem especialidades em que as mulheres se revelam otimamente. E depois...
— E depois, provavelmente contentam-se com salários menores?
— É isso mesmo. E eis aí a causa profunda do seu sucesso em muitas profissões. Toda a questão se resume em algumas palavras: "Paga-se-lhes menos".
— Em certas ocupações, entretanto, o salário dos homens e das mulheres é idêntico?
— Se este salário é pouco elevado, isso vem a dar no mesmo: aceitam-no e trabalham. Os homens julgam-no insuficiente e abandonam, pouco a pouco, a profissão. Tal pagamento, que é suficiente para uma mulher sozinha, ou com o qual uma mulher contribui para o orçamento da família, não poderia contentar um homem, único responsável pela manutenção de um lar.[6]

Embora o salário das trabalhadoras de escritório fosse mais elevado do que o das operárias, por exemplo, elas ganhavam menos do que os colegas homens. A inferioridade do valor era justificada pela alegação de que a quantidade seria suficiente para a mulher auxiliar a casa, elevando os rendimentos familiares e, assim, contribuindo para o sustento familiar. Esse quadro tornava extremamente difícil a situação da mulher sozinha, como era o caso de Almerinda, que dependia somente de si para ter moradia, alimentação, vestuário, transporte etc. Os ordenados eram pequenos, oscilavam entre 200 mil-réis e 500 mil-réis.[7] As profissionais que tivessem domínio de três a quatro línguas poderiam ganhar mais.[8]

Os empregadores concordavam que o trabalho da mulher era mais eficiente, mais seguro e mais rápido (e consequentemente mais barato) na execução de tarefas repetitivas que não exigissem tomada de decisões, inovação ou responsabilidade, habilidades que se supunha difíceis para as mulheres, dada sua "natural" timidez. Em um estudo produzido pelo Departamento Nacional do Trabalho, os chefes dos serviços explicaram a sua preferência por trabalhadoras mulheres:

1. As moças não fumam e não levantam de cinco em cinco minutos como os rapazes;
2. não têm preocupações financeiras, ou as dominam, não deixando de trabalhar, ou trabalhando menos, pelo fato de terem compromissos pecuniários, como acontece frequentemente aos homens;
3. são mais dóceis, mais pacientes, mais dedicadas ao serviço;
4. não têm aspirações, ou são muito modestas nas mesmas.[9]

Essas justificativas serviam para precarizar o trabalho das moças nos escritórios. A indignação com a desigualdade salarial entre homens e mulheres, somada à falta de estabilidade e oportunidades de crescimento profissional, motivou Almerinda a deixar Belém. Mas no Rio, embora emprego não faltasse, a situação não era tão diferente assim — e as datilógrafas pareciam pouco dispostas a lutar por mudanças.

A iniciativa de Almerinda e Bertha de construir do zero um sindicato feminino, o das datilógrafas, foi acompanhada pela dificuldade de mobilizar a categoria.

Não chegou a existir uma campanha de sindicalização junto a datilógrafas e secretárias, porque, segundo Almerinda, as mulheres eram "comodistas".[10] Para dar corpo ao sindicato, Almerinda contou com uma auxiliar administrativa, Maria Geralda, sua colega de trabalho no escritório do advogado de Sylvia Serafim, Dunshee de Abrantes, uma datilógrafa da Federação do Trabalho e algumas companheiras do cartório. Mas para que o sindicato não ficasse minguado, com poucas filiações, Almerinda deu seu jeito. Valeu-se de amigos como Gilberto Flores, diretor da *Revista do Trabalho*, o qual concordou que sua esposa (que não era datilógrafa) se filiasse ao sindicato.[11] "Eram pessoas avulsas que eu consegui com esforço para fazer o número", lembrou.[12] Essas poucas companheiras, "puxadas a gancho",[13] nem chegaram a se engajar nas lutas de fato.

As datilógrafas eram receosas em relação à militância e evitavam a todo custo se envolver no sindicato da categoria. Isso porque se dizer "sindicalista", "grevista", significava também ter que lidar com vários estigmas que apresentavam essas mulheres como brutas, masculinizadas. Não era incomum que mulheres trabalhadoras evitassem greves ou protestos porque além do medo de perder o emprego, o ativismo implicava romper as fronteiras do "comportamento feminino".[14] Em 1940, das 651 mil pessoas em todo o país que declararam pertencer a sindicatos, apenas 15% eram mulheres, pouco mais de 100 mil trabalhadoras que se somavam a 551 mil homens.[15]

Almerinda frustrou-se ao perceber que a dificuldade em mobilizar as datilógrafas se dava, sobretudo, pela falta de conhecimento da categoria sobre o papel de um sindicato.

As mulheres eram pouco sindicalizáveis. Elas não tinham aberto os olhos para este direito e este dever. Tanto que todos os sindicatos eram, por lei, abertos a ambos os sexos, mas pode ver aí, em fotografias: quase todos homens. Porque as mulheres, quando se dizia: "Vamos para o sindicato", "Ah, o que eu vou fazer lá? Vão me aumentar o salário? Vou ganhar mais por isso?". Não tinham educação política para isso. A mulher não tinha educação política. Os sindicatos eram muito abandonados. Tanto que, para a eleição classista, vinha uma representante do Sindicato de Magarefes. Mas não veio, porque disse que estava doente. Só eu, do Sindicato de Datilógrafas do Rio de Janeiro, em todo o Brasil.[16]

O Sindicato das Datilógrafas funcionava praticamente de maneira simbólica. "Era quase que uma máscara, porque as mulheres de fato não tinham consciência combativa [...]. A gente pegava aquilo para efeito oficial, para fazer número porque elas mesmas não se interessavam."[17] Obter quórum para uma assembleia deliberativa era uma tarefa árdua, e Almerinda tocava tudo sozinha.

Inúmeros documentos e cartas da FBPF endereçadas a entes públicos eram assinados por Bertha em conjunto com outras entidades, todas elas braços da própria federação, como o Sindicato das Datilógrafas. Era uma tática para dar peso a documentos e solicitações, fazendo parecer que muita gente estava envolvida, referendando-os. Na verdade era sempre a mesma turma engajada da FBPF. No fim das contas, o sindicato se tornou mais um instrumento nas mãos da dupla, Bertha e Almerinda, para participarem da vida política.

Por causa da baixa adesão das datilógrafas, Almerinda sofria críticas de outros líderes sindicais que tentavam desacreditar sua atuação. Henrique Stepple Júnior, que foi presidente da Federação do Trabalho do Distrito Federal, sabendo da dificuldade de reunir as mulheres, ridicularizava Almerinda chamando o sindicato de "Sindicato do Eu Sozinha".[18] Ela tentava não se abater: "Eu deixava para lá porque aquilo era quase que uma verdade, as minhas companheiras nem tomavam conhecimento daquilo".[19]

A aversão ao sindicato não se dava só entre datilógrafas, era um problema generalizado. Elvira Boni, uma paulista filha de imigrantes italianos anarquistas, fundou com outras colegas a União das Costureiras, Chapeleiras e Classes Anexas em 18 de maio de 1919 e encontrou as mesmas dificuldades de mobilização das trabalhadoras. As mulheres não atenderam ao apelo da associação, que fechou as portas poucos anos depois, em 1922. É verdade que muitas tinham medo da repressão policial, mas a maioria delas, segundo Boni, acreditava que sindicato era coisa de operário e não se reconheciam como tal: "As companheiras discutiam muito e diziam muita bobagem. Achavam que não eram operárias, e sim artistas, porque faziam coisas bonitas, vestidos...".[20]

Por falta de atividade, o Sindicato das Datilógrafas e Taquígrafas teve a carta recolhida ainda nos anos 1930. Almerinda demonstrava sinais de cansaço: "Eu não podia aguentar fazer força, continuar a arregimentar uma porção de ovelhas desgarradas que não queriam ir para o redil".[21] Também entre 1935 e 1936, Almerinda foi reduzindo sua atividade junto à Federação do Trabalho. "Eu não podia ser onipresente", justificou.[22] As demandas da vida real e a rotina exaustiva nos escritórios a consumiam.

Mesmo com as dificuldades em organizar um sindicato, Almerinda buscou alternativas para mobilizar seus colegas escreventes e lutar por melhorias para a categoria. Em 1949, catorze anos depois de seu retorno ao 9º Ofício de Notas, a inquieta datilógrafa liderou uma campanha pela estatização dos cartórios que visava, entre outras coisas, a que os escreventes fossem pagos pelo governo. A reclamação era baseada no fato de que embora fossem nomeados pela Presidência da República e exercessem função pública, não usufruíam dos benefícios dos funcionários públicos. Mais uma vez, Almerinda recorreu à imprensa para defender suas posições. Em entrevista ao *Diario de Noticias*, ela apresentou seus argumentos:

O ideal, para a nação, seria *Justiça gratuita*, porque justiça, para o povo, é gênero de primeira necessidade, como o alimento e o vestuário. Não sendo viável, de pronto, tão radical reestruturação, corrijamos os mais graves erros de suas fundações: a distribuição da Justiça deve ser atribuição exclusiva do organismo estatal e sendo os cartórios de tabeliões e similares subsidiários da rede judiciária, devem, necessariamente, pertencer ao Estado. Pelo mesmo motivo, os serventuários da Justiça e demais membros do quadro de seu pessoal, inclusive os respectivos titulares (hoje *donos*) dos cartórios, devem ser remunerados pelo Estado [...]. É um anacronismo o *regime donatário* de cartórios em plena república democrática, como é um absurdo o ônus de pagamento de serventuários da Justiça nomeados pelo presidente da República recair sobre a renda móvel de um cidadão. Se sobrevier uma calamidade pública que afete ou paralise o funcionamento de um ou mais cartórios, não só ficará ao desamparo todo o quadro de seu pessoal, como sofrerá o interesse de todos aqueles cuja justiça dependa do serviço dos mesmos.[23]

Almerinda estava constantemente desbravando novas frentes de atuação. Por onde passou, nos postos de trabalho que ocupou, transformou suas inquietações e insatisfações profissionais em motivação para a ação política. Sua vida seguia um encadeamento: uma luta dava sequência a outra e Almerinda elegia a prioridade do momento. A alagoana tocava a vida longe da apatia e não esperava que terceiros assumissem os projetos políticos que julgava importantes.

Diferente do que acontecia com a maioria das mulheres, que à medida que envelheciam iam abandonando os postos de trabalho em escritório, Almerinda seguiu nos empregos administrativos. Para ela, a atividade profissional nunca foi provisória.

Com a velha companheira de trabalho e militância: a máquina de escrever.

Almerinda também fazia trabalhos esporádicos como tradutora. Através de uma colega da FBPF, conheceu o jornalista carioca Gilberto Flores (o mesmo que permitiu a esposa se filiar ao Sindicato das Datilógrafas). Com ele, estabeleceu uma amizade que atravessou décadas e só foi interrompida pela morte do colega de profissão em 1965. Flores foi o responsável por fundar em 1933 a *Revista do Trabalho*, que se propunha a ser uma espécie de porta-voz da legislação trabalhista durante a consolidação do direito trabalhista e da Justiça do Trabalho no país.[24]

Embora só homens constem como colaboradores da *Revista do Trabalho*, Almerinda, que lia e compreendia bem o francês e tinha máximo interesse pelo tema, fazia, a pedido do colega Flores, traduções das resoluções e recomendações do Bureau Internacional do Trabalho, braço da OIT com sede em Genebra.[25]

> Eu ia traduzindo as resoluções e ia passando para ele, e ele ia publicando na revista. E o Getúlio fez muitas leis calcadas sobre essas resoluções do Bureau Internacional do Trabalho.

Com isso, eu fiz um círculo de relações muito bom, lá no MTIC, por intermédio do Flores.[26]

Depois de anos trabalhando como escrevente em cartórios, na década de 1950 Almerinda profissionalizou-se como jornalista e esta passou a ser sua principal ocupação. Nos tempos de assessora de imprensa da FBPF fez amizade com o secretário carioca d'*O Dia* e, com a ajuda dele, foi efetivada no jornal, o único onde trabalhou fixo, cumprindo expediente. Nas décadas seguintes, seguiu trabalhando de forma independente em outros jornais diários. Ela estava, então, na casa dos cinquenta anos, e seu rosto já era emoldurado por cabelos brancos. Almerinda se reconhecia como uma operária da imprensa e fazia questão de frisar: "Eu nunca abandonei o meu papel de jornalista".[27] Por anos, contribuiu em jornais não só publicando artigos críticos, mas também ensaios e poemas.[28]

Ao longo dos mais de cinquenta anos de carreira, Almerinda atuou em diversas áreas como datilógrafa, escrevente de cartório, secretária, tradutora, revisora e jornalista, sempre com a máquina de escrever como fiel companheira e associada às entidades que representavam sua categoria. Até a velhice, fez parte do Sindicato dos Jornalistas Profissionais do Município do Rio de Janeiro e da Federação Nacional dos Jornalistas (Fenaj).

Mesmo tendo se qualificado, e dominado como poucas as mais diversas técnicas comerciais, não há registros de que Almerinda tenha assumido postos de maiores responsabilidades nos lugares onde trabalhou. A hierarquia dos escritórios era baseada em gênero, e ao longo dos anos Almerinda assistiu a uma sucessão de colegas homens galgarem postos mais altos nos escritórios. Sem chances de promoção, restava-lhe complementar a renda com trabalhos autônomos. Mesmo que suas mãos já não fossem tão velozes como antes, ela anunciava seus serviços nos classificados do *Jornal do Brasil*: "Datilografia-caligrafia. Cursos rápidos e eficientes. Aulas individuais e em turmas diurnas ou noturnas. Mensalidades a partir de 15$000. Professores Almerinda Gama e S Moura. Cópias à máquina em qualquer língua".[29]

Trabalhando para viver e vivendo para trabalhar, Almerinda parecia esticar o tempo: além do emprego e das responsabilidades que assumia nas entidades de classe e associações políticas, dedicava-se à poesia, à música e a alimentar a rede de afetos que sua natureza agregadora e a personalidade cativante conquistaram, formada por paixões, amigos, família, enfim, a vida na intimidade de casa.

Almerinda participa da comissão de apoio à Conferência Mundial de Mulheres Trabalhadoras que seria realizada em Viena em junho de 1956.

Parte 3
A casa

18.
Em busca da matriarca

A madrugada de 31 de março de 1999 foi longa para Juliana. Uma angústia lhe assaltava o sono. Sentia-se agitada, ansiosa. Quando finalmente adormeceu, teve um pesadelo perturbador. Acordou aos prantos e foi socorrida pelo marido, que tentou acalmá-la. No sonho, sua avó Almerinda tinha morrido. Horas depois, quando a manhã raiava, o telefone tocou em seu apartamento na capital paulista. Era sua mãe, Alana: "Aí eu comecei a chorar. Eu falei: 'Eu sabia, eu tinha sonhado com ela, eu sonhei com ela a noite toda, eu tinha sonhado que ela havia falecido'".[1]

Almerinda Farias Gama morreu naquela madrugada aos 99 anos. Estava sob os cuidados da filha, Alana, em sua casa na rua Gustavo Adolfo, na Vila Gustavo, na cidade de São Paulo. Na noite anterior Alana havia lhe dado banho e a perfumado. Afofado a cama para a mãe deitar e a aninhado com cobertores. Havia lhe preparado uma vitamina de cereais e Neston, a última refeição de Almerinda antes de pegar no sono. Ela tomou dois golinhos e calou-se. Alana se preocupou em buscar um par de meias para afugentar o frio que fazia naquela madrugada em São Paulo. Ao tocar os pés de sua mãe, ouviu um suspiro lento. Perto de uma hora da manhã, Almerinda parou de respirar.

Os detalhes das últimas horas de vida de Almerinda me foram relatados por Alana Mara Batista de Souza e Juliana Leite de Souza Nunes, em julho de 2019, no quintal amplo da casa de Juliana, em Caraguatatuba, litoral paulista. À época, mãe e filha tinham 76 e 48 anos. Por muito tempo eu havia convivido com a figura pública de Almerinda, seguindo os rastros de sua atuação como líder sindical, feminista e jornalista combativa, mas sabia pouco sobre quem ela era na intimidade. Nessa tarde de 2019 eu enfim me vi diante de pessoas que sabiam.

"Almerinda formou uma segunda família?", é uma pergunta razoável para quem acompanhou este livro até aqui. Antes de detalhar o encontro com Alana e Juliana, devo explicar como essas mulheres se tornaram parte da história.

Tudo começou com um comentário casual de um desconhecido em um vídeo no YouTube.

Até 2018, eu conhecia apenas o que relatei até o capítulo anterior: a ação persistente de Almerinda em favor da emancipação feminina brasileira, suas iniciativas como líder sindical, jornalista, literata. Sobre sua intimidade, sabia o que ela havia contado nas poucas entrevistas em que compartilhou sua vida pessoal: era viúva, tinha perdido um filho bebê ainda nos anos 1920 e não tinha se casado novamente. Mas à medida que avançava em minha pesquisa, me sentia cada vez mais inquieta diante das inúmeras interrogações.

As tiranias do silêncio apagaram os rastros de Almerinda, e sua trajetória de luta passou a ser atrelada a uma ausência:[2] sua data de falecimento era desconhecida. Alguns textos indicavam que ela havia morrido, "provavelmente", em 1992. Especulava-se essa data em razão do documentário *Memória de mulheres*, dirigido por Márcia Meireles e Maria Angélica Lemos e lançado naquele ano.[3] O filme apresenta relatos biográficos de feministas brasileiras, entre elas Almerinda, que faz uma rápida aparição rememorando as conquistas sociais e políticas do movimento feminista do começo do século XX. Embora ela se mostre lúcida no vídeo, a velha sufragista aparenta certa fragilidade e parece ter problemas na visão. Esse é o último registro audiovisual com sua participação de que se tem conhecimento.

Em uma noite de 2018, eu lia os comentários no vídeo do meu curta-metragem *Almerinda, a luta continua* no YouTube. Produzido em 2015 com recursos limitados e poucas informações sobre a personagem que o inspirou, o filme circulou por algumas mostras e festivais de cinema de arquivo e foi disponibilizado no canal do CPDOC da FGV no YouTube.[4] Para minha surpresa (ou, mais precisamente, espanto), em um dos comentários um usuário dizia sentir muita saudade de sua *avó* Almerinda. "Avó? Como assim, avó?", me perguntei pasma. O usuário "henriquehenry" listava algumas das qualidades da avó e afirmava que ela havia falecido na casa de sua mãe, na rua Gustavo Adolfo, na cidade de São Paulo. Desconfiei do endereço informado por ele. Seguindo os vestígios de Almerinda, sabia que ela havia transitado entre Alagoas, Pará e Rio de Janeiro, e fazia pouco sentido que tivesse morrido em São Paulo. Mesmo suspeitando da veracidade do comentário, entrei em contato com o tal "henriquehenry". Escrevi, também no espaço de comentários, que havia sido eu quem produzira aquele vídeo, e disse que tinha muito interesse em conversar com ele. Nenhuma resposta. Mesmo hesitante em relação à veracidade das informações no comentário, segui a única pista que ele tinha deixado: rua Gustavo Adolfo, 589, Vila Gustavo, Zona Norte de São Paulo. De que maneira esse endereço tinha relação com a história de Almerinda?

De Brasília, de onde eu realizava a pesquisa, abri o Google Maps. Identifiquei estabelecimentos comerciais que ficavam naquela rua e entrei em contato com eles, sondando se sabiam quem morava na casa nº 589. As pessoas se mostraram desconfiadas ou pouco interessadas em ajudar aquela desconhecida no outro lado da linha telefônica. Então mapeei os cartórios de registro civil da região. Telefonei para eles perguntando pela certidão de óbito de uma certa Almerinda Gama. Depois de muitos fracassos, finalmente ouvi da atendente que havia, sim, uma certidão de óbito registrada ali, no 8º Cartório de Registro Civil no bairro de Santana, em nome de Almerinda Farias Gama, filha de Eulalia da Rocha Gama e de José Antônio Gama, e que, segundo o documento, ela havia falecido no dia 31 de março de 1999. Essa era uma informação completamente nova. "Quase cem anos...", era só o que eu pensava enquanto processava esse achado.

Paguei uma pequena taxa e dias depois recebi em casa uma cópia daquele que seria o último documento de Almerinda. A certidão informava que a causa da morte havia sido acidente vascular isquêmico, arteriosclerose complicada, e que Almerinda tinha sido sepultada no Cemitério de Vila Formosa I, em São Paulo. Sobre sua cor, a certidão comunicava "branca". Havia ainda outra informação que me saltou aos olhos. As anotações do documento diziam: "A falecida era viúva de Benigno Farias Gama. Não deixou filhos. Não deixou bens. Não era eleitora".

As peças do quebra-cabeça que revelariam a intimidade de Almerinda iam começar a se encaixar. A solicitação do registro de óbito fora feita por Alana Mara Batista, nome que até então não aparecia em nenhuma documentação sobre Almerinda.

Iniciei, então, a busca por Alana. Não encontrei perfis nas redes sociais com seu nome, mas localizei processos judiciais nos quais era citada. Em um deles, constava que Henrique Leite, uma das partes do processo, era filho de Alana Maria Batista, provavelmente o "henriquehenry" que escreveu o comentário no vídeo do YouTube.

A cada vestígio que eu tentava decifrar, em cada pista que seguia, sentia que precisava ganhar a confiança de Almerinda para que ela se revelasse um pouco mais, até o ponto de me permitir localizar e conhecer seu universo particular e as pessoas que diziam ser seus parentes. Depois de muitos meses de busca em jornais, redes sociais e telefonemas sem fim, pareceu que finalmente eu tinha recebido aprovação de Almerinda. Localizei Henrique.

Certidão de óbito de Almerinda Farias Gama.

"Oi, boa tarde, Cibele. Aqui é Henrique. Neto de d. Almerinda Farias Gama", foi a primeira mensagem que recebi de Henrique quando o localizei e passei-lhe meu telefone. Alcides Henrique Leite de Souza é um dos quatro filhos de Alana Mara Batista. Na nossa primeira conversa, Henrique me contou que sua mãe era uma espécie de filha de criação de Almerinda e que ele, juntamente com os irmãos, cresceu sob os cuidados e afagos da avó Almerinda, também chamada por ele de "Madrinha", porque era assim que as crianças ouviam Alana se referir à mãe de criação. "Quem vai saber te contar todos os detalhes desta história é a minha mãe. Ela tem passado por alguns problemas de saúde, mas está bem. Mora hoje com minha irmã, Juliana, em Caraguatatuba." Algum tempo depois, eu desembarcava em São Paulo e alugava um carro para ir até o litoral entender como Almerinda tinha abandonado a alcunha de mulher viúva e sem filhos para se tornar a matriarca de uma família.

19.
A velha feminista e a bailarina da TV Tupi

Os caminhos de Alana e Almerinda se cruzaram quando a primeira ainda era uma menina nos anos 1950. Nascida no município de Oiapoque, no Amapá, em 1943, Alana perdeu os pais muito cedo. Boa parte de seus familiares eram italianos e voltaram para a Europa com o fim da Segunda Guerra em 1945. Assim, quem acabou assumindo sua criação foi uma velha amiga da família, Lídia Batista de Souza. A tutora era uma professora de balé clássico e Alana seguiu seus passos, era disciplinada e demonstrava talento para a dança. A graciosidade e habilidade ao movimentar-se na ponta dos pés chamaram a atenção da equipe do magnata Assis Chateaubriand, o Chatô, que vasculhava o Norte do país em busca de novos talentos para a TV Tupi, a primeira emissora de televisão do país. Ao fim, o próprio Chatô contratou a menina, que passou a integrar o corpo de baile da emissora.

A sucursal de luxo carioca da TV Tupi, inaugurada em 1951, funcionava no antigo Cassino da Urca. A programação se ampliava e novos artistas eram incorporados, entre eles, Alana. Ainda pré-adolescente, ela desembarcou na Cidade Maravilhosa com seus sonhos de bailarina.

Lídia, a tutora de Alana, a acompanhou ao Rio de Janeiro e, quando chegaram, foi atrás de abrigo na casa de uma velha amiga dos tempos de mocidade em Belém: Almerinda Gama. Já estabelecida na cidade, Almerinda fazia pelos amigos e conhecidos o que seu irmão fizera por ela duas décadas antes.

A bailarina Alana Mara, quando fazia parte do corpo de baile da TV Tupi.

Apresentava as belezas da cidade, ajudava os recém-chegados a se situarem na agitada capital federal e acionava sua rede de contatos, caso precisassem de emprego.

No caso de Lídia e da menina Alana o apoio foi ainda mais significativo: ela abriu as portas de sua casa no bairro Cachambi. Almerinda estendeu a mão para a amiga e sua jovem protegida. Com a convivência foi se apegando à menina, que passou a chamá-la de "Madrinha".

Por ser menor de idade, a bailarina mirim precisava ser acompanhada por um adulto ou adulta responsável para trabalhar. Quando Lídia não podia fazer isso, era Almerinda quem assumia a tarefa. Zelava para que Alana fosse bem recebida nos bastidores e para que não se perdesse naquele mundaréu de gente.

Eletricistas, contrarregras, iluminadores, costureiras, carpinteiros, cenógrafos, engenheiros, artistas. Eram, em 1955, trezentos profissionais trabalhando na frente e por trás das câmeras para colocar no ar "A Pioneira", como era conhecida a TV Tupi em seus primeiros anos.[1] Esse era o universo de Alana até conhecer Paulo de Castro, o jovem empresário com quem noivou aos dezessete anos. O casal se conheceu durante uma apresentação: ela no palco, ele na plateia. O casamento aconteceu alguns meses depois do primeiro encontro.

Contudo, o matrimônio com o homem que ela acreditava ser o amor de sua vida foi pouco a pouco se transformando em um pesadelo. As tentativas de controle, que começaram no noivado, quando ele a proibiu de seguir dançando, se intensificaram no casamento. Inflamado por um ciúme doentio, monitorava os passos dela, impedindo-a de visitar amigas, como Almerinda. Sua possessividade era tamanha que rejeitava a possibilidade de dividir a esposa com um filho. Queria a mulher somente para si, e uma gravidez estava totalmente fora de cogitação. Além disso, segundo Alana, o marido tinha medo de que uma gravidez "estragasse" seu corpo de bailarina. No entanto, ela era filha única e vivera o trauma de perder os pais muito precocemente, e sempre sonhou em formar uma família. Teimou e engravidou. O marido lhe deu um ultimato: ele ou eu. "Aí eu não dei resposta, peguei meu filho e ó: casa de Almerinda."

A madrinha lhe esperava com cama arrumada, comida pronta e abraço apertado.

Alana não foi a primeira nem a última pessoa que encontrou abrigo debaixo do teto de Almerinda. Doentes, desempregados, pessoas vindas do Norte e do Nordeste em busca de uma vida melhor, todos tinham lugar na casa da rua Getúlio, 381, Cachambi, Rio de Janeiro. No entanto, com Alana a relação era diferente. Um vínculo familiar se formou entre elas. Desse encontro Almerinda, que no passado havia chorado a morte de seu bebê, ganhou uma filha, e Alana, órfã desde criança, encontrou nela a mãe que lhe faltava.

Em Caraguatatuba, Alana me recebeu com um abraço caloroso. Juliana, a neta de Almerinda, também estava presente. Ela e Henrique são filhos de Alana com seu segundo esposo, José Leite de Souza.

Em posse de Juliana está o acervo particular de Almerinda formado por cartas, poemas, documentos, fotografias, recortes de jornal e algumas peças de roupa. Almerinda sempre foi muito zelosa com o seu museu familiar: colecionava recortes de jornais com suas aparições e guardava suas fotos com uma legenda no verso, descrevendo as pessoas e os locais do registro.

Historicamente, essa tarefa de pôr em ordem a memória familiar é feminina. Pela convenção e posição que ocupam na sociedade e na família, às mulheres foi delegada a memória do privado, voltada para a família, para o íntimo.[2] Somos nós, as

Amigos reunidos na casa da rua Getúlio. Almerinda está ao centro, e, à dir., a jovem Alana.

Fotos 3×4 de Almerinda e Alana.

mulheres, que transmitimos as histórias da família, organizamos álbuns de fotografias dando nome aos rostos que são apagados pela força do tempo, somos nós que cultuamos os mortos, cuidando e visitando os sepulcros dos parentes que já se foram.

É com a intenção de construir um legado familiar digno que Alana e Juliana protegem com afinco a memória da matriarca. Ao falar da avó, Juliana ressaltou que o que estava em jogo não era a Almerinda pública. Esta, a imprensa, os arquivos, as participações em obras audiovisuais já se encarregaram de apresentar. O tesouro que ela tem guardado, e com o qual é extremamente cuidadosa, diz respeito ao convívio cotidiano com a Almerinda avó.

Diante do meu gravador e de um punhado de documentos espalhados pela mesa, Alana e Juliana se ajudaram na complexa tarefa de reconstruir o passado.

Em dado momento da entrevista elas reconstruíram a casa de Almerinda na rua Getúlio, 381, no Cachambi, Rio de Janeiro. A casa, construída com muito esforço, foi a residência onde ela morou por mais tempo e se encontrou com a família que escolheu para si. Juliana levantou-se da cadeira e desenhou no ar paredes, portas, corredores, o lugar onde o piano de Almerinda ficava: "Era bem aqui, lembra?". A lembrança era quase sensorial; do cheiro que vinha da cozinha; do som que invadia a casa quando o vento acariciava as árvores do quintal. Do portão para a rua, Almerinda viveu muitas versões de si — jornalista, militante feminista, escritora, poeta, advogada, sindicalista; da porta para dentro, viveu sua intimidade, construiu uma família e criou um mundo próprio regido pelos valores que nortearam sua vida. Juliana e Alana lembram da casa de Almerinda, mas sem ela. Essa é a casa da ausência que só existe na memória dos que ali foram felizes.

20.
Rua Getúlio, 381:
Portas abertas para o mundo

O terreno era elevado e tinha uma bela vista da cidade. Na parte mais alta, Almerinda, com a ajuda de amigos, ergueu seu santuário. A casa ficou pronta nos anos 1950 e se tornou um símbolo do triunfo pessoal de uma mulher que, sozinha, tinha migrado sem muitos recursos para a então capital do país anos antes. "É uma casa sólida e muito boa, que eu despendi na construção duzentos contos de réis, entre material e mão de obra."[1]

Ao longo de duas décadas no Rio de Janeiro, Almerinda morou de aluguel. Passou por quartos arrendados e pensões modestas até conseguir alugar um sobrado na rua Senhor dos Passos, no centro. Ficou ali por dez anos até construir com o subsídio da Fundação da Casa Popular (FCP), primeiro órgão federal voltado à produção habitacional, sua casa no Cachambi, na Zona Norte da cidade.[2] Em entrevista ao *Globo* em 1989, ela relembrou suas impressões do lugar: "O bairro era muito bom, com muitas chácaras e sítios".[3] Ali, decidiu fincar raízes e construir seu lar.

Ter um imóvel próprio em uma das principais capitais do país não era pouca coisa. Entre as décadas de 1940 e 1950, a população das cidades de São Paulo e Rio de Janeiro cresceu em cerca de 1,5 milhão de pessoas.[4] Só o Rio de Janeiro passou de 1,7 milhão para 2,3 milhões de pessoas. E tamanho aumento de demanda criou uma questão imobiliária na cidade.[5]

Conquistar a casa própria significava também garantir um teto para envelhecer com algum conforto e bem-estar. Quando ergueu os muros do imóvel, Almerinda já era uma cinquentenária, sem parentes próximos vivos. Seu irmão José, o tipógrafo que morava no Rio, morrera em 1941.[6] Tia Emília já tinha falecido. Os outros tios tinham sido vitimados pela tuberculose. Sua irmã, Júlia, também — e não se sabe o destino dos outros familiares. "Fazer esta casa, vinte anos depois de ter chegado ao Rio de Janeiro, sem dever nenhum tostão a uma financeira, Caixa Econômica, é muita coisa..."[7]

Cercada por uma natureza exuberante, a casa da rua Getúlio era espaçosa, repleta de grandes janelas de vidro que permitiam que o espaço interior estivesse sempre iluminado. Na planta da casa desenhada por Almerinda havia dois quartos, sendo o seu o mais espaçoso; sala de estar e jantar; um cômodo que tinha função de biblioteca; um banheiro com portas estilo saloon; e a cozinha, que na memória espacial de Alana e Juliana era o menor cômodo da casa e o menos utilizado: "Ela falava que não era cozinheira; ela tinha que cozinhar pra poder viver, não era cozinheira. A cozinha era pequena, mas tinha copa e sala de jantar", recordou Juliana.

Tradicionalmente, a casa foi um ambiente do domínio feminino. Afastadas da vida pública, restava às mulheres existir dentro das quatros paredes domiciliares e cuidar para que o lar fosse irrepreensível aos olhos do cônjuge, dos vizinhos e de toda a sociedade que estava a vigiá-las, já que o ambiente doméstico também era alvo das preocupações sociais, morais e médicas. A casa traça a linha de separação entre o espaço privado e o domínio público, entre a intimidade e o caos da rua. Todavia, para Almerinda, tudo se misturava. Ela subvertia a lógica do espaço interior da casa como restrito à privacidade plena. Na porta não havia chave, e qualquer um que batesse ali era bem-vindo. Noites adentro, os amigos confraternizavam em saraus domiciliares com música e poesia. Se a dona da casa se cansava no meio da festa, a turma podia seguir adiante e o último a sair batia a porta. Era uma casa aberta para o mundo.

A visão de fora da casa de Almerinda na rua Getúlio, no Cachambi.

Para além desse acolhimento, existia ainda solidariedade: sempre havia um prato de comida quente e uma cama disponível para os órfãos, ou para os que passavam por dificuldades financeiras. Almerinda mandou construir um quarto no primeiro andar justamente para abrigar quem estivesse em alguma situação difícil, e não foram poucas as pessoas de Belém que, migrando para o Sudeste, encontraram abrigo debaixo daquele teto.

Almerinda também acudia os doentes. Foi ela quem cuidou de Lídia, a tutora de Alana, na velhice. Sem filhos biológicos e sem as preocupações da vida conjugal, pôde se dedicar ao cuidado dos outros. Bastava chegar ao Cachambi e perguntar pela casa de Almerinda, que todos sabiam onde ficava. Querida no bairro, a alagoana era figura conhecida, uma referência comunitária, conforme me contou Alana:

"Filhos a perder de conta": capa da reportagem especial do jornal *O Dia* na ocasião do Dia das Mães de 1991.

Ela trazia, ajudava, ensinava a ler e escrever, ajudava a pagar os estudos, conseguia emprego; quer dizer, as pessoas cresciam lá e se desenvolviam, se formavam — um se tornou advogado; o outro, engenheiro — e acabavam criando família e iam embora. Todo mundo a chamava de madrinha, vó, porque ela fazia isso por todos.[8]

A casa era uma representação da generosidade de Almerinda. Ela era uma mulher de natureza agregadora que oferecia sorrisos e empatia para quem cruzava o seu caminho. Essa postura, sua maneira de fazer política na intimidade, a conectou a Alana e a tantos outros que se tornaram seus filhos do coração.

Como exemplo disso, no segundo domingo de maio de 1991, o jornal *O Dia* trouxe na capa de um de seus cadernos uma reportagem especial em homenagem ao Dia das Mães, na qual Almerinda é uma das personagens entrevistadas. Ela, que ao longo de décadas já tinha figurado na imprensa como sufragista, sindicalista, candidata, era agora apresentada como mãe de muitos. A reportagem destacava o fato de Almerinda, que conhecera o luto da perda de um filho, nunca ter desistido da maternidade. Havia criado tanta gente que era difícil rememorar o número exato. "É preciso ser solidária e há sempre lugar para mais um."[9]

Sob a proteção de Almerinda, a preocupação com dinheiro era deixada de lado. A matriarca recusava qualquer ajuda financeira, assumindo sozinha o peso das despesas domésticas. Fazia assim para que os hóspedes/afilhados se concentrassem em construir suas vidas. O que não quer dizer que sua situação econômica fosse fácil. Ela se desdobrou em trabalhos — de jornais a aulas de datilografia e traduções — até sua aposentadoria, aos 71 anos. O som obstinado das teclas da máquina de escrever era uma constante na casa da rua Getúlio. Quem passava uma temporada ali logo se acostumava que nas madrugadas, quando tudo se aquietava, Almerinda adiantava a redação de alguns textos e aproveitava para fazer algum trabalho "por fora". Pela manhã ia para a redação do jornal *O Dia*. À tarde rumava à praça Mauá, para a sede d'*A Noite*, onde, segundo as lembranças da família, editava um tabloide independente com o colega jornalista Gilberto Flores.

E além do mais Almerinda era uma mulher econômica. Não tinha muitos gastos e costurava suas próprias roupas. Os que eram acolhidos na casa do Cachambi tinham, de acordo com Alana, uma única obrigação: "Ela exigia que as pessoas que estivessem lá se formassem".

Ao assumir a conduta de abrir sua casa para outros, a viúva Almerinda correu o risco de ser alvo de comentários difamadores. "Desenvergonhada que vive de seus encantos ou solteirona sem eles, a mulher sozinha desperta desconfiança, reprovação e zombaria", escreveu a historiadora Michelle Perrot.[10]

Almerinda já havia contrariado as expectativas sociais ao viver a vida adulta como uma mulher sozinha, independente, em um mundo que afirmava não haver salvação para o sexo feminino longe do casamento. Mas foi ainda mais longe, permitindo em sua casa a convivência de pessoas que não eram de sua família.

Com a residência sempre ocupada, Almerinda não buscava mantê-la apresentável a qualquer custo, algo comum às mulheres de sua geração. Embora fosse intimamente ligada à casa, não era refém dela, e mesmo mais velha continuou a ser uma mulher ativa na esfera pública, observadora do mundo, com vida social agitada. Recusava-se, assim, a se submeter à rotina extenuante de cuidados domésticos para que o lar estivesse sempre impecável, apesar de ter sido educada para ser uma daquelas donas de casa excessivamente atenciosas. O ambiente não era rígido. A residência servia para ser experimentada, usufruída.

Se a casa era um espaço comunitário, o recinto da individualidade de Almerinda era o seu quarto. Quem viveu por anos com a privacidade espremida em quartos de pensão sabia bem o valor de ter um cômodo próprio onde, sem intromissão, podia voltar-se para si, ficar em silêncio, sonhar. O lugar era amplo, decorado com armários e uma cama larga. Nesse universo particular só era permitida a entrada da filha e da neta. Juliana rememora: "Dormir no mesmo quarto com ela, na cama com ela, só eu ou minha mãe".

Como espaço do vivido, a casa também está tomada por memórias. No domicílio do Cachambi, as lembranças mais íntimas encontravam refúgio, e por entre os cômodos da velha casa erigiu-se o museu particular de Almerinda Gama.

21.
O relicário domiciliar: Memórias, poemas, canções e amores

Na casa da rua Getúlio, a sala era o lugar para as confraternizações e também o ambiente escolhido a dedo por Almerinda para apresentar o seu pequeno museu particular.

Exibido com destaque em uma das paredes do cômodo, um mural enorme protegido por moldura apoiava fotografias dos familiares, registros de viagem, recortes de jornais. Momentos e lugares dignos de serem revisitados. Juliana, que cresceu convivendo com essas imagens, e terminou sendo a guardiã dessa iconoteca familiar, resume bem as escolhas de Almerinda para seu acervo, lembrando que nada ali era aleatório: "São as fotos que ela achava que tinham o direito de ficar naquela parede".

No mural, o registro visual de momentos públicos de prestígio vivenciados pela dona da casa. A foto em que deposita seu voto na urna durante a eleição classista de 1933 tinha lugar especial. Com isso ela legava à posteridade uma narrativa de que foi bem-sucedida, de que sua vida valeu a pena. As fotografias serviam para o desfrute de quem as colocou ali, mas também para o olhar do outro.

A disposição dos móveis na sala de estar também dava destaque a outro objeto que era uma referência para Almerinda: o piano. A música foi sua primeira forma de expressão artística, cultivada desde a infância em aulas particulares. Ela não chegou a ingressar em um conservatório, mas a paixão pela música nunca a abandonou. Depois de décadas dedicadas ao ritmo mecânico da datilografia, a velhice trouxe a oportunidade do reencontro com outras teclas: "Eu não sei se porque na música encontrei um bom lastro, ou porque eu me dediquei na infância, eu, agora na velhice, voltei para a música e me dediquei a compor. Hoje eu tenho compostas mentalmente perto de noventa músicas, e um amigo meu tem insistido para eu passar para a pauta".[1]

Nos retratos de família e nas fotos tiradas por amigos, a pose era sempre a mesma: sentada ao piano, com um sorriso sereno e elegante. Era através do instrumento que Almerinda unia suas duas grandes paixões: a música e a poesia. Ela compunha as harmonias e as letras das canções. João Pamplona, amigo que Almerinda abrigou em um quartinho na parte de cima da casa, tocava violão e era seu parceiro em algumas de suas músicas. Tudo indica que era ele quem incentivava Almerinda a registrar as canções. "Eu faço isso [o registro das músicas] não visando lucro ou fama, mas por prazer",[2] contou.

Piano, livros, retratos: a sala de estar da casa de Almerinda Gama.

A vida na ponta dos dedos.

A composição musical acontecia entre tarefas do cotidiano, quando a inspiração inesperadamente chegava. Na recordação de Juliana: "Ela estava conversando com a gente e já estava fazendo música na mesa, depois do almoço, depois da janta. [...] começava a escrever, já começava a fazer as notas e já ia pro piano".

Em minha pesquisa, localizei na Escola de Música da Universidade Federal do Rio de Janeiro (UFRJ) 28 partituras de canções compostas por Almerinda. O acesso a esse material foi dificultado pela política da instituição, que restringe a consulta apenas ao compositor e a seus descendentes diretos. Como Alana e Juliana, apesar de serem filha e neta afetivas de Almerinda, não possuem vínculo formal de parentesco, foram necessárias diversas trocas de e-mails e envios de documentos para que a burocracia fosse superada e finalmente eu pudesse ter acesso às partituras.

O acervo de canções de Almerinda sob a guarda da UFRJ, abrangendo o período de 1960 a 1980, oferece um panorama de suas preferências musicais e rítmicas. As partituras, anotadas pela própria compositora, revelam uma variedade de estilos como coco de roda, baião, samba, marchinhas e boleros. Entre as canções destacam-se homenagens a amigos, como "Imortalidade", dedicada ao jornalista Gilberto Flores em 1965, ano de sua morte, e composições que revisitam memórias da juventude e da infância de Almerinda. Além disso, o cancioneiro evidencia a celebração da cultura popular brasileira, com letras inspiradas em lendas do folclore alagoano e amazônico, festas populares e orixás.[3]

No entanto, as canções de amor predominam, com a ausência do ser amado como temática recorrente. A dor da solidão, a saudade e a tristeza pela perda de um grande amor. Em "Solidão", Almerinda lamenta a partida precoce de seu amado: "Meu amor era menino/ Bem depressa fez-se adulto/ A crueza do destino/ Desde logo tomou vulto/ Estava longe ainda o inverno/ Era pleno 'inda o verão/ Me deixaste no inferno/ Desta triste solidão".[4]

Foi a essas canções que Almerinda mais se dedicou nos seus últimos anos de vida. Queria registrar suas composições, sobretudo quando se deu conta de que algumas partituras estavam desaparecendo. "Muita gente pegou música dela e registrou", revelou Juliana. A avó percebia que as partituras sumiam, mas não acusava ninguém.

Por um bom tempo, as partituras descobertas de Almerinda permaneceram guardadas em minhas gavetas, em silêncio. Consciente do valor histórico das partituras e desejando que as músicas não permanecessem apenas em papéis antigos, entreguei-as ao Instituto Piano Brasileiro (IPB), que se dedica ao resgate e à divulgação de obras de pianistas brasileiros de diversas tradições. O IPB, por sua vez, convidou pianistas interessados em executar a obra de Almerinda. Já é possível ouvir algumas das canções no canal do YouTube do instituto.[5]

Embora, na velhice, a Almerinda musicista se limitasse ao âmbito familiar, há registros de quando, no final dos anos 1930 e em 1940, já afastada da militância política, ela experimentou a vida artística. Em 1944, em um gesto de solidariedade, colegas músicos organizaram um festival beneficente para ajudar o compositor Assis Valente, autor do clássico "Brasil pandeiro", que estava doente e impossibilitado de trabalhar. Um dos destaques da programação foi a canção "Quem chora comigo", música de Hilda Matos e letra de Almerinda.[6] Ela também se aventurou escrevendo textos de humor que fizeram sucesso na Rádio Tupi.[7]

E era comum que ela se apresentasse em público, como na festa promovida por uniões femininas no Sport Clube Minerva em 1947, no bairro do Rio Comprido, na zona central do Rio de Janeiro. O programa do evento beneficente em prol de um ambulatório popular, apresentava um elenco diversificado de artistas, incluindo músicos, bailarinos, humoristas e atores. Entre eles, Almerinda, ao lado de nomes já consagrados, como a então primeira bailarina do Theatro Municipal, Dircinha Garro, e jovens talentos em ascensão, como a futura estrela das telenovelas Nicette Bruno.[8]

No mesmo ano, Almerinda também participou do Curso Popular Chiquinha Gonzaga, idealizado pela escritora e jornalista Hecilda Clark. O curso, que oferecia aulas gratuitas a filhas de mulheres da classe trabalhadora, visava difundir a obra da renomada maestrina brasileira e formar grupos musicais e orquestras femininas. A participação de Almerinda e o fato de o curso ter sido promovido pela União Feminina de Classes, uma associação voltada para as mulheres trabalhadoras, sugere um possível retorno da compositora ao movimento feminista.[9]

***

Amiga das letras, Almerinda dedicou um espaço especial na casa da rua Getúlio aos seus fiéis companheiros: os livros. Um dos cômodos foi transformado em biblioteca e abrigava não apenas sua vasta coleção, mas também a velha máquina de escrever, ainda útil em seu ofício. Almerinda era uma leitora voraz e tinha em sua coleção particular livros infantis, enciclopédias, clássicos como *Dom Quixote*, publicações estrangeiras, romances brasileiros e livros de poesia; e também se dedicava à leitura bíblica e aos jornais. Entre os exemplares dispostos na estante da biblioteca familiar, um se destacava: o do livro de sua autoria, *Zumbi*, lançado em 1942.

Além de publicar regularmente em jornais e revistas, ela almejava reconhecimento literário. Não à toa entrou no debate sobre a participação feminina na ABL escrevendo uma carta pública a Humberto de Campos, contrário à ideia. Em Belém, tentou ingressar na Academia de Letras do Pará, mas foi impedida por ser mulher. Anos depois, questionou a injustiça: "Tudo isso me fazia ser mais feminista. Por quê? O que tem o sexo a ver com a intelectualidade?".[10]

Em artigo publicado em 1930 no periódico *A Esquerda*, ela denunciou a desigualdade no mercado editorial brasileiro: poucas mulheres conseguiam publicar seus livros, e as que o faziam enfrentavam obstáculos na divulgação. Infelizmente, o texto permanece um retrato atual da invisibilidade da literatura feita por mulheres:

Só consegue editar a mulher que pode pagar as suas edições ou as que têm um nome de homem a lapidar o seu, quando a esse homem não falta cultura nem publicidade. Quantas mulheres, porém, talentosas ou simplesmente inteligentes, não rastejam pela sombra dos estados, sorrindo com amargura para um recanto de coluna de jornal que lhe concedem como uma graça?! E nisto se restringe a sua "publicidade". Não há estímulo, não há mão forte nem solidariedade entre as próprias mulheres. Qual a organização social que intensifique a publicidade de livros femininos?[11]

Almerinda sabia do que estava falando. *Zumbi* levou no mínimo seis anos para ser lançado: já em 1936 ela publicava em jornais alguns poemas como prévias "do livro *Zumbi* a aparecer brevemente".[12]

Para ela, contribuir para jornais era um "prêmio de consolação" dado às escritoras, que se viam excluídas dos círculos literários dominados por homens. Ante as portas fechadas dos prestigiados salões literários, onde os homens das letras discutiam com erudição, Almerinda encontrou um lugar para expressar sua arte junto aos "malditos" das classes artísticas cariocas. Ela era figura certa nos saraus promovidos pela bailarina Eros Volúsia, que reunia intelectuais, artistas e autores em seu estúdio na rua de São José, 87, no centro.[13] Filha dos poetas Rodolfo Machado e Gilka Machado, famosa por sua escrita erótica, a bailarina Eros Volúsia ficou conhecida por criar uma nova abordagem artística, incorporando elementos populares e regionais às técnicas de dança clássica. Almerinda tinha grande admiração por Gilka e Eros, mãe e filha artistas, mulheres de alma livre. Para Gilka, a quem chamou de "a maior poetisa do Brasil", chegou a dedicar um poema, publicado na revista *O Malho*: "Admiro em ti a 'Mulher nua'/ De preconceitos nos gestos e atitudes;/ O sangue tropical que tumultua/ Em tuas veias plenas de virtudes/ [...]/ Eu amo em ti, em tua excelsa poesia,/ Eu aprecio em ti, Gilka Machado,/ A forma sublimada, altiloquente,/ Por que exalças ao olhar de toda gente/ Em plena luz do dia/ 'Meu glorioso pecado'".[14] Já à amiga Eros, Almerinda dedicou um texto elogioso no *Diario de Noticias* em 1932: "Ela corporifica o Amor, a Saudade, o Pavor, e o seu bailado *Cascavelando* nos sugere a tentação de Eva, e ficamos na dúvida se Eros é ali a mulher ou a serpente, ou se as duas ao mesmo tempo".[15]

Os encontros no estúdio de Eros geralmente aconteciam aos sábados e contavam com números de dança, canto, música, representação de pequenos textos dramatúrgicos e declamação de poemas que exaltavam a brasilidade. Nessas tardes Almerinda apresentava-se como atriz,[16] mas era conhecida mesmo pelo talento em declamar seus poemas autorais, como relatou um repórter do *Jornal do Brasil*: "Almerinda Gama encerrou o programa com seus últimos versos 'O inverno chegou' e 'O que eu pediria ao amor'. Misto de candura e de exaltação, a poesia de Almerinda Gama é bem a manifestação de sua alma".[17] Na lembrança de Alana, Eros estava sempre presente nos eventos da casa de Almerinda no Cachambi. Fato é que esse grupo de intelectuais, em especial Gilka Machado, viria a ter uma grande influência no modo como Almerinda escreveria *Zumbi*.

No seu livro de estreia a poeta Almerinda embarca numa jornada poética pelo Brasil mítico, navegando entre lendas, rios e igarapés. Os versos conversam com Matinta Perera, figura do folclore brasileiro, e dançam ao som do carimbó. O poema que dá nome ao livro é escrito em versos livres e possui tom épico, celebra o herói de Palmares. Em outros textos, emergem as vozes da infância que ainda a acompanham, lembranças do Carnaval da meninice nas Alagoas com mascarados gingando com o samba. Há também uma série de poemas que parecem inspirados na obra de Gilka Machado e que flertam com o erotismo e com a complexidade dos desejos femininos. Os poemas de Gilka falavam sobre o desejo feminino e a opressão vivenciada pelas mulheres e foram alvo de críticas pelo tom sensual e libertário.[18] Gilka Machado e Almerinda Gama compartilhavam não apenas a paixão pela escrita, mas também o engajamento na causa sufragista. Gilka, inclusive, integrou a frente liderada pela professora Leolinda

Daltro, pioneira na luta pelos direitos das mulheres e fundadora do Partido Republicano Feminista em 1910.

Nos versos que parecem inspirados na obra de Gilka, Almerinda fala sobre anseios femininos, desejos contidos e impronunciáveis em público que parecem encontrar lugar em seu eu lírico. "Estereotipadas tenho/ as carícias todas/ que o cérebro exaltado arquitetou", diz um trecho de "Canção da viuvez".[19] Há sim, como nas letras das canções, a saudade do bem-querer que partiu, mas há também a confissão de que esse eu abandonado está constantemente revisitando os momentos de intimidade vividos a dois. Almerinda também escreve sobre a redescoberta do desejo com novos amores. A sensibilidade feminina tem uma pulsão carnal, como em seu poema "Apoteose":[20]

Eu quisera que meu corpo
Alcançando as perfeições divinas da Beleza,
Fosse uma fogueira acesa.
E meus lábios ardentes,
Como ferro em brasas,
Marcariam os lábios que eu beijasse,
Purificariam tudo que alcançasse.
E essa humana fogueira
Desafiando os elementos,
Não seria efêmera,
Não seria traiçoeira,
Porque crepitaria aos quatro ventos,
A vida inteira.
Alma de fogo, insuflaria a vida
Aos corações gelados
Que buscassem meu calor.
Como eu quisera ser fogueira,
Ser incêndio, ser vulcão,
Ser, enfim, a encarnação do próprio Amor!...

Intercalando alguns dos poemas, há desenhos de figuras femininas esguias, em sua maioria desnudas, e em posição de
destaque e poder. Uma delas está de pé em cima do globo ter-
restre, dona do mundo. As ilustrações também são de autoria de Almerinda.

Tudo indica que *Zumbi* tenha sido editado e publicado por
Almerinda por conta própria com a ajuda de seu irmão, o tipógrafo José, a quem o livro é dedicado. A obra teve boa repercussão no meio literário, recebendo elogios da crítica especia-
lizada. A prestigiosa revista *Fon Fon* destacou a sensibilidade e
o bom gosto da autora:

> Almerinda Gama deu-nos *Zumbi*, um livro de deliciosos poe-
> mas, com ilustrações da autora. Confirmam-se, nessas pági-
> nas plenas de emoção, as invulgares qualidades da inspirada
> poetisa, nome familiar a todos quantos cultivam as belas-le-
> tras da nossa terra [...] *Zumbi* deve estar nas estantes dos que
> amam a divina arte de Bilac.[21]

Em 1943, a *Revista Brasileira*, publicada pela ABL, destacava
que, apesar da guerra em curso, o ano anterior tinha sido bastante produtivo no universo literário brasileiro. Entre os livros
de poesia, o literato José Vieira afirmava que tinha tido contato
com apenas quatro merecedores de leitura: dois escritos por
homens, *Poesias* de Carlos Drummond de Andrade e *Balada
de Campos do Jordão* de Ary de Andrade, e dois escritos por
mulheres, *Vaga música* de Cecília Meireles e *Zumbi* de Almerinda Gama.[22] A recepção positiva de *Zumbi* se estendeu aos
jornais. *A Manhã*, em sua edição de 22 de abril de 1942, cele-
brou a mais nova autora brasileira: "Além de se revelar excelente poetisa, Almerinda Gama se mostra, também, uma ilus-
tradora de talento, tendo feito para *Zumbi* bonitas ilustrações.
Uma estreia promissora".[23]

Uma das ilustrações, de autoria de Almerinda, para o seu livro de poemas.

Embora *Zumbi* tenha sido bem recebido, Almerinda não deu continuidade à sua produção literária. Talvez tenha sido engolida pelas demandas cotidianas ou se frustrado ao reconhecer no mundo das artes mais um desdobramento da discriminação de gênero: a produção intelectual feminina também era vista como menor e não havia espaço para as mulheres em ambientes de prestígio.

Depois de um hiato, ela retornou à literatura em 1964 com *O dedo de Luciano*, um livro infantil educativo sobre higiene e saúde pública, temas que a interessavam desde que havia trabalhado como secretária no Instituto de Profilaxia e Doenças Venéreas do Pará. A obra, ilustrada por Flávio Colin, contou com o patrocínio, e a distribuição gratuita em todo o país, da Companhia Antarctica Paulista.[24]

Mesmo que um dos primeiros romances brasileiros tenha sido escrito por uma mulher negra, *Úrsula* (1859), de autoria de Maria Firmina dos Reis,[25] o terreno da literatura foi um espaço que mulheres negras demoraram a adentrar. Para a escritora Conceição Evaristo, a chegada tardia das mulheres negras ao mundo editorial está associada ao estranhamento de enxergá-las como produtoras de conhecimento:

> Essa longa espera tem muito a ver com esse imaginário que se faz da mulher negra, que a mulher negra samba muito bem, dança, canta, cozinha, faz o sexo gostoso, cuida do corpo do outro, da casa da madame, dos filhos da madame. Mas reconhecer que as mulheres negras são intelectuais em vários campos do pensamento, produzem artes em várias modalidades, o imaginário brasileiro pelo racismo não concebe. Para uma mulher negra ser escritora, é preciso fazer muito carnaval primeiro.[26]

Em meio às lembranças da avó, guardadas em pastas por Juliana, encontrei um poema manuscrito, sem data, intitulado "Meta alcançada". Nele Almerinda confidencia sua frustração por não ter obtido o reconhecimento dos colegas imortais:

> Ilustres detentores das cadeiras
> Da nobre e ambicionada Academia
> De antanho eu estranhei vossas maneiras
> Ao me negardes vossa companhia.
>
> Tinha comigo as ilusões primeiras
> Amenizando o afã do dia a dia
> Ambicionava o ar das cordilheiras
> E o ar que respirava me fugia.

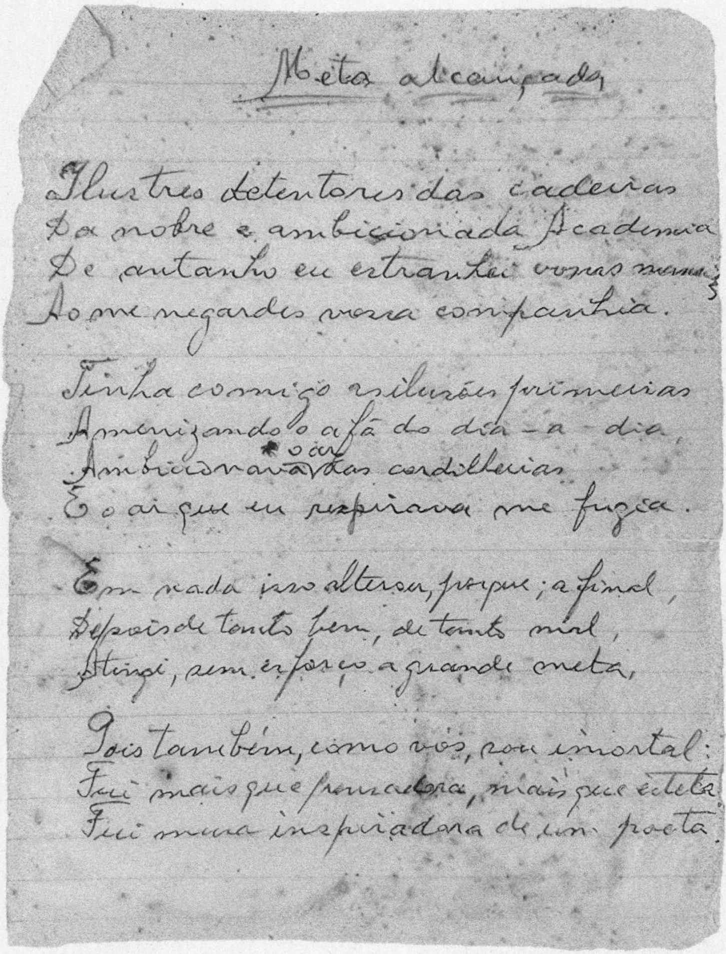

A grafia cuidadosa no manuscrito de "Meta alcançada".

Em nada isso alterou, porque, afinal,
Depois de tanto bem, de tanto mal,
Atingi, sem esforço, a grande meta,

Pois também, como vós, sou imortal:
Fui mais que pensadora, mais que esteta,
Fui musa inspiradora de um poeta.

Ainda que sua produção literária não tenha reconhecimento nos dias de hoje, Almerinda Gama ocupa um lugar singular na história como uma das poucas mulheres negras a publicar um livro em uma época em que o cenário literário era dominado por homens. De toda forma, a sensibilidade que emprestou à sua poesia e à sua música seguiria com ela ao longo da vida.

Outro objeto que tinha lugar especial na casa da rua Getúlio era o porta-retrato que emoldurava a imagem de Benigno Gama, o marido de Almerinda. A fotografia, envelhecida pelo tempo, eternizava a memória de um amor do passado.

Na infância, o quintal da casa de Belém era o território da brincadeira. Se dentro da casa senhorial o apreço à ordem impedia o divertimento dos pequenos, o espaço de fora do terreno, cercado de árvores, permitia que as crianças que ali viviam ficassem soltas, livres para deixar a imaginação comandar as brincadeiras. Nas tardes quentes e úmidas de Belém, a menina Almerinda se divertia com seus irmãos e primos, entre eles o jovem Benigno, filho de um dos irmãos de seu pai. A amizade entre eles se manteve mesmo quando Benigno foi morar no Acre. Separados pela distância, trocavam cartas em que compartilhavam seu cotidiano e falavam de literatura. Depois de cinco anos cultivando o relacionamento através das cartas, o primo Benigno finalmente declarou seu amor por Almerinda em um soneto que ela, emocionada, decorou e recitava com frequência:

Benigno Farias Gama.

Alfa e ômega de tudo quanto existe
No meu cérebro atlético e fecundo
Eva mater povoando o novo mundo
Dentro do mesmo mundo em que surgiste

Recebe agora este poema triste
Em que os risos e as lágrimas confundo
Este amor duradouro e sem segundo
Que só de te querer vive e consiste

Só tu entendes tudo o que eu não digo
Neste silêncio explícito, eloquente
Do grande amor que guardo a sós comigo

E entendes o pesar em que ando imerso
Por não poder dizer a toda gente
Que és tu a inspiradora do meu verso.[27]

Inicialmente resistente às investidas do primo, Almerinda acabou cedendo e se casou com Benigno Farias Gama em 15 de março de 1923, adotando o "Farias" como seu sobrenome. O destino unia uma defensora do feminismo a um homem que, em tempos passados, dedicara críticas severas ao movimento em seus textos. Em um deles, sete anos antes do casamento com Almerinda, Benigno esbravejou contra as feministas: "As mulheres que ontem nos disputavam o direito do voto hoje nos disputam a primazia da calça e nesta marcha crescente amanhã nos cassarão todas as liberdades, todos os direitos [...]. É a inversão total dos papéis!".[28]

Embora a imagem de Benigno ocupasse lugar de destaque na casa de Almerinda, sua verdadeira paixão parece ter sido outra.

Antes de lhe "aparecer um primo", expressão que ela mesma usou para se referir a Benigno, apaixonou-se por um ministro protestante, um homem mais velho, desquitado, que trabalhava como caixeiro-viajante. Em suas viagens, o pastor trazia para Almerinda, bem guardadas dentro de sua Bíblia, flores que não existiam no clima quente de Belém. No entanto, devido às convenções sociais da época, que desaprovavam o relacionamento de uma jovem solteira com um homem desquitado, o romance não se concretizou. Almerinda recordou a paixão platônica: "Ele, para mim, tinha todas as virtudes, de forma que se estabeleceu aquele padrão [...]. Era muito superior ao dos rapazes de minha roda. Eu media todos, e todos saíam perdendo. Portanto, eu não namorei nenhum deles".[29] Muitos anos depois, já viúva, reencontraram-se no Rio de Janeiro, mas tudo havia passado. O amor imaginado permaneceu tão forte em Almerinda que a lembrança dessa relação surge vívida e carregada em seus depoimentos na velhice.

Dez anos depois da morte de Benigno, Almerinda iniciou uma nova união, dessa vez com um engenheiro. A tentativa de recomeçar, porém, foi frustrada por mais um revés em sua vida: "Estivemos juntos, eu tive um filho dele, morreu também pequenino, morreu ele também", lamentou.[30]

Sendo uma mulher interessante e de personalidade cativante, Almerinda atraía alguns admiradores. Com galanteios, os pretendentes se aproximavam, mas ela cortava a conversa. Não se via como uma mulher atraente e, portanto, não reconhecia os galanteios que recebia, como revelou em um dos seus depoimentos dados na velhice: "Eu nunca fui convencida de que fosse bonita, agora que eu envelheci que eu olho para os meus retratos é que eu digo como que... eu era bonita e não sabia. De maneira que as pessoas que se aproximavam de mim, eu tomava sempre como simpatia normal".[31]

Juliana confirmou o comportamento da avó diante dos pretendentes: "Ela era uma pessoa que chamava atenção, com que as pessoas se encantavam, pela qual se apaixonavam. [...] Ela devia perceber — claro, se a gente percebia, ela percebia. Mas ela, sempre na maior classe, apagava".

Embora espantasse os pretendentes, Almerinda acalentava dentro de si o desejo de ter um companheiro. Apesar das perdas e decepções amorosas, ainda ansiava por um relacionamento baseado no amor mútuo e no companheirismo. No entanto, consciente da realidade patriarcal de sua época, ela sabia que um novo casamento a submeteria às expectativas sociais, e não estava disposta a negociar sua independência para agradar homem algum. Quando perguntei a Alana por que os relacionamentos de sua mãe não vingaram, ela respondeu:

Ela não tinha tempo de cuidar nem de um nem de outro. Ou você casa e cuida do marido e tem sua vida normal, mesmo trabalhando... Mas ela, não; ela só queria trabalhar; ela não queria saber de ficar fazendo comida. Ela falou que não era lavadeira nem passadeira — ah! Pra que ela vai ficar no fogão, lavando, passando, cozinhando pra homem, pra depois ele ainda ficar chafurdando com ela na cama? Era assim que ela falava, exatamente assim: "Pra que que eu vou fazer isso?".[32]

Sentada à mesa de sua casa, em conversa com o cineasta Joel Zito Araújo em 1989, Almerinda explicou como sua vida sempre agitada, preenchida por uma agenda de atividades na militância política e pelo trabalho, terminou por distanciá-la dos relacionamentos amorosos:

Agora, pra mim, trabalho é trabalho, namoro é namoro. Se eu gostar de uma pessoa, independe do trabalho. Agora eu vivia tão imbuída naquelas coisas... Já não era nenhuma criança, porque vim para o Rio de Janeiro com trinta anos, vim em [19]29, mas quando fiz esta casa já estava com cinquenta e tantos anos. Agora uma mulher com cinquenta e tantos anos, carregada de serviço, não tem tempo pra ficar pensando em macho. Isso é que é a verdade.[33]

Quem frequentava a casa da rua Getúlio estava cansado de ouvir, segundo Alana, o mesmo discurso de emancipação proferido pela dona da casa: "Eu sou uma mulher independente, não dependo de homem e nem quero depender. Eu quero ser eu, sozinha, fazer o que eu quero".

Almerinda trilhou seu caminho cercada de muitos amigos, mas sem um companheiro. Em um momento de confidência, revelou à filha Alana que se ressentia por não ter conseguido estabelecer uma relação duradoura. "Você conseguiu constituir uma família, eu não. Eu só quis saber de trabalhar, trabalhar, trabalhar; não tive paciência para aguentar homem; e tá aí eu, agora, sozinha. Se não fosse você e seu marido, eu não teria mais ninguém."[34]

No entanto, Alana relata que esses momentos de melancolia eram raros. Almerinda, resiliente, não se deixava abater pelo passado. Para ela, importante mesmo era a nobreza do sentimento que remanescia depois de cada despedida: "O amor é eterno, não importa que o objeto amado mude, mas o foco amante é sempre o mesmo, permanece".[35] Seguia, enfim, a vida como a letra de uma de suas canções: "O meu amor morreu, vive o amor...".[36]

22.
Pequenas glórias e as
contradições da memória

Para a maioria dos idosos a chegada à velhice, a mudança do ritmo da vida, é marcada por um processo de ostracismo e, muitas vezes, de abandono. Quando Simone de Beauvoir estava começando a conhecer a senilidade escreveu: "Muito longe de oferecer ao velho um recurso contra seu destino biológico assegurando-lhe um futuro póstumo, a sociedade de hoje o rechaça, ainda vivo, para um passado ultrapassado".[1] Para Almerinda, no entanto, a chegada à velhice foi um período virtuoso em que ela assumiu certas liberdades e passou a ser considerada uma testemunha da história, alguém que viveu muito tempo e tinha uma experiência valiosa, digna de ser compartilhada.

Aos 71 anos a jornalista seguia na ativa, acordando antes do nascer do sol e cumprindo expediente nas redações. Foi preciso que seu chefe no jornal lhe chamasse a atenção: "Almerinda, você não vai se aposentar?". Pela regra previdenciária da época as mulheres podiam se aposentar por idade quando completavam 65 anos. Almerinda, que labutou por décadas a fio, emendando um serviço em outro, nem viu o tempo passar. Era chegado o tempo de a máquina de escrever sair de cena.

Aposentada, ela vislumbrou a oportunidade de se dedicar a hobbies e atividades que antes eram impossíveis, devido à vida tomada pelo trabalho. Foi nessa época, nas décadas de 1970 e 1980, que se voltou para sua musicalidade e passou a gastar horas compondo e ouvindo seus discos no gramofone — mais uma peça importante daquele mobiliário.

Contudo, Almerinda não passou a velhice enfurnada entre o piano e a cadeira de balanço. Depois de anos recebendo pessoas na sua casa-abrigo, decidiu que era hora de retribuir algumas visitas.

Com a carteira de passageira especial, que permitia viagens gratuitas nos ônibus interestaduais, Almerinda pôs-se a redescobrir o Brasil. Graças aos muitos amigos que conquistara, tinha hospedagem garantida. Antes de partir, enviava uma carta avisando que estava a caminho.

Cultivava laços de amizade não apenas com pessoas de sua geração, mas também com muita gente mais jovem. Afetos construídos ao longo de décadas. Sem medo de ser uma senhora sozinha nas estradas do Brasil, visitou o país de Norte a Sul, intercalando idas a São Paulo para encontrar Alana, que se mudara para a cidade com o segundo marido e as crianças. Em algumas ocasiões, um ou outro amigo a acompanhava. Dos lugares que ia, trazia fotos e impressões que iam sendo registradas em álbuns, guardados pela família até hoje. Era Juliana a encarregada de auxiliar Almerinda na organização desses registros. A avó datilografava suas experiências e a neta recortava as tirinhas de papel e as colava em álbuns. Através desses álbuns de fotografias e relatos percebe-se que algumas das aventuras tinham um caráter jornalístico e mesmo etnográfico. Em um deles, ela narrou a conversa que teve com um indígena da etnia Karitiana durante uma visita a uma aldeia em Rondônia, em dezembro de 1980:

Perguntamos a Walter Karitiana como é seu nome em sua própria língua.

— Ni Pynã, respondeu-nos escrevendo e pronunciando com acentuação tônica no 'y'.

— Que mais deseja na vida? Muito dinheiro, terras...?

— Estudar! Quero estudar para ensinar os outros e também para ensinar a nossa língua aos brasileiros.

Outro relato de Almerinda em uma aldeia da etnia Karitiana, coletando informações e inclusive transcrevendo a notação musical de uma cantiga, em uma espécie de registro etnográfico.

Embora não tenham sido publicadas formalmente, Almerinda registrava suas vivências com o olhar atento de uma repórter, documentando suas andanças e descobertas.

As histórias do tempo de vida pública, da luta pelo voto feminino, eram transmitidas no âmbito familiar. As crianças não davam muita importância, mas sabiam que no passado a avó tinha sido alguém importante. Os recortes de jornal em que o nome de Almerinda é mencionado, guardados por ela em pastas em uma espécie de clipping pessoal, eram provas disso.

Com a redemocratização do país no início da década de 1980, depois de anos de ditadura cívico-militar, Almerinda passou a entrar no radar de historiadores, jornalistas e cineastas.

Diante dos sinais evidentes de saturação da ditadura, o movimento popular, encabeçado por políticos de oposição, sindicatos, imprensa, artistas, entre outros atores políticos, cresceu e ocupou as ruas. Foi nesse clima que, em 8 junho de 1984, os historiadores Angela de Castro Gomes e Eduardo Navarro Stotz entrevistaram Almerinda para sua pesquisa sobre a construção da identidade da classe trabalhadora no Brasil. Dois meses antes desse encontro, a campanha das Diretas Já atingia seu auge: um mar de gente lotava o Vale do Anhangabaú, em São Paulo, exigindo democracia.

Poucos anos depois, Almerinda recebeu destaque na imprensa por conta da primeira eleição presidencial pós-ditadura, em 1989. Periódicos como *O Globo* e *Jornal do Brasil* acompanharam cada passo dado pela velha militante ao longo do processo eleitoral. Entre as mulheres pioneiras na política, Almerinda tinha a seu favor a longevidade: Carlota Pereira de Queirós, a primeira brasileira a ser eleita deputada federal, morrera em 1982; e Bertha, em 1976. Pouca gente sobrevivera para dar seu testemunho. Aos noventa anos, completados em maio de 1989, Almerinda, que antes

Posando para *O Globo* em 1989.

fora escanteada do hall da fama das sufragistas brasileiras, pôde sair das sombras e ocupar, por breve tempo, lugar de protagonista.

Há registros de entrevistas concedidas por ela antes, durante e depois do pleito de 1989. No dia 11 de outubro de 1988, no *Jornal Hoje*, tradicional telejornal da Rede Globo de Televisão, a apresentadora e jornalista Leda Nagle anunciou a exibição de uma reportagem feita na casa do Cachambi: "Participar da vida política do país é um direito feminino desde 1933, foi quando as mulheres votaram pela primeira vez. Almerinda Gama, a primeira mulher a votar no país, quer continuar participando, e ela vai votar nas eleições de novembro".[2]

Em 1989 foi a vez do cineasta Joel Zito Araújo descobrir Almerinda. Durante as filmagens de seu documentário *Memórias de classe* (1989), que resgata as memórias de militantes que atuaram no movimento sindical nos anos 1930, Joel Zito foi ao encontro de Almerinda. "Ao final de um dia inteiro de filmagens — previstas para durarem apenas algumas poucas horas — saiu impressionado com a trajetória de vida e militância desta ex-líder das datilógrafas, que fala francês e compõe ao piano", escreveu o repórter José Manoel Júnior no pernambucano *Jornal do Commercio*.[3] Poucos minutos das mais de cinco horas gravadas com Almerinda foram usados no documentário, o que levou o diretor, juntamente à SOS Corpo, organização feminista com sede na cidade do Recife, a lançar o média-metragem documental *Almerinda, uma mulher de Trinta* (1991). À luz da linguagem cinematográfica, Almerinda pôde reinventar sua imagem para o futuro.

Nonagenária, saudável, e demonstrando plena independência intelectual, Almerinda se pôs diante das câmeras e de pessoas dispostas a ouvi-la. Apoiando-se no acervo particular em que catalogou sua vida política, organizado em pastas sobre a mesa, ela voltou aos fatos com exatidão e provas. "Eu em Belém, tenho até ainda recortes aqui, comecei a batalhar contra a discriminação da mulher", diz ao cineasta.[4]

Apenas cinco anos separam as duas entrevistas de Almerinda, concedidas a Angela de Castro Gomes em 1984, e a Joel Zito Araújo em 1989, e a diferença de tom entre elas é evidente. No depoimento dado a Joel Zito o ar é glorioso, de quem se apresenta não só como testemunha da história, mas como figura que ajudou a escrevê-la. Para ele, Almerinda deu o seguinte relato:

Eu fui a primeira mulher a ser eleitora. Eu digo isso porque, até então, a mulher não tinha direito do voto. O Getúlio deu direito de voto à mulher, a todos os cidadãos. A primeira eleição que houve foi a eleição classista, delegado classista. A seguir, no mesmo dia, na mesma temporada houve a eleição política. Eu votei como delegada-eleitora para deputado classista. Agora, no mesmo ano, vieram as eleições políticas, [em] que eu e outras mulheres votamos.[5]

A cronologia dos fatos aponta o contrário. A eleição política, a primeira em que as mulheres foram às urnas, aconteceu em maio de 1933, e o pleito classista, em julho do mesmo ano. E anos antes de a conquista do direito ao voto feminino ser formalizada por Getúlio Vargas, em 1927, a professora Celina Guimarães Viana, moradora do município de Mossoró (RN), obteve perante a Justiça local o direito de voto. Como o governador do Rio Grande do Norte à época era Juvenal Lamartine, um aliado do movimento sufragista, a Justiça permitiu que mulheres se alistassem para votar no pleito estadual, o que de fato aconteceu em novembro de 1927.[6]

De qualquer forma, Almerinda recorda essa história do alto dos seus noventa anos, e a confusão de datas de memórias de mais de cinquenta anos antes é compreensível. A versão foi confirmada (e jamais negada) por ela aos jornais que a acompanharam no processo eleitoral de 1989. Aquela versão com a ordem dos acontecimentos errada parece apontar menos para o passado que ela tenta reconstruir e mais para o presente — há de se considerar o momento de abertura política que o país vive na época em que ela fala e o fato de Almerinda poder ocupar um lugar de protagonista nele — e o futuro, para a imagem de si que deseja semear para a posteridade.

Cinco anos antes, quando se sentou diante do gravador de Angela de Castro Gomes e Eduardo Navarro Stotz, o Brasil ainda vivia sob o governo do general João Figueiredo e com frequência muitos dos velhos militantes entrevistados por Angela apresentavam atitudes de desconfiança e medo, como se temessem represálias pelo passado combativo.[7] Nessa fala Almerinda apresentou um relato mais tímido de suas contribuições, e demonstrou lealdade total a Bertha, a quem apontou como líder absoluta do movimento de mulheres — bem diferente de 1989, quando diante das câmeras de Joel Almerinda se mostrou a heroína principal de seu próprio relato.

Trajada com um vestido carmim e um sorriso largo, feliz pela atenção que recebia, parece não demonstrar nenhum rancor pelos anos no anonimato. Segurando nas mãos um livro de Bertha, Almerinda recordou a companheira de luta:

> Naquele tempo, enquanto ela foi viva, fazia questão da minha companhia, da minha presença e solicitava... Ela escreveu, por exemplo: *Os 13 princípios básicos: Sugestões ao anteprojeto da Constituição*, da Constituição anterior. E como eu já estava indo poucas vezes lá, ela me manda esse exemplar com essa dedicatória: "A Almerinda Gama para que volte... Lembrete da velha amiga, Bertha Lutz".[8]

A idosa de olhos experimentados que viu a vida e o Brasil mudarem ao longo de nove décadas, ciente de suas vivências político-sociais e de sua contribuição para a cidadania feminina brasileira, aceita de bom grado as pequenas glórias de ser reconhecida como uma das pioneiras do voto. O filme se encerra com imagens de Almerinda cantarolando uma de suas canções. A equipe de filmagem sorri. A protagonista está satisfeita. Cada entrevista que concede é uma vitória contra o esquecimento.

23.
A casa, uma herança

As malas estavam prontas para mais uma viagem. Dessa vez não seria para reencontrar amigos ou explorar os rincões do Brasil. O destino: Brasília, a capital federal. Almerinda insistia em ir pessoalmente à sede do recém-criado Instituto Nacional do Seguro Social (INSS) para reivindicar a revisão de sua aposentadoria. Era início dos anos 1990 e a datilógrafa, garantindo que cada centavo do salário fosse bem aproveitado, já não conseguia fazer o mesmo com o valor escasso do benefício. À época, o país enfrentava uma grave crise econômica e a taxa de inflação disparara. Eram tempos difíceis, especialmente para os mais pobres.

Já havia alguns anos, desde que aposentara sua máquina de escrever, que Almerinda passava por dificuldades. Sentia no corpo certa fraqueza, e dores de cabeça constantes. Um amigo médico tentou entender o que estava acontecendo. "Olha, doutor, a minha doença é fome, viu? Eu estou com avitaminose. [...] Eu estou depauperada e é falta de vitamina mesmo", previu o diagnóstico — que foi corroborado pelo médico.[1] "O governo mandou aumentar o leite, mandou aumentar a carne, mandou aumentar o peixe; mandou aumentar o salário?"[2]

Sozinha, Almerinda embarcou para Brasília. Era já uma nonagenária, mas a urgência da situação não a impediu de seguir viagem desacompanhada. Alana estava às voltas com o marido internado e não pôde ir com a mãe. Ao chegar ao hotel em que se hospedaria, Almerinda sentiu-se mal. Uma ambulância foi chamada e a recomendação foi de internação. Longe da família e sem conhecidos na cidade, ela decidiu voltar ao Rio o mais rápido possível. No pronto-socorro, já em terras cariocas, os médicos fecharam o diagnóstico: acidente vascular cerebral, AVC. Almerinda passou a tomar remédios pesados que eram administrados por uma funcionária que trabalhava na sua casa e por vizinhos interessados em retribuir os muitos favores prestados por Almerinda.

Em São Paulo, Alana seguia dando atenção ao marido doente. Demorou a saber sobre o acontecido. Ao telefonar para a casa da madrinha, ouviu de vizinhos que não havia com o que se preocupar, tinha sido algo leve. Insistiu em falar com a mãe, mas recebeu como resposta que Almerinda estava dormindo. Esse desencontro se repetiu algumas vezes. João Pamplona, o amigo que morou por anos no quarto de cima, não estava mais ali. Alana passou a procurar alguém de confiança que lhe desse o panorama real da situação no Rio de Janeiro. Agradeceu quando amigos de Almerinda que moravam no Méier lhe telefonaram: "Alana, a d. Almerinda está mal, não está levantando. Precisava que você viesse aqui, pessoalmente, ver o que está acontecendo". Ela não teve dúvidas. Deixou os filhos aos cuidados de uma empregada e foi ao encontro da mãe.

Ao colocar os pés na casa do Cachambi, encontrou Almerinda prostrada, com um dos olhos caído, sem força para ficar de pé. Era uma visão aterradora, aquela figura era completamente diferente da mulher vivaz que conhecera ainda menina. Almerinda não a reconheceu. Transtornada, Alana alternou abraços e chacoalhões na mãe, buscando uma reação. Com a língua enrolada, Almerinda balbuciou algumas palavras ininteligíveis. O cheiro de urina dominava o cômodo. Sem controle do próprio corpo, Almerinda fazia suas necessidades ali mesmo, na cama. A filha interrogou todos que frequentavam a casa, mas só ouviu respostas evasivas. Priorizando a saúde da mãe, mandou chamar o médico amigo da família, dr. Pierre. Ele constatou que Almerinda vinha recebendo uma superdosagem de medicamentos, muito acima da prescrição feita pelos profissionais de saúde depois do AVC. Chegaram à conclusão de que isso era proposital, alguém queria mantê-la dopada. Mas não foi possível identificar o responsável, já que tanta gente passava pela casa.

Determinada a fazer a mãe melhorar, Alana assumiu o cuidado de Almerinda. Zelou para que ela começasse sessões de fisioterapia, e as sequelas do AVC foram sumindo. Ficou por ali alguns dias. Porém, à medida que Almerinda se recompunha, o marido de Alana, José, piorava, e ela teve que retornar à capital paulista. Não sabia que aqueles seriam os últimos dias ao lado do homem com quem reconstruiu a vida: Alana venceu a batalha pela recuperação de Almerinda, mas sofreu a perda irreparável de seu companheiro e pai de seus filhos.

Embora tenha se recuperado integralmente, em razão da idade, tornara-se tarefa difícil para Almerinda ir a São Paulo visitar Alana e os netos. Era a filha e as crianças que iam sempre ao Rio de Janeiro, e durante as férias escolares se demoravam por mais tempo.

Em um dos intervalos, quando Alana estava longe, Almerinda sofreu um segundo AVC e, com ele, um duro golpe: fragilizada pela doença, segundo o relato dos familiares, Almerinda assinou papéis em branco a pedido de uma vizinha, Marli. Tratava-se de uma pessoa considerada de confiança, que Almerinda dizia ser "solícita": sempre se disponibilizava para levá-la ao banco para resolver pendências financeiras e se oferecia para fazer suas compras.

De acordo com a família, as folhas assinadas foram utilizadas para transferir o imóvel do Cachambi para terceiros. Quando tomou conhecimento da situação, Alana foi às pressas ao Rio. Uma intimação judicial havia sido expedida obrigando

Almerinda a deixar a casa que tinha construído. Ao chegar à rua Getúlio, Alana teve um sobressalto: no terreno amplo do imóvel de Almerinda, construções cercavam a casa. Era a fundação de prédios baixos, com apartamentos do tipo quitinete. Com a saúde debilitada em função da idade, e já sofrendo de lapsos de memória, Almerinda não se deu conta das obras. Ao entrar no terreno da velha casa do Cachambi, Alana encontrou mais uma vez a mãe fragilizada, quase muda, vivendo exclusivamente no quarto. Viu-se fazendo as mesmas perguntas de antes para os vizinhos. Teresinha, a funcionária que cuidava de Almerinda e ajudava nas coisas de casa, não soube explicar o que tinha acontecido. Só disse que algumas pessoas foram até lá, se apresentaram como oficiais de Justiça e informaram que Almerinda precisava deixar a casa porque o imóvel já tinha novo dono.

Enquanto buscava uma solução para o problema, Alana notou Almerinda espiando pela janela da sala, cômodo que ela tinha deixado de frequentar, procurando com o olhar as plantas que rodeavam a casa. Confinada à cama na maior parte do tempo, não havia percebido as transformações que ocorriam em seu quintal. "Com ordem de quem estão construindo?", questionou à filha. Alana lhe contou que Marli dizia que Almerinda havia lhe vendido a casa e autorizado as obras. Confusa, Almerinda disse não se recordar disso. Sua saúde já debilitada piorou ainda mais ao tomar ciência da situação.

Iniciou-se um embate entre Alana e a mulher que antes era considerada amiga da família. O plano, segundo me relataram Alana e Juliana, era enviar Almerinda para uma clínica de repouso e se apossar da casa. A vizinha já teria antecipado dois meses de pagamento da clínica geriátrica — o tempo necessário para uma reforma. Depois disso, contava que Almerinda, em razão da idade avançada, não voltasse para reivindicar qualquer coisa ou questionar a autenticidade dos documentos de venda. Em uma discussão inflamada entre elas, a vizinha reivindicou o imóvel. Alana deu um basta na discussão: "A nossa diferença está aí: a senhora quer a casa e eu quero ela". E foi o que aconteceu. Sem suporte jurídico, Alana empreendeu uma luta única: levar a mãe para viver junto dela. Perderam o imóvel, e no dia 1º de maio de 1998 uma frágil Almerinda chegou a São Paulo. Mesmo com a mãe agora segura sob seus cuidados, Alana remoía a dor de não conseguir cumprir o desejo dela. "Eu tenho isso guardado na memória, que ela falou: 'Eu quero morrer aqui; eu quero morrer nessa casa; foi a casa que eu construí'." O médico que atendia Almerinda já alertara a família que seria muito arriscado ela deixar aquele espaço que carregava tanta memória, e que uma eventual mudança poderia causar danos irreversíveis. Mas não havia saída. Em 16 de maio de 1998, Almerinda comemorou seu aniversário de 99 anos longe de seu refúgio.

Com a vinda para São Paulo, ficaram para trás muitos objetos biográficos, pastas empoeiradas, miudezas da vida. Em um momento no passado, magoada com o afastamento dos poucos parentes de sangue que lhe restavam, Almerinda fez uma promessa a Alana: "Quer saber de uma coisa, menina? É você que é minha filha mesmo, e é isso aí. Essa casa vai ficar pra você".[3] A jura foi cumprida em partes. A casa de paredes firmes e janelas largas foi tomada, e a construção física ficou apenas na lembrança. Mas a casa que Almerinda deixou não é material. Sua herança foi sua presença, os laços construídos, as memórias, as lições de vida transmitidas de geração em geração.

Nas palavras da neta Juliana, o "outro lado" da protagonista:

Falar dela, pra mim, é diferente do que as pessoas veem. Ela como jornalista. Aquela feminista [...]. Eu via como minha avó com que eu convivi. Que eu dormia com ela, no colo dela, e que ela fazia cafuné em mim, que ela brincava, que ela conversava, me ensinava, me ensinava nos estudos. Eu sempre fui boa em matemática, mas boa parte da minha matemática eu devo a ela, porque ela puxava muito pela matemática e sempre fui bem em matemática. Então, quer dizer, era outro lado. A lição que ela me deixou foi de lutar, de não abaixar a cabeça e de ninguém me menosprezar, me diminuir como ser humano, e que a gente tem que deixar as portas abertas da casa da gente para as pessoas que precisam realmente.

Três meses depois de me contar sobre sua vida de bailarina e o encontro com sua protetora, em outubro de 2019 Alana faleceu. No pouco tempo em que passamos juntas, ela me confessou o desejo de que sua mãe fosse lembrada como uma batalhadora, uma pessoa digna e honesta.

Hoje Almerinda é ancestral. Seus descendentes afetivos são uma filha, quatro netos e, até o momento da redação deste livro, dez bisnetos e quatro tataranetos.

Com o bisneto Guilherme, filho de sua neta Juliana, na casa desta, em São Paulo, em 1998. Um dos últimos registros de Almerinda.

Para Almerinda, a oralidade e a narração jamais perderam o valor. Juliana me contou que Almerinda tinha o hábito de acompanhar telejornais, mas assim que o apresentador se despedia ela desligava o aparelho, ansiosa por um papo, e dizia aos demais: "Ah, vamos conversar, porque a sabedoria, o conhecimento, vem mais do conversado".

A velha Almerinda tinha prazer em compartilhar com outros a sabedoria acumulada. Em um texto publicado na *Província do Pará* em 14 de dezembro de 1975, ela reivindica seu lugar na história. Para explicar que seu relato era fruto unicamente de sua memória, a alagoana escreveu: "Minha contribuição é oral, é tradição. Aqui, agora, escrevo para fazer-me ouvir. Invoco para mim a afirmação do poeta que diz: 'E se alguém duvidava do que ele contava, tornava, prudente: — Meninos, eu vi!'. Sim, sou uma testemunha da história, como, aliás, todo aquele que vive conscientemente a sua época".[4]

Dessa fonte fluíam conselhos distribuídos aos filhos, vizinhos e amigos, pessoas que Almerinda gostava de orientar e a quem chamava de "meus protegidos".[5] Ao instruir os mais jovens, pretendia que a história não se encerrasse nela. No depoimento de 1984, um conselho: "Digo aos rapazes de hoje que lutem como nós lutamos, até mais, se puderem".[6]

Almerinda também expressou outro desejo:

Eu é que tenho que agradecer muito, porque assim eu sei que viverei para a posteridade. Já que não deixo herdeiros, descendentes, que os descendentes de outras famílias aprendam, pela descendência da minha imaginação, da minha memória e da minha compreensão, alguma coisa de útil que lhes possa [dar] vitória e uma vida social e familiar mais sólida, mais próspera.[7]

Almerinda, a griô feminista, sabia aquilo que só os narradores sabem: a narrativa não se esgota, permite um intercâmbio constante de aprendizados e ainda possibilita a conexão entre gerações. Sempre é tempo de revisitar certas histórias, de aprender com os que vieram antes. A vida e a história de Almerinda ainda são uma casa de portas abertas.

Epílogo

No dia 6 de abril de 1999, de posse da declaração de óbito do Serviço Funerário do Município de São Paulo, Alana Mara Batista dirigiu-se até o 8º Cartório de Registro Civil de Santana, na cidade de São Paulo, para realizar esta que seria a última burocracia do percurso de Almerinda: o registro de sua certidão de óbito.

A data da morte de Almerinda permaneceu oculta do conhecimento público até a realização da pesquisa que originou este livro. Nos raros momentos em que sua vida de luta obteve reconhecimento, sua história foi resumida em breves verbetes marcados por uma interrogação no espaço reservado ao ano de falecimento.

Apesar de Almerinda ter uma certidão de óbito, e de ter falecido sob os cuidados de sua família que tanto a amou e que lutou por ela até o fim, o fato de a data de sua morte não ser de conhecimento público até minha descoberta é mais uma evidência do processo de abandono e invisibilidade do qual Almerinda foi alvo.

Muitos idosos, como a alagoana, experimentam a morte social antes da morte física. Almerinda, uma liderança fundamental da militância feminista na Primeira República, desbravou os caminhos da política institucional quando a presença feminina nesse espaço era inexistente, fortaleceu a luta da classe trabalhadora com sua atuação sindical, foi uma pioneira entre mulheres negras no campo da literatura e da política, mas a sociedade brasileira se recusou a reivindicar seu corpo e sua história, como se se tratasse de uma morte à margem da legalidade, invisível. Não deixa de ser simbólico que tudo isso também seja negado em seu último documento. Mesmo tendo sido parte fundamental da emancipação política, econômica, intelectual e social das mulheres, e tendo transformado solidariedade em maternidade, essa sufragista negra foi assim descrita em sua certidão de óbito: "branca, não deixou filhos, não deixou bens, não era eleitora".

Com a minha pesquisa de mestrado, esses dados enfim se publicizaram, e Almerinda pôde ser reconhecida publicamente como uma cidadã de quem se sabe a data de nascimento e de falecimento.

Mas a morte não é o fim. Para além da datação correta, agora temos acesso a parte das convicções, da consciência política, das expressões artísticas e dos afetos de Almerinda.

Convivendo com Bertha Lutz e as demais lideranças da FBPF, Almerinda aprendeu que na política não existem vazios. Há sempre alguém ocupando os espaços de poder e é necessário disputá-los, para então tomar posse e fincar bandeiras. Sua trajetória evidencia a presença de mulheres negras e integrantes da classe trabalhadora assalariada no palco dos acontecimentos históricos que levaram à obtenção dos direitos políticos femininos.

A análise da documentação sobre a trajetória política e pessoal de Almerinda me permitiu compreender que essa mulher, nascida no fim do século XIX, se recusou a ocupar o lugar social de subserviência que a sociedade brasileira lhe destinava, e que ainda destina às mulheres negras. Ela frustrou expectativas de ausências e de silêncios, atreveu-se a falar, apresentou seus pontos de vista para o mundo. Por meio de sua militância, sua literatura e sua música, deslocou a imagem do que era ser uma mulher negra no Brasil do pós-abolição.

Repassando a sua trajetória, percebe-se que Almerinda ousou ascender, buscou melhores empregos, desejou ocupar os salões literários. Lidou com desqualificação e desmerecimento daqueles que não admitiam a altivez de uma mulher negra, assertiva, que ocupasse posições de destaque. Mulheres negras com essa postura não raramente são lidas como "negras metidas", insolentes. São aquelas que "não sabem qual é o seu lugar" na hierarquia social.

A vida de Almerinda também sugere que sua busca por independência nunca foi apenas para proveito próprio, não serviu a um propósito individualista. Ela interveio no mundo para adquirir autonomia não somente para si, mas para seus pares. Foi assim na incursão na cena política, na luta sindical e na forma como fez do espaço privado da casa um lugar de acolhimento. Um forte sentido de comunidade permeava tudo o que ela se propunha a fazer.

Para Almerinda a política era uma prática que se desdobrava em amparo aos mais vulneráveis. Como recebeu apoio alheio em sua trajetória, acreditava ser necessário retribuir isso e oferecer esteio. Fazia política com empatia.

Essa característica, que se revelava uma prática, tem relação com o fato de Almerinda ter vivido em uma sociedade marcada fortemente pelo racismo, pelo sexismo e pela desigualdade social e econômica, em que sujeitos negros precisavam criar redes de apoio para escapar dessa confluência de opressões, como ainda hoje acontece. Estratégias de enfrentamento para lidar com as injustiças do mundo. O apoio a quem foi marginalizado, coisificado, injustiçado, preterido. Àqueles que, como ela, sentiam a dor histórica de viver em um Brasil de desigualdades. "Eu acho que foi muito bem empregado o tempo que eu dediquei, foram muito frutificantes todas as lutas que nós tivemos", avaliou certa vez a velha sufragista negra.[1]

Resgatar a trajetória de Almerinda é importante não só para reparar historicamente sujeitos subalternizados e fundamentais na construção do Brasil, como ela. Mais do que para prestar homenagens, tecer honras e erguer bustos, conhecer sua história é necessário porque nesse baú aberto de tesouros podemos encontrar ferramentas para continuar lutando por um mundo mais justo.

Nos últimos capítulos deste livro apresentei a Almerinda que fazia política no seu cotidiano particular, abrindo as portas de sua residência para os oprimidos do mundo. Esse lar, edificado com amor e zelo, lhe escapou das mãos quando a senilidade começou a causar danos à sua lucidez. Almerinda terminou a vida sem casa. Ao negarmos seu lugar na história, nos assemelhamos àqueles que usurparam sua morada.

Almerinda foi uma mulher extraordinária e, tendo feito parte de conquistas históricas de movimentos sociais, merecia uma casa. Em que casa ela mora hoje? A casa da história não a abrigou. A casa da literatura lhe fechou as portas. Não há lugar para ela na casa da política. Espero, com este livro, ter garantido um lar para Almerinda, e que no futuro outros visitem esta casa e não encontrem apenas cômodos vazios.

Notas

Introdução: "Quem é a eleitora da fotografia?" [pp. 9-15]

1. Almerinda Farias Gama, *Almerinda Farias Gama* (depoimento, 1984). Rio de Janeiro: CPDOC, 2014, p. 74.
2. À época, a grafia empregada era "Syndicato dos Dactylographos e Tachygraphos e Secretarios do Distrito Federal". Para a melhor compreensão do leitor, a grafia de algumas palavras foi atualizada em conformidade com a ortografia vigente, sem prejuízo do seu significado original.
3. *Almerinda, a luta continua.* Direção de Cibele Tenório. Rio de Janeiro: CPDOC-FGV, 2015. (9 min.) Disponível em: <www.youtube.com/watch?v=Uooc8sux7yI&t=7s>. Acesso em: 14 out. 2020.
4. Patrícia Cibele da Silva Tenório, *A vida na ponta dos dedos: A trajetória de vida de Almerinda Farias Gama (1899-1999): Feminismo, sindicalismo e identidade política.* Brasília: UnB, 2020. Dissertação (Mestrado em História).

Parte 1: O voto

1. A República dos homens [pp. 19-25]

1. Fabíola Cristina Alves, "Olhando o passado no Palácio Tiradentes: Um retrato coletivo da autoridade republicana disfarçado de esperança", *Anais do Museu Paulista*, São Paulo: USP, v. 27, 2019.
2. Como mostra a pesquisa de Fabíola Cristina Alves, "Do metafísico ao documental: Projeto, realização e recepção da obra de Eliseu Visconti para o Palácio Tiradentes". *19&20*, Rio de Janeiro, v. XIII, n. 2, jul.-dez. 2018. Esse estudo veementemente recusado pela comissão responsável pela reforma do Palácio Tiradentes encontra-se hoje no Museu do Ingá — Museu de História e Artes do Estado do Rio de Janeiro, em Niterói.
3. Teresa Cristina de Novaes Marques, *Bertha Lutz*. Brasília: Edições Câmara, 2020, p. 69.
4. "A representação de classes na Assembleia Nacional Constituinte", *A Batalha*, Rio de Janeiro, p. 1, 21 jul. 1933.

5. O artigo 142 do Código Eleitoral de 1932 estabelecia que, ao convocar os eleitores para a eleição de representantes à Constituinte, o governo determinaria "o número de representantes nacionais que a cada Estado caiba eleger, bem como o modo e as condições de representação das associações profissionais".

6. Alguns trabalhos que abordam as fraudes eleitorais na Primeira República: Victor Nunes Leal, *Coronelismo, enxada e voto: O município e o regime representativo no Brasil*. São Paulo: Companhia das Letras, 2012; e Paolo Ricci (Org.), *As eleições na Primeira República, 1889-1930*. Brasília: Tribunal Superior Eleitoral, 2021.

7. A historiadora Angela de Castro Gomes aponta que a criação desse modelo era mais do que uma sugestão, já que se articulava com duas importantes medidas já tomadas: "a própria criação do Ministério do Trabalho, Indústria e Comércio e a elaboração da Lei de Sindicalização de 19 março de 1931". Angela de Castro Gomes (Coord.), *Regionalismo e centralização política: Partidos e Constituinte nos anos 30*. Rio de Janeiro: Nova Fronteira, 1980, p. 431.

8. Ver Brasil, Decreto nº 22 621, de 5 de abril de 1933. Disponível em: <www2.camara.leg.br/legin/fed/decret/1930-1939/decreto-2262- -5-abril-1933-509274-publicacaooriginal-1-pe.html>. Acesso em: 8 fev. 2025. Vale ressaltar que, embora trouxesse em seu texto a inclusão da participação da representação de classes, o Código Eleitoral de 1932 não apresentava nenhum tipo de detalhamento sobre como essas quarenta vagas seriam preenchidas. Foram necessários quatro decretos para que o processo eleitoral fosse esclarecido.

9. Armando Boito Jr., *O sindicalismo de Estado no Brasil: Uma análise crítica da estrutura sindical*. Campinas: Editora da Unicamp, 1991.

2. 1933: Uma eleição peculiar [pp. 26-33]

1. Almerinda Farias Gama, *Almerinda Farias Gama* (depoimento, 1984), op. cit., p. 22.

2. Há ainda a questão da ausência de mulheres negras e indígenas dentro do movimento. bell hooks aponta que, "desde o princípio, mulheres brancas reformistas com privilégio de classe eram bem cientes de que o poder e a liberdade que queriam era a liberdade que elas percebiam que os homens da sua classe aproveitavam" (bell hooks, *O feminismo é para todo mundo: Políticas arrebatadoras*. Rio de Janeiro: Rosa dos Tempos, 2019, p. 67).

3. Almerinda Farias Gama, *Almerinda Farias Gama* (depoimento, 1984), op. cit., p. 62.

4. Teresa Cristina de Novaes Marques, *Bertha Lutz*, op. cit., p. 58.

5. Ata da sessão de assembleia geral extraordinária do Sindicato dos Datilógrafos, Taquígrafos e Secretários para eleição de delegado(a) eleitor(a) à convenção que elegeria os representantes de classes. Rio de Janeiro: Arquivo Nacional: BR_RJANRIOQ0_ADM_EAF_SDS_0001.

6. Almerinda Farias Gama, *Almerinda Farias Gama* (depoimento, 1984), op. cit., p. 50.

7. Em razão disso, neste livro, sempre que me referir ao sindicato idealizado por Almerinda e suas companheiras, usarei o feminino, respeitando o desejo original das feministas.

3. Se fosse eleita... [pp. 34-47]

1. Ver Brasil, Decreto nº 21076, de 24 de fevereiro de 1932. Disponível em: <www2.camara.leg.br/legin/fed/decret/1930-1939/decreto-21076-24-fevereiro-1932-507583-publicacaooriginal-1-pe.html>. Acesso em: 8 fev. 2025.

2. Ver Jairo Nicolau, *História do voto no Brasil*. Rio de Janeiro: Jorge Zahar, 2004.

3. Como aponta Alvaro Barreto, na Europa, a temática podia envolver tanto instituições (e não só os sindicatos, como a Igreja e as universidades, por exemplo), quanto representantes individuais. Alvaro Augusto de Borba Barreto, *Aspectos institucionais e políticos da representação das associações profissionais, no Brasil, nos anos 1930*. Porto Alegre: PUC-RS, 2001. Tese (Doutorado em História).

4. Diário Oficial. Rio de Janeiro: Imprensa Nacional, 29 jul. e 3 ago. 1933, pp. 15106 e 15420.

5. "Sindicatos e Associações", *Diario de Noticias*, Rio de Janeiro, p. 4, 20 jun. 1933.

6. "O pleito de hoje no Palácio Tiradentes", *Diario da Noite*, Rio de Janeiro, p. 1, 20 jul. 1933.

7. "A representação de classes na Assembleia Constituinte", op. cit.

8. "Se fosse eleita... As ideias e impressões da única mulher que votou na primeira eleição dos representantes de classe", *A Noite*, Rio de Janeiro, p. 1, 21 jul. 1933.

9. Como aponta Angela Araújo, *Construindo o consentimento: Corporativismo e trabalhadores no Brasil dos anos 30*. Campinas: Unicamp, 1994, p. 243. Tese (Doutorado em Ciência Política).

10. "A representação das classes", *Correio da Manhã*, Rio de Janeiro, p. 4, 6 jul. 1933.

11. De Plácido e Silva define a cabala eleitoral como o "conjunto de manejos postos em prática pelos *cabos eleitorais* no intuito de conseguir votos favoráveis ao candidato indicado pelo partido político a que são afiliados".

De Plácido e Silva, *Vocabulário jurídico*. 15. ed. rev. e atual. Rio de Janeiro: Forense, 1999, p. 137.

12. "A representação de classes na Assembleia Nacional Constituinte", op. cit., p. 1.

13. Almerinda Farias Gama, *Almerinda Farias Gama* (depoimento, 1984), op. cit., p. 70-1.

14. Angela Araújo afirma que, possivelmente, essa diferença se deva ao fato de alguns sindicatos não terem indicado seus delegados eleitores "e/ou a impugnação de delegados pelo Ministério do Trabalho, por não terem sido atendidas as disposições legais que regulamentavam a sua escolha". Angela Araujo, *Construindo o consentimento*, op. cit., p. 244.

15. "Se fosse eleita... As ideias e as impressões da única mulher que votou na primeira eleição dos representantes de classe", op. cit., p. 1.

16. Ver Brasil, Decreto nº 22940, de 14 de julho de 1933.

17. Esse fato é evidenciado pela reportagem do jornal *A Noite* em que Almerinda foi destaque como única mulher do pleito: "Esteve ela, por vezes, a dedilhar numa máquina portátil, em pleno salão, datilografando cédulas — cédulas suas, somente com o seu nome, deixando em branco os demais dezessete lugares". "Se fosse eleita... As ideias e as impressões da única mulher que votou na primeira eleição dos representantes de classe", op. cit., p. 1. Almerinda também reforça que usou essa estratégia em seu depoimento de 1984. Ver Almerinda Farias Gama, *Almerinda Farias Gama* (depoimento, 1984), op. cit., p. 71.

18. Ibid.

19. "O pleito de hoje no Palácio Tiradentes", *Diario da Noite*, Rio de Janeiro, p. 1, 20 jul. 1933.

20. Almerinda Farias Gama, *Almerinda Farias Gama* (depoimento, 1984), op. cit., p. 71.

21. Alvaro Barreto, *Aspectos institucionais e políticos da representação das associações profissionais, no Brasil, nos anos 1930*. Porto Alegre: PUC-RS, 2001, p. 161. Tese (Doutorado em História).

22. "A representação de classes na Assembleia Nacional Constituinte", op. cit.

23. Almerinda Farias Gama, *Almerinda Farias Gama* (depoimento, 1984), op. cit., p. 71.

24. "Se fosse eleita... As ideias e as impressões da única mulher que votou na primeira eleição dos representantes de classe", op. cit., p. 1.

25. *Almerinda, uma mulher de Trinta*. Direção de Joel Zito Araújo. Recife: SOS Corpo, 1991. (26 min.).

26. "Representação profissional na Constituinte: Foi oferecido hontem um jantar aos deputados e delegados-eleitores", *Diario da Noite*, Rio de Janeiro, 22 jul. 1933.

27. "Se fosse eleita... As ideias e as impressões da única mulher que votou na primeira eleição dos representantes de classe", op. cit., p. 1.

4. 1989: A pioneira volta às urnas [pp. 48-51]

1. "De um lado está esse senhor Collor, um reacionário que defende ardentemente o fascismo. De outro, o Lula, defendendo o interesse da classe trabalhadora", declarou o velho comunista ao jornal ("Prestes fala em divisão política", *Jornal do Brasil*, Rio de Janeiro, Caderno Cidade, p. 5, 18 dez. 1989).
2. "Aos 90 anos a primeira a votar", *Jornal do Brasil*, Rio de Janeiro, Caderno Cidade, p. 5, 18 dez. 1989.

5. De Maceió a Belém: Os primeiros anos, a formação [pp. 52-62]

1. "Administração Municipal", *Cruzeiro do Norte*, Maceió, p. 1, 21 fev. 1893.
2. Félix Lima Jr., *Maceió de outrora*, v. 2. Maceió: Edufal, 2001, p. 127.
3. Ibid., p. 116.
4. *Almerinda, uma mulher de Trinta*, op. cit.
5. Almerinda Gama, *Zumbi*. Rio de Janeiro: Gráfica Canton & Reile, 1942, p. 14.
6. Susan K. Besse, *Modernizando a desigualdade: Reestruturação da ideologia de gênero no Brasil, 1914-1940*. São Paulo: Edusp, 1999, p. 19.
7. Almerinda Farias Gama, *Almerinda Farias Gama* (depoimento, 1984), op. cit., p. 3.
8. Infelizmente não há informações sobre a causa da morte.
9. "Agradecimento e convite: José Antonio Gama", *Gutenberg: Orgão da Associação Typographica Alagoana de Socorros Mutuos*, Maceió, p. 2, 23 maio 1907.
10. Almerinda Farias Gama, *Almerinda Farias Gama* (depoimento, 1984), op. cit., p. 3.
11. Ibid., p. 3.
12. Karol Gillet Soares, *As formas de morar na Belém da Belle Époque (1870-1910)*. Belém: UFPA, 2008. Dissertação (Mestrado em História Social da Amazônia).
13. "No templo da Igreja Batista", *Estado do Pará*, Belém, p. 214, 22 nov. 1914.
14. "Dra. Emília Gama", *Gutenberg: Orgão da Associação Typographica Alagoana de Socorros Mutuos*, Maceió, p. 1, 11 jan. 1906.
15. Ver Nevolana Sampaio Meirelles et al., "Teses doutorais de titulados pela Faculdade de Medicina da Bahia, de 1840 a 1928". *Gazeta Médica da Bahia*, Salvador, v. 74, n. 1, pp. 9-101, jan.-jun. 2004.
16. "Dia Social: Aniversários", *Estado do Pará*, Belém, p. 2, 16 maio 1914.
17. Almerinda Farias Gama, *Almerinda Farias Gama* (depoimento, 1984), op. cit., p. 10.
18. Ibid., p. 12.

19. Ibid., p. 10.
20. Teresa Cristina de Novaes Marques e Hildete Pereira de Melo, "Os direitos civis das mulheres casadas no Brasil entre 1916 e 1962. Ou como são feitas as leis", *Estudos Feministas*, Florianópolis, v. 16, n. 2, pp. 463-88, maio--ago. 2008.
21. Almerinda Farias Gama, *Almerinda Farias Gama* (depoimento, 1984), op. cit., p. 15.

6. Uma "franco-atiradora" no movimento feminista [pp. 63-71]

1. Ver "Várias", *Commercio do Acre*, Xapuri, p. 4, 10 set. 1916.
2. Almerinda Farias Gama, *Almerinda Farias Gama* (depoimento, 1984), op. cit., p. 34.
3. Ibid., p. 29.
4. Almerinda Gama, "Escreva-se a História", *A Província do Pará*, Belém, 14 dez. 1975.
5. Conforme Teresa Cristina de Novaes Marques, "Elas também desejam participar da vida pública: Várias formas de participação política feminina entre 1850 e 1932", *Revista Gênero*, Niterói: EdUFF, v. 4, n. 2, pp. 149-691, 1º, sem. 2004.
6. Almerinda Gama, "Escreva-se a História", op. cit.
7. Almerinda Farias Gama, *Almerinda Farias Gama* (depoimento, 1984), op. cit., p. 36.
8. Ibid., p. 40.
9. "Os direitos da mulher na Constituição", *Jornal do Brasil*, Rio de Janeiro, p. 9, 23 mar. 1934.
10. Almerinda Gama, "Escreva-se a História", op. cit.
11. Teresa Cristina de Novaes Marques, *Bertha Lutz*, op. cit., p. 82.
12. Ibid., p. 32.
13. Almerinda Farias Gama, *Almerinda Farias Gama* (depoimento, 1984), op. cit., p. 50.
14. Ibid., p. 44.
15. Ibid., p. 35.
16. "Convenção Nacional de Eleitoras", *Diario de Noticias*, Rio de Janeiro, p. 3, 5 abr. 1933.
17. "A concessão dos direitos políticos à mulher: *A Batalha* ouve, a respeito, a opinião de elementos de destaque dos círculos feministas", *A Batalha*, Rio de Janeiro, p. 2, 13 mar. 1931.
18. *Almerinda, uma mulher de Trinta*, op. cit.
19. Almerinda Gama, "O Dia das Mães: Homenagem merecida", *Diario de Noticias*, Rio de Janeiro, p. 19, 24 abr. 1932.

7. Mais uma vez candidata [pp. 72-83]

1. Almerinda Farias Gama, *Almerinda Farias Gama* (depoimento, 1984), op. cit., p. 94.
2. *Almerinda, uma mulher de Trinta*, op. cit.
3. Ver Susan K. Besse, *Modernizando a desigualdade*, op. cit., p. 189.
4. "Inaugurou-se ontem a Convenção Feminista", *Diario de Noticias*, Rio de Janeiro, p. 1, 4 abr. 1933.
5. "Ala Moça do Brasil", *A Batalha*, Rio de Janeiro, p. 2, 30 nov. 1933.
6. Para saber mais sobre a Frente Negra Suburbana com atuação no bairro de Madureira, ver Adelle Jeanne Santos Sant'anna, *A delegação suburbana da Frente Negra Brasileira: Apontamentos sobre a sede frentenegriana do bairro de Madureira*. Rio de Janeiro: Escola Superior de Ciências Sociais da Fundação Getulio Vargas, 2019.
7. "Centro Cívico 4 de Novembro", *Revista Suburbana*, Rio de Janeiro, n. 10, p. 9, nov. 1933.
8. O jurista Afonso Arinos destaca que esse grupo de deputados classistas se apresenta mais socialista do que os demais: "[...] surgem, talvez pela primeira vez, na nossa história constitucional, os representantes de um pensamento socialista consciente e reivindicador". Afonso Arinos de Melo Franco, *Curso de direito constitucional brasileiro*. 3. ed. Rio de Janeiro: Forense, 2019, p. 370.
9. "Manifesto Programa do Partido Socialista Proletário do Brasil". Rio de Janeiro, ago. 1934. Arquivo Nacional: BR RJANRIO Q0.ADM, EOR.CDI, POI.99: Dossiê.
10. Ibid.
11. Almerinda Gama, "Divórcio: um bem ou um mal?", *Diario de Noticias*, Rio de Janeiro, p. 2, 30 nov. 1932.
12. Dainis Karepovs, José C. Marques Neto e Valentim Faccioli, "Memória: Plínio Melo", *Teoria e Debate*, n. 7, p. 34, 1 jul. 1989. O Centro de Documentação do Movimento Operário Mário Pedrosa, que visa à preservação de registros documentais da história do movimento operário brasileiro, funciona na reitoria da Universidade Estadual Paulista (Unesp) e em São Paulo.
13. Assembleia Nacional Constituinte, v. XIV. *Annaes...* Rio de Janeiro: Imprensa Nacional, 1936, p. 528.
14. "A assembleia do Partido Socialista Proletário", *Correio da Manhã*, Rio de Janeiro, p. 3, 13 set. 1934.
15. Ver "A contribuição da Master Systema do Brasil para a Festa da Primavera", *Diario da Noite*, Rio de Janeiro, p. 1, 21 jun. 1934.

16. Segundo o primeiro parágrafo do art. 58 do Código Eleitoral, para se registrar uma legenda era necessário reunir um grupo composto de, no mínimo, cem eleitores.
17. Ver "A contribuição da Master Systema do Brasil para a Festa da Primavera", op. cit., p. 1.
18. "Primeira reunião do Congresso Master", *Jornal do Brasil*, Rio de Janeiro, p. 1, 14 set. 1934.
19. "A dra. Bertha Lutz está perigando...", *Jornal do Brasil*, Rio de Janeiro, p. 7, 27 set. 1934.
20. "Em torno de uma exclusão do Partido Socialista", *Jornal do Brasil*, Rio de Janeiro, p. 7, 27 set. 1934.
21. "Partido Socialista Proletário do Brasil", *Jornal do Brasil*, Rio de Janeiro, p. 7, 22 set. 1934.
22. "Em torno de uma exclusão do Partido Socialista", op. cit.
23. "Congresso Master", *Jornal do Brasil*, Rio de Janeiro, p. 10, 5 out. 1934.
24. Almerinda Farias Gama, *Panfleto da campanha eleitoral de Almerinda Farias Gama para o pleito de 14 de outubro de 1934*. Rio de Janeiro: CPDOC-FGV, 1934.
25. "A orientação feminista: Personalidades feministas que serão candidatas no próximo pleito eleitoral", *Jornal do Commercio*, Rio de Janeiro, p. 3, 13 set. 1934.
26. Lily Lages e Maria Luiza Bittencourt foram eleitas nesse pleito e se tornaram as primeiras deputadas de seus estados, respectivamente Alagoas e Bahia.
27. Brasil, Tribunal Superior de Justiça Eleitoral, *Boletim Eleitoral*, ano 4, n. 28, fev. 1935, pp. 566 e 573.
28. Diferentemente do nosso entendimento de dois turnos como duas eleições em datas diferentes, a votação em primeiro e segundo turnos em 1934 foi feita de maneira simultânea, em uma só cédula. Teresa Cristina de Novaes Marques detalha as peculiaridades desse sistema eleitoral em *As eleições para a Assembleia Nacional Constituinte em 1933*. No prelo.
29. Almerinda Farias Gama, *Almerinda Farias Gama* (depoimento, 1984), op. cit., p. 75.
30. Ibid., p. 60.
31. Ibid., pp. 73-4.

Parte 2: A máquina de escrever

8. Do piano à máquina de escrever [pp. 87-99]

1. Almerinda Farias Gama, *Almerinda Farias Gama* (depoimento, 1984), op. cit., p. 30.
2. Ibid., pp. 30-1.
3. Margareth Rago, *Do cabaré ao lar: A utopia da cidade disciplinar e a resistência anarquista: Brasil 1890-1930*. São Paulo: Paz e Terra, 2014.
4. Almerinda Farias Gama, *Almerinda Farias Gama* (depoimento, 1984), op. cit., p. 15.
5. Susan K. Besse, *Modernizando a desigualdade*, op. cit., p. 123.
6. Lauro Sodré, *Mensagem apresentada pelo senhor Governador Lauro Sodré ao Congresso Legislativo do estado do Pará. Em sessão solene de abertura da 2ª reunião da 10ª legislatura a 7 de setembro de 1919*. Belém: Typografia da Imprensa Oficial do Estado, 1918, p. 123.
7. "Cada dia melhor!", *Correio Paulistano*, São Paulo, p. 14, 5 jan. 1930.
8. "Os bons dactylographos", *A Esquerda*, Rio de Janeiro, p. 4, 6 out. 1930.
9. A historiadora argentina Graciela Queirolo tem uma vasta pesquisa sobre a participação feminina nos empregos administrativos na província de Buenos Aires. As experiências das trabalhadoras administrativas argentinas e brasileiras têm inúmeras semelhanças. *Mujeres en las oficinas: Trabajo, género y clase en el sector administrativo* (*Buenos Aires, 1910-1950*). Buenos Aires: Biblos, 2018.
10. Sharon Hartman Strom, *Beyond the Typewriter: Gender, Class, and the Origins of Modern American Office Work, 1900-1930*. Champaign: University of Illinois Press, 1992.
11. "Influências...", *Jornal das Moças*, Rio de Janeiro, 23 jun. 1921.
12. Como apresentado no trabalho de Maria Odila Dias, *Quotidiano e poder em São Paulo no século XIX* (São Paulo: Brasiliense, 1984), que retrata como as mulheres pobres improvisavam a sua subsistência durante o século XIX.
13. Michelle Perrot, *As mulheres ou os silêncios da história*. Trad. de Viviane Ribeiro. Bauru: Edusc, 2005, p. 245.
14. Lauro Sodré, *Mensagem apresentada pelo senhor Governador Lauro Sodré ao Congresso Legislativo do estado do Pará. Em sessão solene de abertura da 2ª reunião da 10ª legislatura a 7 de setembro de 1919*. Belém: Typografia da Imprensa Oficial do Estado, 1918, p. 123.
15. Sharon Hartman Strom, *Beyond the Typewriter*, op. cit.
16. Como mostra Michelle Perrot, *As mulheres ou os silêncios da história*, op. cit, p. 224.

17. Léo Fábio, "Dactylographas", *Fon Fon*, Rio de Janeiro, 12 fev. 1927.
18. Graciela Queirolo, "Dactilógrafas y secretarias perfectas: El proceso de feminización de los empleos administrativos (Buenos Aires, 1910-1950)", *Historia Crítica*, Bogotá: Universidad de los Andes, n. 57, p. 133, 2015.
19. "A arte de ser bela", *Fon Fon*, Rio de Janeiro, p. 20, 7 ago. 1943.
20. Almerinda Farias Gama, *Almerinda Farias Gama* (depoimento, 1984), op. cit., p. 27.
21. Heleieth Saffioti, *A mulher na sociedade de classes: Mito e realidade*. São Paulo: Expressão Popular, 2013.
22. Almerinda Farias Gama, *Almerinda Farias Gama* (depoimento, 1984), op. cit., p. 27.
23. Ibid., p. 42.
24. *Almerinda, uma mulher de Trinta*, op. cit.
25. Almerinda Farias Gama, *Almerinda Farias Gama* (depoimento, 1984), op. cit., p. 29.
26. *Almerinda, uma mulher de Trinta*, op. cit.

9. Rio de Janeiro, a terra das oportunidades [pp. 100-2]

1. Almerinda Farias Gama, *Almerinda Farias Gama* (depoimento, 1984), op. cit., p. 31.
2. "Hotel Glória: Inauguração das instalações elétricas", *Fon Fon*, Rio de Janeiro, p. 34, 26 ago. 1922.
3. Almerinda Farias Gama, *Almerinda Farias Gama* (depoimento, 1984), op. cit., p. 31.
4. Almerinda fala sobre sua chegada e a construção do Cristo: Ibid., p. 32. A inauguração do Cristo Redentor se deu em 12 de outubro de 1931.
5. Ibid., p. 32.

10. Um crime, uma amizade e uma estreia [pp. 103-8]

1. "O deputado Simões Lopes matou a tiros de revólver o deputado Souza Filho", *O Paiz*, Rio de Janeiro, p. 1, 27 dez. 1929.
2. O pesquisador Sergio Schargel, bisneto de Sylvia Serafim, narra a história desse crime e revisita a trajetória da escritora em artigo publicado na revista *piauí*. Ver Sergio Schargel, "Minha bisavó matou um cara", *piauí*, n. 196, jan. 2023. Disponível em: <piaui.folha.uol.com.br/materia/*minha*-bisavo-matou-um-cara>. Acesso em: 9 fev. 2024.
3. "O adeus da cidade a Roberto Rodrigues", *Critica*, Rio de Janeiro, p. 2, 31 dez. 1929.
4. "Justiça! Justiça! Meretriz assassina!", *Critica*, Rio de Janeiro, p. 1, 7 jan. 1930.

5. Sergio Schargel Maia de Menezes, *As multifacetas de Sylvia Serafim: Uma disputa na imprensa em torno de uma intelectual esquecida*. Rio de Janeiro: UERJ, 2024. Tese (Doutorado em Comunicação).

6. Almerinda Farias Gama, *Almerinda Farias Gama* (depoimento, 1984), op. cit., p. 37.

7. Constância Lima Duarte, *Imprensa feminina e feminista no Brasil: Século XIX: Dicionário ilustrado*. Belo Horizonte: Autêntica, 2017, p. 19.

8. Almerinda Gama, "Perspectiva", *O Jornal*, Rio de Janeiro, p. 10, 4 maio 1930.

9. Ruy Castro, *O anjo pornográfico: A vida de Nelson Rodrigues*. São Paulo: Companhia das Letras, 1992, p. 104.

10. Sergio Schargel Maia de Menezes, *As multifacetas de Sylvia Serafim*, op. cit., p. 28.

11. "Conferências literárias: A escritora Sylvia Serafim inicia uma série de interessantes palestras sobre a mulher", *Diario de Noticias*, Rio de Janeiro, p. 2, 28 dez. 1930.

12. "Belo Horizonte vai ouvir Sylvia Serafim", *A Esquerda*, Rio de Janeiro, p. 2, 18 dez. 1930.

13. "A concessão dos direitos políticos à mulher: *A Batalha* ouve, a respeito, a opinião de elementos de destaque dos círculos feministas", *A Batalha*, Rio de Janeiro, p. 2, 13 mar. 1931.

14. *Almerinda, uma mulher de Trinta*, op. cit.

11. "A inteligência não tem sexo" [pp. 109-19]

1. Embora em suas recordações Almerinda faça sempre menção às suas colaborações para *A Provincia do Pará*, sabe-se que ela também escrevia para outros jornais de destaque em Belém, conforme citado em artigo do jornal *Diario da Noite*. "Ad immortalitatem: Uma réplica feminina ao acadêmico Humberto de Campos", *Diario da Noite*, Rio de Janeiro, p. 2, 7 mar. 1930.

2. Em entrevista, Almerinda menciona que venceu um prêmio de contos de Natal promovido pela *Provincia do Pará*. Ver Almerinda Farias Gama, *Almerinda Farias Gama* (depoimento, 1984), op. cit., p. 25.

3. Ibid., p. 26.

4. Ibid.

5. *Almerinda, uma mulher de Trinta*, op. cit.

6. Roger Chartier, "As práticas da escrita", em Philippe Ariès e Georges Duby (Orgs.), *História da vida privada: Da Renascença ao Século das Luzes*. São Paulo: Companhia das Letras, 2016, p. 118.

7. Constância Lima Duarte, *Imprensa feminina e feminista no Brasil*, op. cit.

8. Ainda Constância Lima Duarte, *Imprensa feminina e feminista no Brasil*, op. cit., p. 21.

9. Ibid., p. 18.
10. *Almerinda, uma mulher de Trinta*, op. cit.
11. Almerinda Gama, "Perspectiva", *O Jornal*, Rio de Janeiro, Terceira Seção, p. 7, 20 jul. 1930.
12. Id., "Aspiração", *A Gazeta*, Florianópolis, p. 2, 26 set. 1936.
13. Faz referência à cientista polonesa Marie Curie (1867-1934), responsável pela criação do campo da radioatividade e ganhadora de dois prêmios Nobel. Marie visitou o Brasil em 1926 e chegou a se encontrar com Bertha Lutz. "Sra. Marie Curie", *Jornal do Commercio*, Rio de Janeiro, p. 6, 29 ago. 1926.
14. "Ad immortalitatem: Uma réplica feminina ao acadêmico Humberto de Campos", op. cit.

12. Uma assessora de imprensa para a FBPF [pp. 120-36]

1. "A situação do paiz sob o dominio revolucionário", *O Jornal*, Rio de Janeiro, pp. 1-2, 1 nov. 1930.
2. Almerinda Farias Gama, *Almerinda Farias Gama* (depoimento, 1984), op. cit., p. 36.
3. Os textos eram escritos por outras lideranças da FBPF, como Maria Eugenia Celso. Ver "Federação Brasileira pelo Progresso Feminino: Projeto de Lei Eleitoral", *Diario de Noticias*, Rio de Janeiro, p. 4, 23 set. 1931. Para uma amostra do conteúdo do programa de rádio, ver "Textos para o programa *Cinco Minutos de Feminismo* da emissora Rádio Sociedade do Rio de Janeiro, tratando de direitos femininos". Rio de Janeiro: Arquivo Nacional, BR RJANRIO Q0.ADM, EOR.CDI, TDU.10: Dossiê.
4. Para um exemplo de reportagem de Almerinda sobre os atos da federação, ver Almerinda Gama, "Na Conferência Nacional de Proteção à Infância", *Jornal do Brasil*, Rio de Janeiro, p. 10, 21 set. 1933.
5. "Na Cruzada Nacional de Educação Política", *O Globo*, Rio de Janeiro, 19 out. 1932.
6. Brena Fernández, "Avanços e retrocessos da participação feminina no mercado de trabalho brasileiro nas décadas de 1920/40/50: O que mudou entre o pré e o pós Segunda Guerra Mundial?", *Revista Brasileira de História & Ciências Sociais*, Rio Grande, v. 15, n. 30, pp. 136-57, 2023.
7. Maria Luiza Doria Bittencourt, *Trabalho feminino*. Rio de Janeiro: Borsoi, 1938, p. 90.
8. Almerinda Farias Gama, *Almerinda Farias Gama* (depoimento, 1984), op. cit., p. 34.
9. "Agitam-se as garçonettes: Reunião na FPF para tratar do novo horário", *A Noite*, Rio de Janeiro, p. 1, 19 ago. 1933.

10. Fundo da Federação Brasileira pelo Progresso Feminino". Rio de Janeiro: Arquivo Nacional. BR RJANRIO Q0.ADM, COR.A934.60, V.1, p. 9.

11. Essa foi uma vitória temporária, já que o texto final da Consolidação das Leis do Trabalho (CLT) preservou a proibição do trabalho noturno à mulher, com algumas exceções. Sobre esse tema, ver: Teresa Cristina de Novaes Marques, "A regulação do trabalho feminino em um sistema político masculino, Brasil: 1932-1933", *Estudos Históricos*, Rio de Janeiro, v. 29, n. 59, pp. 667-86, 2016.

12. "A federação brasileira pelo progresso feminino e o alistamento", *A Batalha*, Rio de Janeiro, p. 3, 24 set. 1932.

13. Almerinda Farias Gama, *Almerinda Farias Gama* (depoimento, 1984), op. cit., p. 38.

14. Teresa Cristina de Novaes Marques, *Bertha Lutz*, op. cit., p. 44.

15. "Manifesto-Programa do Partido Socialista Proletário do Brasil". Rio de Janeiro: Arquivo Nacional, ago. 1934. BR RJANRIO Q0.ADM, EOR.CDI, P0I.99: Dossiê.

16. Almerinda Gama, "Divórcio: Um bem ou um mal?", op. cit.

13. "O respeito pela minha pele" [pp. 137-46]

1. Augusto de Castro, "A bengala", *A Maçã*, Rio de Janeiro, 23 jul. 1927.

2. "As mulheres na Academia", *Fon Fon*, Rio de Janeiro, 26 maio 1923.

3. Turgot, "A mulher na China", *Careta*, Rio de Janeiro, p. 6, 27 nov. 1937.

4. Ellen Key, "Perfis internacionais", *Fon Fon*, n. 28, Rio de Janeiro, pp. 28-30, 15 maio 1926.

5. Bastos Portela, "Os homens e as mulheres", *Fon Fon*, Rio de Janeiro, 12 mar. 1932.

6. "A guerra dos sexos na Inglaterra", *Revista da Semana*, Rio de Janeiro, p. 6, 25 out. 1924.

7. *Almerinda, uma mulher de Trinta*, op. cit.

8. Arquivo Nacional: BR RJANRIO Q0.ADM, EVE.CNG, TXT.10, V.2: Dossiê.

9. Almerinda Farias Gama, *Almerinda Farias Gama* (depoimento, 1984), op. cit., p. 43.

10. Nancy Leys Stepan, *A hora da eugenia: Raça, gênero e nação na América Latina*. Rio de Janeiro: Editora Fiocruz, 2014, p. 167.

11. De acordo com Elio Chaves Flores, só a aprovação dos estatutos da FNB contou com a presença de mais de 2 mil negros, o que demonstra que era um movimento de fôlego, com grande participação popular. Ver Elio Chaves Flores, "Jacobinismo negro: Lutas políticas e práticas emancipatórias (1930-1964)", em Jorge Ferreira e Daniel Aarão Reis (Orgs.), *As esquerdas no Brasil*, v. 1: A formação das tradições, 1889-1945. Rio de Janeiro: Civilização Brasileira, 2007, pp. 493-537.

12. Ibid.
13. Adelle Jeanne Santos Sant'anna, *A delegação suburbana da Frente Negra Brasileira*, op. cit.
14. Depois do seu falecimento, em 1984, a rua recebeu o nome de Mano Décio da Viola.
15. Almerinda Gama, *Zumbi*, op. cit., p. 9.
16. Id., "Raça", *A Noticia*, Joinville, p. 7, 1 maio 1938.
17. Ibid., pp. 7-8.
18. *Memórias de classe*. Direção de Joel Zito Araújo, 1989. (39 min.) (Grifo meu.)
19. "Registro civil". *Estado do Pará*, Belém, p. 2, 21 maio 1921.

14. Abismos e tensões no movimento sufragista [pp. 147-56]

1. "O 2º Congresso Feminista será hoje inaugurado", *Correio da Manhã*, Rio de Janeiro, p. 3, 20 jun. 1931.
2. "Segundo Congresso Internacional Feminista", *Diario de Noticias*, Rio de Janeiro, pp. 1 e 4, 26 jun. 1931.
3. Ibid., p. 1.
4. "Segundo Congresso Internacional Feminista: O caso Arroxelas Galvão", *Diario de Noticias*, Rio de Janeiro, p. 3, 27 jun. 1931.
5. "Segundo Congresso Internacional Feminista", op. cit, p. 4.
6. Susan K. Besse, *Modernizando a desigualdade*, op. cit., p. 196.
7. Carta a Bertha Lutz, 22 ago. 1934. Rio de Janeiro: Arquivo Nacional, BR AN, RIO Q0. ADM, COR. A934.10.
8. Ver Vívian da Silva Cunha, *Centro Internacional de Leprologia: Ciência, saúde e cooperação internacional no Brasil do entreguerras (1923-1939)*. Rio de Janeiro: Editora Fiocruz, 2011. Tese (Doutorado em História das Ciências e da Saúde).
9. Almerinda aparece na lista dos funcionários do CIL, ver "Centro Internacional de Leprologia. Relação dos funcionários técnicos e administrativos". Rio de Janeiro: Fundo Carlos Chagas. BR RJCOC CC.06.096. DAD/COC/FIOCRUZ.
10. Na carta, datada de 21 de junho de 1934, Almerinda pede a ajuda de Bertha para atender a um pedido de seus chefes em Manguinhos: a transferência da professora Maria José de Melo, de Cachoeira de Macaé (RJ) para o município de Iguaçu, também no Rio de Janeiro. Ao saberem da proximidade de Almerinda e Bertha, os colegas lhe pedem que interceda a favor da professora que se encontrava com um familiar doente. Era comum que Bertha, devido a sua influência, recebesse diversos pedidos de favores. Segundo Teresa Marques, "nos papéis de Bertha, hoje mantidos no

Arquivo Nacional e no Museu Nacional, há dezenas de cartas, fichas e bilhetes com pedidos de emprego, de promoção, de empréstimos, de soltura da prisão, todo tipo de demanda anotada meticulosamente em fichas". Teresa Cristina de Novaes Marques, *Bertha Lutz*, op. cit., p. 57. Ver "Carta e bilhete de Almerinda Farias Gama com pedido de transferência". Rio de Janeiro: Arquivo Nacional, BR RJANRIO Q0.BLZ, COR.TXT, A934.3: Dossiê.

11. Almerinda Farias Gama, *Almerinda Farias Gama* (depoimento, 1984), op. cit., p. 50.

12. *Almerinda, uma mulher de Trinta*, op. cit.

13. Ver "Classificada no concurso do *Globo* uma advogada e poetisa", *O Globo*, Rio de Janeiro, p. 1, 11 jun. 1934.

14. Apesar disso, é possível afirmar que Almerinda foi uma protagonista na luta por direito e justiça, em especial no que diz respeito às mulheres e à classe trabalhadora.

15. Trecho de depoimento de Almerinda citado por Schuma Schumaher, *Gogó de emas: A participação das mulheres na história do estado de Alagoas*. Rio de Janeiro: Redeh, 2004, p. 99.

16. Almerinda Farias Gama, *Almerinda Farias Gama* (depoimento, 1984), op. cit., p. 68.

15. Organização e luta sindical [pp. 157-63]

1. Eduardo Navarro Stotz, *Do sindicato livre ao atrelado pelo Estado: Os metalúrgicos cariocas entre 1917 e 1945*. São Paulo: Alameda, 2020, p. 70.

2. Ibid., p. 69.

3. Para a elaboração de seu livro *Rio de Janeiro operário*, a historiadora Eulália Lobo ouviu operários de diversas áreas sobre as condições de trabalho nos anos 1930. Os relatos apontam um quadro generalizado de insalubridade, com falta de condições mínimas adequadas para a realização das atividades. Eulália Maria Lahmeyer Lobo, *Rio de Janeiro operário: Natureza do Estado, a conjuntura econômica, condições de vida e consciência de classe, 1930-1970*. Rio de Janeiro: Acess, 1992.

4. Almerinda Farias Gama, *Almerinda Farias Gama* (depoimento, 1984), op. cit., p. 53.

5. Ibid., p. 54.

6. Ver o depoimento de João Lopes em Angela de Castro Gomes, *Velhos militantes: Depoimentos*. Rio de Janeiro: Jorge Zahar, 1988, p. 100.

7. Almerinda Farias Gama, *Almerinda Farias Gama* (depoimento, 1984), op. cit., p. 60.

8. Ibid., p. 66.

9. Ibid., p. 68.

10. Ver "Combate ao analfabetismo", *O Paiz*, Rio de Janeiro, p. 7, 3 jan. 1934.
11. Ibid.
12. "Inaugurações", *Correio da Manhã*, Rio de Janeiro, p. 7, 17 fev. 1934.
13. "Um novo estabelecimento de ensino", *Jornal do Brasil*, Rio de Janeiro, p. 12, 17 fev. 1934.
14. "Gymnasio Almerinda Gama", *A Batalha*, Rio de Janeiro, p. 5, 17 fev. 1934.
15. Almerinda Farias Gama, *Almerinda Farias Gama* (depoimento, 1984), op. cit., p. 58.

16. A questão da honra [pp. 164-8]

1. Almerinda Farias Gama, *Almerinda Farias Gama* (depoimento, 1984), op. cit., p. 39.
2. Martha de Abreu Esteves, *Meninas perdidas: Os populares e o cotidiano do amor no Rio de Janeiro da Belle Époque*. Rio de Janeiro: Paz e Terra, 1989, p. 43.
3. Luiz Edmundo, *O Rio de Janeiro do meu tempo*. Brasília: Conselho Editorial do Senado Federal, 2003, p. 680.
4. Almerinda Farias Gama, *Almerinda Farias Gama* (depoimento, 1984), op. cit., p. 56.
5. João do Rio, "As mariposas do luxo", em *A alma encantadora das ruas*. São Paulo: Companhia das Letras, 1997, pp. 245-55.
6. Segundo a historiadora Martha de Abreu Esteves, nos julgamentos de crimes de honra realizados no Rio de Janeiro nos primeiros anos do século XX, a pauta principal não era o crime em si, mas a conduta geral dos indivíduos, tanto acusados quanto ofendidas. Nesses "crimes de amor", as ofendidas se tornavam o foco da análise, superando os acusados. "Qualquer depoimento que mencionasse 'saídas à rua', involuntariamente ou sob a pressão do interrogatório realizado, era aproveitado [pelos] advogados de defesa para provar [...] a não honestidade da ofendida." Martha de Abreu Esteves, *Meninas perdidas*, op. cit., p. 44.
7. "A manobra", *Careta*, Rio de Janeiro, p. 7, 28 mar. 1931.
8. André Birabeau, "Uma cena de amor", *Fon Fon*, Rio de Janeiro, 5 mar. 1927.
9. Suplemento: Secção de Rotogravura, *A Noite*, Rio de Janeiro, p. 4, 15 out. 1930.
10. Sueli Carneiro, *Escritos de uma vida*. São Paulo: Pólen, 2019.

17. A vida na ponta dos dedos [pp. 169-78]

1. "O carioca e o carnaval", *Eu Sei Tudo: Magazine Mensal Illustrado*, Rio de Janeiro, n. 237, p. 11, fev. 1937.
2. Mario Poppe, "A dactylographa", *Fon Fon*, Rio de Janeiro, p. 6, 6 dez. 1924.

3. Os dados do Censo de 1940 dão uma pista do tamanho desse exército de trabalhadoras. No Distrito Federal, a ocupação da categoria de "profissões liberais, culto, ensino particular [e] administração privada" (grupo em que estavam as datilógrafas) somava 19 873 pessoas, sendo 5686 mulheres. Em comparação com outros setores na capital, essa era a categoria com a maior participação feminina, perdendo apenas para a categoria "serviços, atividades sociais", que tinha 33% de mulheres, e para o grupo majoritário de "atividades domésticas [e] atividades escolares", que registrava 83% de mulheres. O percentual das atividades principais desenvolvidas por mulheres com mais de dez anos de idade, no Distrito Federal, nos diversos ramos categorizados pelo Censo, foi calculado a partir da tabela 29, p. 22, v. XVI do Censo de 1940. Ver Instituto Brasileiro de Geografia e Estatística, *Censo demográfico: População e habitação*. Série Regional, parte XVI. Rio de Janeiro: Serviço Gráfico do Instituto Brasileiro de Geografia e Estatística, 1950, p. 22, tabela 29.

4. Almerinda Farias Gama, *Almerinda Farias Gama* (depoimento, 1984), op. cit., p. 30.

5. "Qual o trabalho commercial em que a atividade da mulher é mais aproveitável?", *Vida Domestica*, Rio de Janeiro, p. 148, jan. 1931.

6. Ibid.

7. Clodoveu Doliveira, *O trabalhador brasileiro: Esboço antropossociológico seguido de inquéritos sobre salários e sobre o trabalho feminino no Brasil*. Rio de Janeiro: Tipografia A Balança, 1933, p. 118.

8. "Qual o trabalho commercial em que a actividade da mulher é mais aproveitável?", op. cit.

9. Clodoveu Doliveira, *O trabalhador brasileiro*, op. cit., p. 16.

10. Almerinda Farias Gama, *Almerinda Farias Gama* (depoimento, 1984), op. cit., p. 49.

11. Ibid., p. 46.

12. Ibid., p. 47.

13. Ibid., p. 51.

14. Bárbara Weinstein, "'Elas nem parecem operárias': Feminilidade e classe na América Latina no século XX". *Anos 90*, Porto Alegre, v. 17, n. 31, pp. 145--71, jul. 2010.

15. Instituto Brasileiro de Geografia e Estatística, *Censo demográfico: População e habitação*. Série Regional, parte XVI. Rio de Janeiro: Serviço Gráfico do Instituto Brasileiro de Geografia e Estatística, 1950, p. 50, tabela 40.

16. Almerinda Farias Gama, *Almerinda Farias Gama* (depoimento, 1984), op. cit., p. 47.

17. *Almerinda, uma mulher de Trinta*, op. cit.
18. Almerinda Farias Gama, *Almerinda Farias Gama* (depoimento, 1984), op. cit., p. 65.
19. *Almerinda, uma mulher de Trinta*, op. cit.
20. Angela de Castro Gomes, *Velhos militantes*, op. cit., p. 37.
21. Almerinda Farias Gama, *Almerinda Farias Gama* (depoimento, 1984), op. cit., p. 70.
22. Ibid., p. 69.
23. "Justiça para o povo é gênero de primeira necessidade", *Diario de Noticias*, Rio de Janeiro, Segunda Seção, p. 2, 22 maio 1949.
24. Carla Guedes Martins, *Revista do Trabalho: Uma contribuição para a história do direito do trabalho no Brasil*. Rio de Janeiro: UFF, 2000. Dissertação (Mestrado em História).
25. De acordo com Carla Martins, a *Revista do Trabalho*, que foi publicada de 1933 até 1965, foi um periódico importante. Por ser destinada a um público específico, contribuiu na formação de uma série de profissionais que viriam a atuar na Justiça do Trabalho. Embora não fosse uma publicação oficial do Ministério do Trabalho, a revista, que era conduzida de maneira independente por Gilberto Flores com auxílio de colaboradores, cumpria o papel de divulgação das propostas e pareceres feitos pelo ministério. Ver Ibid.
26. Almerinda Farias Gama, *Almerinda Farias Gama* (depoimento, 1984), op. cit., p. 49.
27. Ibid., p. 36.
28. Ibid.
29. "Datilografia", *Jornal do Brasil*, Rio de Janeiro, p. 23, 12 jan. 1941.

Parte 3: A casa

18. Em busca da matriarca [pp. 181-6]

1. Alana Mara Batista de Souza e Juliana Leite de Souza Nunes, *Alana Mara Batista* (depoimento, 2019) à autora. Caraguatatuba, 24 e 25 jul. 2019.
2. Mesmo antes de este livro ser escrito, durante a minha pesquisa de mestrado, uma vez em posse da data correta do falecimento de Almerinda, foi possível fazer a correção/inclusão da informação em alguns espaços, a exemplo do livro *O voto feminino no Brasil*, em cuja segunda edição há o preenchimento da lacuna da data da morte de Almerinda. Ver Teresa Cristina de Novaes Marques, *O voto feminino no Brasil*. Brasília: Edições Câmara, 2019.

3. *Memória de mulheres*. Direção de Maria Angélica Lemos e Márcia Meireles. São Paulo: 1992. (37 min.) Disponível em: <www.youtube.com/watch?v=FjypbfewHyc&t=651s>. Acesso em: 10 fev. 2025.
4. *Almerinda, a luta continua*, op. cit.

19. A velha feminista e a bailarina da TV Tupi [pp. 187-92]

1. Ubiratan de Lemos, "O mistério da televisão", *O Cruzeiro*, Rio de Janeiro, p. 16, 19 dez. 1955.
2. A historiadora francesa Michelle Perrot se debruça sobre esse tema em "Práticas da memória feminina", *Revista Brasileira de História*, São Paulo, n. 18, pp. 9-18, 1989.

20. Rua Getúlio, 381: Portas abertas para o mundo [pp. 193-8]

1. Almerinda Farias Gama, *Almerinda Farias Gama* (depoimento, 1984), op. cit., p. 76.
2. Ibid.
3. "Almerinda: Primeiro voto feminino", *O Globo*, Rio de Janeiro, p. 53, 10 dez. 1989.
4. Segundo levantamento feito por Nilce Cristina Aravecchia Botas e Ana Paula Koury, entre 1940 e 1950 cerca de 6 milhões de pessoas foram urbanizadas no Brasil. Nesse mesmo período, as duas maiores capitais do Brasil, São Paulo e Rio de Janeiro, concentravam 25% do crescimento da população total do país no período. Ver Nilce Cristina Aravecchia Botas e Ana Paula Koury, "A cidade industrial brasileira e a política habitacional na Era Vargas (1930-1954)", *Urbana*, Dossiê: Cidade e habitação na América Latina, Campinas: Ciec-Unicamp, v. 6, n. 8, jun. 2014.
5. Conforme aponta Paulo César Garcez Marins, "Habitação e vizinhança: Limites da privacidade no surgimento das metrópoles brasileiras", em Fernando A. Novais e Nicolau Sevcenko, *História da vida privada no Brasil*, v. 3. São Paulo: Companhia das Letras, 2016, pp. 132-214.
6. Em nota, o *Diario da Noite* menciona a morte do "ex-companheiro das oficinas" José da Silva Gama e registra os agradecimentos de Almerinda a todos os que se solidarizaram com sua perda, em especial os colegas de trabalho de José na Imprensa Nacional. Ver "Ainda o falecimento de José da Silva Gama", *Diario da Noite*, Rio de Janeiro, p. 10, 11 set. 1941.
7. *Almerinda, uma mulher de Trinta*, op. cit.
8. Alana Mara Batista de Souza e Juliana Leite de Souza Nunes, *Alana Mara Batista* (depoimento, 2019), op. cit.

9. Theresa Clark, "Mãe só muda o endereço", *O Dia*, Rio de Janeiro, p. 1, 12 maio 1991.
10. Michelle Perrot, "Maneiras de morar", em Michelle Perrot (Org.), *História da vida privada*, v. 4: Da Revolução Francesa à Primeira Guerra. São Paulo: Companhia das Letras, 2020, p. 277.

21. O relicário domiciliar:
Memórias, poemas, canções e amores [pp. 199-217]

1. Almerinda Farias Gama, *Almerinda Farias Gama* (depoimento, 1984), op. cit., p. 11.
2. *Almerinda, uma mulher de Trinta*, op. cit.
3. A letra de "Lamento", por exemplo, faz menção a Iemanjá: "Vivo só sem você/ tenha dó, saiba porque/ Vou chamar meu orixá/ para amarrar no meu gongá/ Iemanjá, deusa do mar/ vai benzer meu patuá/ E você sabe porquê/ Vai passar a me adorar".
4. Almerinda Gama, "Solidão". Rio de Janeiro: Escola Nacional de Música da UFRJ, [19--].
5. Disponível em: <www.youtube.com/c/institutopianobrasileiro>. Acesso em: 7 mar. 2025.
6. "Um belo gesto de solidariedade", *A Noite*, Rio de Janeiro, p. 12, 19 nov. 1944.
7. Foi considerada pela *Gazeta de Noticias* uma "das nossas poetisas humoristas mais interessantes". O texto segue: "Anteontem, na *Hora do Guri*, da Rádio Tupi, o poeta Renato Lacerda disse com aquela sua verve admirável a 'Corrida da bicicleta', página gosadíssima de Almerinda". Ver "Diz que diz...", *Gazeta de Noticias*, Rio de Janeiro, p. 6, 29 ago. 1937.
8. "A festa de arte no Minerva: Grande êxito da iniciativa", *Tribuna Popular*, Rio de Janeiro, p. 6, 10 jun. 1947.
9. A União Feminina de Classes foi criada em 1947. A entidade informava no *Diario de Noticias* que "viverá da mulher e para a mulher, independente de condição social, cor, nacionalidade, credo religioso ou expressão democrática". Ver "Curso Popular Chiquinha Gonzaga: Conjunto Artístico Feminino — Sem preocupações político-partidárias — Culto à memória da grande maestrina brasileira", *Diario Carioca*, Rio de Janeiro, p. 1, 12 nov. 1947; e "União Feminina de Classes", *Diario de Noticias*, Rio de Janeiro, Segunda Seção, p. 6, 14 set. 1947.
10. Almerinda Farias Gama, *Almerinda Farias Gama* (depoimento, 1984), op. cit., p. 28.
11. Almerinda Gama, "Cultura feminina", *A Esquerda*, Rio de Janeiro, p. 2, 13 dez. 1930.

12. Um exemplo é o poema "Passeio de automóvel", *A Gazeta*, Florianópolis, p. 2, 25 set. 1936.
13. Ver "Hora de arte", *Jornal do Brasil*, Rio de Janeiro, p. 24, 9 jul. 1933.
14. Almerinda Gama, "Homenagem", *O Malho*, Rio de Janeiro, p. 10, 15 abr. 1933.
15. Almerinda Gama, "Eros Volúsia", *Diario de Noticias*, Rio de Janeiro, p. 14, 11 dez. 1932.
16. Ver "Na sociedade", *Diario da Noite*, Rio de Janeiro, p. 4, 21 abr. 1933.
17. Ver "Hora de arte", op. cit.
18. Ver Gilka Machado, *Poesia completa*. Org. de Jamyle Rkain. São Paulo: Selo Demônio Negro, 2017.
19. Almerinda Gama, "Canção da viuvez", em Almerinda Gama, *Zumbi*, op. cit., p. 31.
20. Ibid., p. 36
21. "Autores e livros", *Fon Fon*, Rio de Janeiro, p. 54, 15 ago. 1942.
22. José Vieira, "Vida literária", *Revista Brasileira*, Rio de Janeiro, ano III, n. 5, p. 87, mar. 1943.
23. Almerinda Gama, "Livros do dia: *Zumbi*", *A Manhã*, Rio de Janeiro, p. 7, 22 abr. 1942.
24. Lago Burnett, "Literatura", *Jornal do Brasil*, Rio de Janeiro, Caderno B, p. 3, 18 nov. 1964.
25. Como aponta Zahidé Muzart, a maranhense Maria Firmina dos Reis (1822-1917), filha de pai negro e mãe branca, foi uma das primeiras autoras a ter livros publicados no Brasil. Seu *Úrsula* é considerado o primeiro romance abolicionista escrito por uma mulher negra. Zahidé Lupinacci Muzart, "Uma pioneira: Maria Firmina dos Reis", *Muitas Vozes*, Ponta Grossa, v. 2, n. 2, pp. 247-60, 2014.
26. "Conceição Evaristo: 'Nossa fala estilhaça a máscara do silêncio'", *CartaCapital*, São Paulo, 13 maio 2017.
27. Poema de Benigno Gama recitado por Almerinda Gama. Ver Almerinda Farias Gama, *Almerinda Farias Gama* (depoimento, 1984), op. cit, p. 23.
28. Benigno Gama, "Feminismo e progresso", *Commercio do Acre*, Xapuri, p. 4, 5 nov. 1916.
29. Almerinda Farias Gama, *Almerinda Farias Gama* (depoimento, 1984), op. cit., p. 22.
30. *Almerinda, uma mulher de Trinta*, op. cit.
31. Ibid.
32. Alana Mara Batista de Souza e Juliana Leite de Souza Nunes, *Alana Mara Batista* (depoimento, 2019), op. cit.
33. O média-metragem *Almerinda, uma mulher de Trinta* foi filmado em 1989 e lançado em 1991.

34. Alana Mara Batista de Souza e Juliana Leite de Souza Nunes, *Alana Mara Batista* (depoimento, 2019), op. cit.
35. *Almerinda, uma mulher de Trinta*, op. cit.
36. Ibid.

22. Pequenas glórias e as contradições da memória [pp. 218-25]

1. Simone de Beauvoir escreve sobre a experiência em seu livro *A velhice*. Trad. de Maria Helena F. Martins. Rio de Janeiro: Nova Fronteira, 2018, p. 398.
2. "Eleições 88: Almerinda Gama foi primeira mulher a votar no Brasil", *Jornal Hoje*, Rio de Janeiro, Rede Globo, 11 out. 1988. Programa de TV.
3. José Manoel Jr., "Almerinda: Resgate de uma mulher", *Jornal do Commercio*, Recife, p. 4, 8 mar. 1991.
4. *Almerinda, uma mulher de Trinta*, op. cit.
5. Ibid.
6. Mas segundo Teresa Marques: "O problema é que havia dúvida se os votos das mulheres do Rio Grande do Norte eram válidos e o assunto voltou ao Senado, que decidiu contrariamente às aspirações das sufragistas de todo o país. Imaginava-se que o exemplo do estado nordestino abriria as portas das seções eleitorais para todas as mulheres brasileiras, mas não foi assim". Teresa Cristina de Novaes Marques, *O voto feminino no Brasil*. Brasília: Edições Câmara, 2019, p. 99.
7. Angela de Castro Gomes, *Velhos militantes*, op. cit., p. 13.
8. *Almerinda, uma mulher de Trinta*, op. cit.

23. A casa, uma herança [pp. 226-33]

1. Almerinda Farias Gama, *Almerinda Farias Gama* (depoimento, 1984), op. cit., p. 76.
2. Ibid.
3. Alana Mara Batista de Souza e Juliana Leite de Souza Nunes, *Alana Mara Batista* (depoimento, 2019), op. cit.
4. Almerinda Gama, "Escreva-se a História", op. cit.
5. Id., *Almerinda Farias Gama* (depoimento, 1984), op. cit., p. 76.
6. Ibid., p. 105.
7. Ibid., p. 77.

Epílogo [pp. 235-9]

1. Almerinda Farias Gama, *Almerinda Farias Gama* (depoimento, 1984), op. cit., p. 76.

Referências bibliográficas

I. Fontes arquivísticas

ATA da Sessão de Assembleia Geral Extraordinária do Sindicato de Datilógrafos, Taquígrafos e Secretários para eleição de delegado(a) eleitor(a) à convenção que elegeria os representantes de classes, 1933. Rio de Janeiro: Arquivo Nacional, BR RJANRIO Q0.ADM, EAF.SDS.I: Dossiê.

BOLETIM da Federação Brasileira pelo Progresso Feminino, ano I, n. I, out. 1934. Rio de Janeiro: Arquivo Nacional, BR RJANRIO Q0.ADM, EOR.CDI, BOL.4: Dossiê.

CARTA de Almerinda Farias Gama a Bertha Lutz justificando impossibilidade de viajar à Bahia, para a II Convenção Nacional Feminista, 22 ago. 1934. Rio de Janeiro: Arquivo Nacional, BR RJANRIO Q0.ADM, COR.A934.10.

CARTA de Almerinda Farias Gama ao ministro Salgado Filho. Fundo da Federação Brasileira pelo Progresso Feminino, 1934. Rio de Janeiro: Arquivo Nacional, BR RJANRIO Q0.ADM, COR.A934.60, v. 1, p. 9.

CARTA e bilhete de Almerinda Farias Gama com pedido de transferência. Rio de Janeiro: Arquivo Nacional, BR RJANRIO Q0.BLZ, COR.TXT, A934.3: Dossiê.

CARTEIRA representativa na Federação do Trabalho do Distrito Federal como delegada do Sindicato dos Datilógrafos e Taquígrafos. Rio de Janeiro: CPDOC-FGV, AFG.dp.33.02.17.

CENTRO Internacional de Leprologia. Relação dos funcionários técnicos e administrativos. Rio de Janeiro: Fundo Carlos Chagas DAD/COC/Fiocruz, BR RJCOC CC.06.096.

EXCURSÃO das participantes do II Congresso Internacional Feminista ao Recreio dos Bandeirantes no Rio de Janeiro, 14 jun. 1931. Rio de Janeiro: Arquivo Nacional, BR_RJANRIO_Q0_ADM_EVE_CNG_FOT_0004_D0017DE001.

FORMULÁRIOS de adesão ao II Congresso Internacional Feminista, realizado pela Federação Brasileira pelo Progresso Feminino, no Rio de Janeiro. Rio de Janeiro: Arquivo Nacional, BR RJANRIO Q0.ADM, EVE.CNG, TXT.10, v.2: Dossiê.

GAMA, Almerinda Farias. Panfleto da campanha eleitoral de Almerinda Farias Gama para o pleito de 14 de outubro de 1934. Rio de Janeiro: CPDOC-FGV, AFG D 1934.10.00.

MANIFESTO do programa do Partido Socialista Proletário do Brasil, ago. 1934. Rio de Janeiro: Arquivo Nacional, BR RJANRIO Q0.ADM, EOR.CDI, POI.99: Dossiê.

RASCUNHOS da Federação Brasileira pelo Progresso Feminino tratando de emendas feministas na Constituição e de estratégia junto a deputados constituintes para aprová-las. Rio de Janeiro: Arquivo Nacional, Fundo da Federação Brasileira pelo Progresso Feminino, BR RJANRIO Q0.ADM, COR.A934.60, V.I.

TEXTOS para o programa *Cinco Minutos de Feminismo* da emissora Rádio Sociedade do Rio de Janeiro, tratando de direitos femininos. Rio de Janeiro: Arquivo Nacional, BR RJANRIO Q0.ADM, EOR.CDI, TDU.IO: Dossiê.

2. Depoimentos orais

GAMA, Almerinda Farias. *Almerinda Farias Gama* (depoimento, 1984). Rio de Janeiro: CPDOC, 2014. 78 pp. dat. Disponível em: <www18.fgv.br/cpdoc/storage/historal/arq/Entrevista22.pdf>. Acesso em: 7 mar. 2025.

SOUZA, Alana Mara Batista de; NUNES, Juliana Leite de Souza. *Alana Mara Batista* (depoimento, 2019) à autora. Caraguatatuba, 24 e 25 jul. 2019.

3. Jornais e revistas

"A ARTE de ser bela". *Fon Fon*, Rio de Janeiro, p. 20, 7 ago. 1943.

"A ASSEMBLEIA do Partido Socialista Proletário". *Correio da Manhã*, Rio de Janeiro, p. 3, 13 set. 1934.

"A CONCESSÃO dos direitos políticos à mulher: *A Batalha* ouve, a respeito, a opinião de elementos de destaque dos círculos feministas". *A Batalha*, Rio de Janeiro, p. 2, 13 mar. 1931.

"A CONTRIBUIÇÃO da Master Systema do Brasil para a Festa da Primavera". *Diario da Noite*, Rio de Janeiro, p. 1, 21 jun. 1934.

"A DACTYLOGRAPHA". *Fon Fon*, Rio de Janeiro, p. 6, 6 dez. 1924.

"A DRA. Bertha Lutz está perigando...". *Jornal do Brasil*, Rio de Janeiro, p. 7, 27 set. 1934.

"A ELEITORA nº 0001 do país votou no PDT". *O Globo*, Rio de Janeiro, p. 12, 16 nov. 1989.

"A FESTA de arte no Minerva: Grande êxito da iniciativa". *Tribuna Popular*, Rio de Janeiro, p. 6, 10 jun. 1947.

"A GUERRA dos sexos na Inglaterra". *Revista da Semana*, Rio de Janeiro, p. 6, 25 out. 1924.

"A MANOBRA". *Careta*, Rio de Janeiro, p. 7, 28 mar. 1931.

"A ORIENTAÇÃO feminista: Personalidades feministas que serão candidatas no próximo pleito eleitoral". *Jornal do Commercio*, Rio de Janeiro, p. 3, 13 set. 1934.

"A REPRESENTAÇÃO das classes". *Correio da Manhã*, Rio de Janeiro, p. 4, 6 jul. 1933.

"A REPRESENTAÇÃO de classes na Assembleia Nacional Constituinte". *A Batalha*, Rio de Janeiro, p. 1, 21 jul. 1933.

"A SITUAÇÃO do país sob o dominio revolucionário". *O Jornal*, Rio de Janeiro, pp. 1-2, 1 nov. 1930.

"AD IMMORTALITATEM: Uma réplica feminina ao acadêmico Humberto de Campos". *Diario da Noite*, Rio de Janeiro, p. 2, 7 mar. 1930.

"ADMINISTRAÇÃO Municipal". *Cruzeiro do Norte*, Maceió, p. 1, 21 fev. 1893.

"AGITAM-SE as garçonetes: Reunião na FPF para tratar do novo horário". *A Noite*, Rio de Janeiro, p. 1, 19 ago. 1933.

"AGRADECIMENTO e convite: José Antonio Gama". *Gutenberg: Orgão da Associação Typographica Alagoana de Socorros Mutuos*, Maceió, 23 maio 1907.

"AINDA o falecimento de José da Silva Gama". *Diario da Noite*, Rio de Janeiro, p. 10, 11 set. 1941.

"ALA Moça do Brasil". *A Batalha*, Rio de Janeiro, p. 2, 30 nov. 1933.

"ALMERINDA: A primeira mulher a votar no país". *O Globo*, Rio de Janeiro, p. 21, 29 nov. 1989.

"AOS 90 anos a primeira a votar". *Jornal do Brasil*, Rio de Janeiro, Caderno Cidade, p. 5, 18 dez. 1989.

"ATOS na Justiça". *Correio da Manhã*, Rio de Janeiro, p. 3, 16 mar. 1967.

"AS MULHERES na Academia". *Fon Fon*, Rio de Janeiro, 26 maio, 1923.

"AUTORES e livros". *Fon Fon*, Rio de Janeiro, p. 54, 15 ago. 1942.

"BELLO Horizonte vai ouvir Sylvia Serafim". *A Esquerda*, Rio de Janeiro, p. 2, 18 dez. 1930.

BIRABEAU, André. "Uma cena de amor". *Fon Fon*, Rio de Janeiro, p. 69, 5 mar. 1927.

BURNETT, Lago. "Literatura". *Jornal do Brasil*, Rio de Janeiro, Caderno B, p. 3, 18 nov. 1964.

"CADA dia melhor!". *Correio Paulistano*, São Paulo, p. 14, 5 jan. 1930.

CASTRO, Augusto de. "A bengala". *A Maçã*, Rio de Janeiro, 23 jul. 1927.

"CENTRO Cívico 4 de Novembro". *Revista Suburbana*, Rio de Janeiro, n. 10, p. 9, nov. 1933.

CLARK, Theresa. "Mãe só muda o endereço". *O Dia*, Rio de Janeiro, 12 maio 1991.

"CLASSIFICADA no concurso do *Globo* uma advogada e poetisa". *O Globo*, Rio de Janeiro, p. 1, 11 jun. 1934.

"COMBATE ao analfabetismo". *O Paiz*, Rio de Janeiro, p. 7, 3 jan. 1934.

"CONCEIÇÃO Evaristo: 'Nossa fala estilhaça a máscara do silêncio'". *CartaCapital*, São Paulo, 13 maio 2017.

"CONFERÊNCIA de Mulheres Trabalhadoras". *Imprensa Popular*, Rio de Janeiro, p. 1, 28 mar. 1956.

"CONFERÊNCIAS literárias: A escritora Sylvia Serafim inicia uma série de interessantes palestras sobre a mulher". *Diario de Noticias*, Rio de Janeiro, p. 2, 28 dez. 1930.

"CONGRESSO Master". *Jornal do Brasil*, Rio de Janeiro, p. 10, 5 out. 1934.

"CONVENÇÃO Nacional de Eleitoras". *Diario de Noticias*, Rio de Janeiro, p. 3, 5 abr. 1933.

"CURSO Popular Chiquinha Gonzaga: Conjunto Artístico Feminino — Sem preocupações político-partidárias — Culto à memória da grande maestrina brasileira". *Diario Carioca*, Rio de Janeiro, p. 1, 12 nov. 1947.

"DATILOGRAFIA". *Jornal do Brasil*, Rio de Janeiro, p. 23, 12 jan. 1941.

"DIA social: Aniversários". *Estado do Pará*, Belém, p. 2, 16 maio 1914.

"DIZ que diz...". *Gazeta de Noticias*, Rio de Janeiro, p. 6, 29 ago. [197-].

"DRA. EMÍLIA Gama". *Gutenberg: Orgão da Associação Typographica Alagoana de Socorros Mutuos*, Maceió, 11 jan. 1906.

"EM TORNO de uma exclusão do Partido Socialista". *Jornal do Brasil*, Rio de Janeiro, p. 7, 27 set. 1934.

FÁBIO, Léo. "Dactylographas". *Fon Fon*, Rio de Janeiro, 12 fev. 1927.

"FEDERAÇÃO Brasileira pelo Progresso Feminino: Projecto de Lei Eleitoral". *Diario de Noticias*, Rio de Janeiro, p. 4, 23 set. 1931.

GAMA, Almerinda. "Aspiração". *A Gazeta*, Florianópolis, p. 2, 26 set. 1936.

_____. "Cultura feminina". *A Esquerda*, Rio de Janeiro, p. 2, 13 dez. 1930.

_____. "O Dia das Mães: Homenagem merecida". *Diario de Noticias*, Rio de Janeiro, p. 19, 24 abr. 1932.

_____. "Divórcio: Um bem ou um mal?". *Diario de Noticias*, Rio de Janeiro, p. 2, 30 nov. 1932.

_____. "Eros Volúsia". *Diario de Noticias*, Rio de Janeiro, p. 14, 11 dez. 1932.

_____. "Escreva-se a História". *A Provincia do Pará*, Belém, 14 dez. 1975.

_____. "Homenagem". *O Malho*, Rio de Janeiro, p. 10, 15 abr. 1933.

_____. "Livros do dia: *Zumbi*". *A Manhã*, Rio de Janeiro, p. 7, 22 abr. 1942.

_____. "Passeio de automóvel". *A Gazeta*, Florianópolis, p. 2, 25 set. 1936.

_____. "Perspectiva". *O Jornal*, Rio de Janeiro, p. 10, 4 maio 1930.

_____. "Perspectiva". *O Jornal*, Rio de Janeiro, p. 7, 7 set. 1930.

_____. "Perspectiva". *O Jornal*, Rio de Janeiro, Terceira Seção, p. 7, 20 jul. 1930.

_____. "Perspectiva". *O Jornal*, Rio de Janeiro, p. 34, 20 jul. 1930.

_____. "Raça". *A Noticia*, Joinville, p. 7, 1 maio 1938.

_____. "Na Conferência Nacional de Proteção à Infância". *Jornal do Brasil*, Rio de Janeiro, p. 10, 21 set. 1933.

GAMA, Benigno. "Feminismo e progresso". *Commercio do Acre*, Xapuri, p. 4, 5 nov. 1916.

"GYMNASIO Almerinda Gama". *A Batalha*, Rio de Janeiro, p. 5, 17 fev. 1934.

"HORA de arte". *Jornal do Brasil*, Rio de Janeiro, p. 24, 9 jul. 1933.

"HOTEL Glória: Inauguração das instalações elétricas". *Fon Fon*, Rio de Janeiro, p. 34, 26 ago. 1922.

"INAUGURAÇÕES". *Correio da Manhã*, Rio de Janeiro, p. 7, 17 fev. 1934.

"INAUGUROU-SE hontem a Convenção Feminista". *Diario de Noticias*, Rio de Janeiro, p. 1, 4 abr. 1933.

"INFLUÊNCIAS...". *Jornal das Moças*, Rio de Janeiro, 23 jun. 1921.

"IRRADIAÇÃO vitoriosa do trabalho feminino". *Vida Domestica*, Rio de Janeiro, p. 61, out. 1930.

"JUSTIÇA! Justiça! Meretriz assassina!". *Critica*, Rio de Janeiro, p. 1, 7 jan. 1930.

"JUSTIÇA para o povo é gênero de primeira necessidade". *Diario de Noticias*, Rio de Janeiro, Segunda Seção, p. 2, 22 maio 1949.

KEY, Ellen. "Perfis internacionais". *Fon Fon*, Rio de Janeiro, n. 28, pp. 28-30, 15 maio 1926.

LEMOS, Ubiratan de. "O mistério da televisão". *O Cruzeiro*, Rio de Janeiro, p. 16, 19 dez. 1955.

MANOEL JR., José. "Almerinda: Resgate de uma mulher". *Jornal do Commercio*, Recife, 8 mar. 1991.

MENEZES, Sergio Schargel Maia de. "Minha bisavó matou um cara". *piauí*, n. 196, jan. 2023. Disponível em: <piaui.folha.uol.com.br/materia/*minha*-bisavo-matou-um-cara>. Acesso em: 9 fev. 2024.

"NA CRUZADA Nacional de Educação Política". *O Globo*, Rio de Janeiro, p. 2, 19 out. 1932.

"NA SOCIEDADE". *Diario da Noite*, Rio de Janeiro, p. 4, 21 abr. 1933.

"NO TEMPLO da Igreja Batista". *Estado do Pará*, Belém, p. 2, 22 nov. 1914.

"O 2º Congresso Feminista será hoje inaugurado". *Correio da Manhã*, Rio de Janeiro, p. 3, 20 jun. 1931.

"O ADEUS da cidade a Roberto Rodrigues". *Critica*, Rio de Janeiro, p. 2, 31 dez. 1929.

"O CARIOCA e o carnaval". *Eu Sei Tudo: Magazine Mensal Illustrado*, Rio de Janeiro, n. 237, p. 11, fev. 1937.

"O DEPUTADO Simões Lopes matou a tiros de revólver o deputado Souza Filho". *O Paiz*, Rio de Janeiro, p. 1, 27 dez. 1929.

"O PLEITO de hoje no Palácio Tiradentes". *Diario da Noite*, Rio de Janeiro, p. 1, 20 jul. 1933.

"O QUE é preciso para ser datilógrafa". *Vida Domestica*, Rio de Janeiro, p. 30, maio de 1942.

"OS BONS dactylographos". *A Esquerda*, Rio de Janeiro, p. 4, 6 out. 1930.

"OS DIREITOS da mulher na Constituição". *Jornal do Brasil*, Rio de Janeiro, p. 9, 23 mar. 1934.

PORTELA, Bastos. "Os homens e as mulheres". *Fon Fon*, Rio de Janeiro, 12 mar. 1932.

"PARTIDO Socialista Proletário do Brasil". *Jornal do Brasil*, Rio de Janeiro, p. 7, 22 set. 1934.

"PRESTES fala em divisão política". *Jornal do Brasil*, Rio de Janeiro, Caderno Cidade, p. 5, 18 dez. 1989.

"PRIMEIRA reunião do Congresso Master". *Jornal do Brasil*, Rio de Janeiro, p. 1, 14 set. 1934.

"QUAL o trabalho commercial em que a actividade da mulher é mais aproveitável?". *Vida Domestica*, Rio de Janeiro, p. 148, jan. 1931.

"QUANDO a mulher se engana". *Vida Domestica*, Rio de Janeiro, p. 85, mar. 1942.

"REGISTRO civil". *Estado do Pará*, Belém, p. 2, 21 maio 1921.

"REPRESENTAÇÃO profissional na Constituinte: Foi oferecido ontem um jantar aos deputados e delegados-eleitores". *Diario da Noite*, Rio de Janeiro, 22 jul. 1933.

"SE FOSSE eleita... As ideias e impressões da única mulher que votou na primeira eleição dos representantes de classe". *A Noiate*, Rio de Janeiro, p. 1, 21 jul. 1933.

"SEGUNDO Congresso Internacional Feminista". *Diario de Noticias*, Rio de Janeiro, pp. 1 e 4, 26 jun. 1931.

"SEGUNDO Congresso Internacional Feminista: O caso Arroxelas Galvão". *Diario de Noticias*, Rio de Janeiro, p. 3, 27 jun. 1931.

SOLAR, Eugenia. "A Beleza na repartição". *O Cruzeiro*, Rio de Janeiro, 29 fev. 1936.

"SRA. MARIE Curie". *Jornal do Commercio*, Rio de Janeiro, p. 6, 29 ago. 1926.

SUPPLEMENTO: Seção de Rotogravura *A Noite*, Rio de Janeiro, p. 4, 15 out. 1930.

"SINDICATOS e Associações". *Diario de Noticias*, Rio de Janeiro, p. 4, 20 jun. 1933.

TURGOT. "A mulher na China". *Careta*, Rio de Janeiro, p. 6, 27 nov. 1937.

"UM BELO gesto de solidariedade". *A Noite*, Rio de Janeiro, p. 12, 19 nov. 1944.

"UNIÃO Feminina de Classes". *Diario de Noticias*, Rio de Janeiro, Segunda Seção, p. 6, 14 set. 1947.

"UM NOVO ESTABELECIMENTO de ensino". *Jornal do Brasil*, Rio de Janeiro, p. 12, 17 fev. 1934.

"VARIAS". *Commercio do Acre*, Xapuri, p. 4, 10 set. 1916.

VIEIRA, José. "Vida literária", *Revista Brasileira*, ano III, n. 5, Rio de Janeiro, mar. 1943.

4. Bibliografia geral

ALMERINDA, a luta continua. Direção de Cibele Tenório. Rio de Janeiro: CPDOV-FGV, 2015. (9 min.) Disponível em: <www.youtube.com/watch?v=Uooc8sux7yI&t=7s>. Acesso em: 14 out. 2020.

ALMERINDA, uma mulher de Trinta. Direção de Joel Zito Araújo. Recife: SOS Corpo, 1991. (26 min.) Disponível em: <www.youtube.com/watch?v=_9jfbUM_zGQ>. Acesso em: 9 fev. 2025.

ALVES, Fabíola Cristina. "Do metafísico ao documental: Projeto, realização e recepção da obra de Eliseu Visconti para o Palácio Tiradentes". *19&20*, Rio de Janeiro, v. XIII, n. 2, jul.-dez. 2018. Disponível em: <www.dezenovevinte.net/obras/fca_visconti.htm>. Acesso em: 10 maio 2019.

_____. "Olhando o passado no Palácio Tiradentes: Um retrato coletivo da autoridade republicana disfarçado de esperança". *Anais do Museu Paulista*, São Paulo: USP, v. 27, 2019.

ANZALDÚA, Gloria. *Borderlands/La Frontera: The New Mestiza*. Madri: Capitán Swing, 2016.

ARAÚJO, Ângela. *Construindo o consentimento: Corporativismo e trabalhadores no Brasil dos anos 30*. Campinas: Unicamp, 1994, p. 243. Tese (Doutorado em Ciência Política).

ARFUCH, Leonor. *La vida narrada: Memoria, subjetividad y política*. Villa María: Eduvim, 2018.

ASSEMBLÉIA NACIONAL CONSTITUINTE, v. XIV. *Annaes...* Rio de Janeiro: Imprensa Nacional, 1936. Disponível em: <bd.camara.leg.br/bd/handle/bdcamara/8168>. Acesso em: 4 ago. 2020.

ATAÍDE, Débora Lucena de. *Jaraguá ontem e hoje: Um lugar sob a ótica dos idosos*. Maceió: Ufal, 2015. Dissertação (Mestrado em Arquitetura).

AVELAR, Alexandre de Sá. "A biografia como escrita da história: Possibilidades, limites e tensões". *Dimensões*, Vitória, v. 24, pp. 157-72, 2010.

BACHELARD, Gaston. *A poética do espaço*. São Paulo: Abril Cultural, 1978, pp. 181-349. (Coleção Os Pensadores).

BAIRROS, Luiza. "Lembrando Lélia Gonzalez". In: WERNECK, Jurema; MENDONÇA, Maisa; WHITE, Evelyn C. *O livro da saúde das mulheres negras: Nossos passos vêm de longe*. Rio de Janeiro: Criola; Pallas, 2000.

BARRETO, Alvaro Augusto de Borba. *Aspectos institucionais e políticos da representação das associações profissionais, no Brasil, nos anos 1930*. Porto Alegre: PUC-RS, 2001. Tese (Doutorado em História).

_____. "A representação das associações profissionais e os primeiros passos da Justiça Eleitoral (1932-1935)". *Revista Brasileira de Ciência Política*, Brasília, n. 19, pp. 221-52, jan.-abr. 2016.

BRASIL. Decreto n. 21 076, de 24 de fevereiro de 1932. Disponível em: <www2.camara.leg.br/legin/fed/decret/1930-1939/decreto-21076-24-fevereiro-1932-507583-publicacaooriginal-1-pe.html>. Acesso em: 8 fev. 2025.

_____. Decreto n. 22 621, de 5 de abril de 1933. Disponível em: <www2.camara.leg.br/legin/fed/decret/1930-1939/decreto-22621-5-abril-1933-509274-publicacaooriginal-1-pe.html>. Acesso em: 8 fev. 2025.

_____. Decreto n. 22 940, de 14 de julho de 1933. Disponível em: <www2.camara.leg.br/legin/fed/decret/1930-1939/decreto-22940-14-julho-1933-516272-publicacaooriginal-1-pe.html>. Acesso em: 15 fev. 2025.

_____. TRIBUNAL SUPERIOR DE JUSTIÇA ELEITORAL. *Boletim Eleitoral*, ano 4, n. 28, fev. 1935.

BEAUVOIR, Simone. *A velhice*. Rio de Janeiro: Nova Fronteira, 2018.

BENJAMIN, Walter. "Experiência e pobreza". In: _____. *Magia e técnica, arte e política*. São Paulo: Brasiliense, 1987a.

_____. "O narrador: Considerações sobre a obra de Nikolai Leskov". In: _____. *Magia e técnica, arte e política*. São Paulo: Brasiliense, 1987b.

_____. *Sobre arte, técnica, linguagem e política*. Lisboa: Relógio d'Água, 1992.

BERNARDES, Maria Elena. *Laura Brandão: A invisibilidade feminina na política*. Campinas: Editora da Unicamp, 2007.

BESSE, Susan K. *Modernizando a desigualdade: Reestruturação da ideologia de gênero no Brasil, 1914-1940*. São Paulo: Edusp, 1999.

BHABHA, Homi. *O local da cultura*. Belo Horizonte: Editora UFMG, 2013.

BITTENCOURT, Maria Luiza Doria. *Trabalho feminino*. Rio de Janeiro: Borsoi, 1938.

BOITO JR., Armando. *O sindicalismo de Estado no Brasil: Uma análise crítica da estrutura sindical*. Campinas: Editora da Unicamp, 1991.

BOMFIM, Edilma Acioli; ROSA E SILVA, Enaura Quixabeira (Orgs.). *Dicionário mulheres de Alagoas: Ontem e hoje*. Maceió: Edufal, 2007, p. 195.

BOSI, Ecléa. *Memória e sociedade: Lembranças de velhos*. São Paulo: Companhia das Letras, 1994.

_____. *O tempo vivo da memória: Ensaios de psicologia social*. São Paulo: Ateliê, 2003.

BOTAS, Nilce Cristina; KOURY, Ana Paula. "A cidade industrial brasileira e a política habitacional na Era Vargas (1930-1954)". *Urbana*, Dossiê: Cidade e Habitação na América Latina, Campinas: Ciec-Unicamp, v. 6, n. 8, jun. 2014. Disponível em: <www.ifch.unicamp.br/ojs/index.php/urbana_old/article/viewFile/1721/pdf>. Acesso em: 15 fev. 2025.

BOURDIEU, Pierre. "A ilusão biográfica". In: AMADO, Janaína; FERREIRA, Marieta Moraes (Orgs.). *Usos e abusos da história oral*. Rio de Janeiro: Editora FGV, 1996, pp. 183-91.

BUITONI, Dulcília Schroeder. *Imprensa feminina*. São Paulo: Ática, 1986.

CARNEIRO, Sueli. *Escritos de uma vida*. São Paulo: Pólen, 2019.

_____. "Enegrecer o feminismo: A situação da mulher negra na América Latina a partir de uma perspectiva de gênero". *Geledés*, 6 mar. 2011. Disponível em: <www.geledes.org.br/enegrecer-o-feminismo-situacao-da-mulher-negra-na-america-latina-partir-de-uma-perspectiva-de-genero>. Acesso em: 25 set. 2020.

CASTRO, Ruy. *O anjo pornográfico: A vida de Nelson Rodrigues*. São Paulo: Companhia das Letras, 1992.

CHARTIER, Roger. "As práticas da escrita". In: ARIÈS, Philippe; DUBY, Georges (Orgs.). *História da vida privada: Da Renascença ao século das luzes*. São Paulo: Companhia das Letras, 2016.

COLLINS, Patricia Hill. *Pensamento feminista negro: Conhecimento, consciência e a política do empoderamento*. São Paulo: Boitempo, 2019.

CRENSHAW, Kimberle. "Mapping the Margins: Intersectionality, Identity Politics, and Violence Against Women of Color". *Racial Equity Tools*, 1994. Disponível em: <www.racialequitytools.org/resourcefiles/mapping-margins.pdf>. Acesso em: 29 ago. 2018.

CUNHA, Vívian da Silva. *Centro Internacional de Leprologia: Ciência, saúde e cooperação internacional no Brasil do entreguerras (1923-1939)*. Rio de Janeiro: Editora Fiocruz, 2011. Tese (Doutorado em História das Ciências e da Saúde).

DAVIS, Angela. *Mulheres, raça e classe*. São Paulo: Boitempo, 2016.

DELGADO DE CARVALHO, Carlos Miguel. *História da cidade do Rio de Janeiro*. Rio de Janeiro: Secretaria Municipal de Cultura, 1990.

DIÁRIO OFICIAL. Rio de Janeiro: Imprensa Nacional, 29 jul. e 3 ago. 1933.

DIAS, Maria Odila Leite da Silva. *Quotidiano e poder em São Paulo no século XIX*. São Paulo: Brasiliense, 1984.

DOLIVEIRA, Clodoveu. *O trabalhador brasileiro: Esboço antropossociológico seguido de inquéritos sobre salários e sobre o trabalho feminino no Brasil*. Rio de Janeiro: Tipografia A Balança, 1933.

DUARTE, Constância Lima. *Imprensa feminina e feminista no Brasil: Século XIX: Dicionário ilustrado*. Belo Horizonte: Autêntica, 2017.

EDMUNDO, Luiz. *O Rio de Janeiro do meu tempo*. Brasília: Senado Federal, Conselho Editorial, 2003.

ESTEVES, Martha de Abreu. *Meninas perdidas: Os populares e o cotidiano do amor no Rio de Janeiro da Belle Époque*. Rio de Janeiro: Paz e Terra, 1989.

FANON, Frantz. *Pele negra, máscaras brancas*. Salvador: Edufba, 2008.

FERNÁDEZ, Brena. "Avanços e retrocessos da participação feminina no mercado de trabalho brasileiro nas décadas de 1920/40/50: O que mudou entre o pré e o pós Segunda Guerra Mundial?". *Revista Brasileira de História & Ciências Sociais*, Rio Grande, v. 15, n. 30, pp. 136-57, 2023.

FLORES, Elio Chaves. "Jacobinismo negro: Lutas políticas e práticas emancipatórias (1930-1964)". In: FERREIRA, Jorge; REIS, Daniel Aarão (Orgs.).

As esquerdas no Brasil, v. 1: A formação das tradições, 1889-1945. Rio de Janeiro: Civilização Brasileira, 2007.

FRACCARO, Glaucia. *Os direitos das mulheres: Feminismo e trabalho no Brasil (1917-1937)*. Rio de Janeiro: Editora FGV, 2018.

FRANCO, Afonso Arinos de Melo. *Curso de direito constitucional brasileiro*. 3. ed. Rio de Janeiro: Forense, 2019, p. 370.

GAMA, Almerinda. *O dedo de Luciano: Noções de higiene*. São Paulo: Guaraná Champagne Antarctica, 1964.

_____. *Solidão*. Rio de Janeiro: Escola Nacional de Música da UFRJ, [19--].

_____. *Zumbi*. Rio de Janeiro: Gráfica Canton & Reile, 1942.

GERSON, Brasil. *História das ruas do Rio e da sua liderança na história política do Brasil*. Rio de Janeiro: Lacerda, 2010.

GOMES, Angela de Castro. *A invenção do trabalhismo*. Rio de Janeiro: Editora FGV, 2005.

_____. "A representação de classes na Constituinte de 1934". *Revista de Ciência Política*, Rio de Janeiro, v. 21, n. 3, pp. 53-116, set. 1978.

_____. *Velhos militantes: Depoimentos*. Rio de Janeiro: Jorge Zahar, 1988.

_____ et al. (Coords.). *Regionalismo e centralização política: Partidos e Constituinte nos anos 30*. Rio de Janeiro: Nova Fronteira, 1980.

HALBWACHS, Maurice. *A memória coletiva*. São Paulo: Centauro, 2013.

HALL, Stuart. *A identidade cultural na pós-modernidade*. Rio de Janeiro: DP&A, 2006.

_____. *Cultura e representação*. Rio de Janeiro: Editora PUC-Rio; Apicuri, 2016.

_____. *Da diáspora: Identidades e medicações culturais*. Belo Horizonte: Editora UFMG, 2003.

HOOKS, bell. *O feminismo é para todo mundo: Políticas arrebatadoras*. Rio de Janeiro: Rosa dos Tempos, 2019.

INSTITUTO BRASILEIRO DE GEOGRAFIA E ESTATÍSTICA. *Censo demográfico: População e habitação*. Série Regional, parte XVI. Rio de Janeiro: Serviço Gráfico do Instituto Brasileiro de Geografia e Estatística, 1951.

JAMES, Daniel. *Doña María: Historia de vida, memoria y identidad política*. Buenos Aires: Manantial, 2004.

KAREPOVS, Dainis; MARQUES NETO, José C.; FACCIOLI, Valentim. "Memória: Plínio Melo". *Teoria e Debate*, n. 7, p. 34, 1 jul. 1989.

LAVELLE, Patrícia. "O crítico e o contador de histórias". In: LAVELLE, Patrícia (Org.). *Walter Benjamin: A arte de contar histórias*. Trad. de Georg Otte, Marcelo Backes e Patrícia Lavelle. São Paulo: Hedra, 2018.

LEAL, Victor Nunes. *Coronelismo, enxada e voto: O município e o regime representativo no Brasil*. São Paulo: Companhia das Letras, 2012.

LIMA JR., Félix. *Maceió de outrora*. v. 2. Maceió: Edufal, 2001

LOBATO, Mirta Zaida. *Historia de las trabajadoras en la Argentina (1869-1960)*. Buenos Aires: Edhasa, 2007.

_____. "Las rutas de las ideas: 'Cuestión social', feminismos y trabajo femenino". *Revista de Indias*, Buenos Aires, v. LXXIII, n. 257, pp. 131-56, 2013.

LOBO, Eulália Maria Lahmeyer. *Rio de Janeiro operário: Natureza do Estado, a conjuntura econômica, condições de vida e consciência de classe, 1930-1970*. Rio de Janeiro: Access, 1992.

LOPES, Nei. *Enciclopédia brasileira da diáspora africana*. São Paulo: Selo Negro, 2004.

MACHADO, Gilka. *Poesia completa*. Org. de Jamyle Rkain. São Paulo: Selo Demônio Negro, 2017.

MARINS, Paulo César Garcez. "Habitação e vizinhança: Limites da privacidade no surgimento das metrópoles brasileiras". In: NOVAIS, Fernando A.; SEVCENKO, Nicolau. *História da vida privada no Brasil*, v. 3. São Paulo: Companhia das Letras, 2016, pp. 132-214.

MARQUES, Teresa Cristina de Novaes. "A regulação do trabalho feminino em um sistema político masculino, Brasil: 1932-1943". *Estudos Históricos*, Rio de Janeiro, v. 29, n. 59, pp. 667-86, set.-dez. 2016.

_____. *As eleições para a Assembleia Nacional Constituinte em 1933*. Brasília: Edições Câmara, 2024.

_____. *Bertha Lutz: Perfis parlamentares*. Brasília: Edições Câmara, 2016.

_____. "Elas também desejam participar da vida pública: Várias formas de participação política feminina entre 1850 e 1932". *Revista Gênero*, Niterói: EdUFF, v. 4, n. 2, 1º sem. 2004.

_____. *O voto feminino no Brasil*. Brasília: Edições Câmara, 2019.

MARQUES, Teresa Cristina de Novaes; MELO, Hildete Pereira de. "Os direitos civis das mulheres casadas no Brasil entre 1916 e 1962: Ou como são feitas as leis". *Estudos Feministas*, Florianópolis, v. 16, n. 2, pp. 463-88, maio--ago. 2008.

MARTIN-FUGIER, Anne. "Os ritos da vida privada burguesa". In: PERROT, Michelle (Org.). *História da vida privada*, v. 4: Da Revolução Francesa à Primeira Guerra. São Paulo: Companhia das Letras, 2020, pp. 176-245.

MARTINS, Carla Guedes. *Revista do Trabalho: Uma contribuição para a história do direito do trabalho no Brasil*. Niterói: UFF, 2000. Dissertação (Mestrado em História).

MEIRELLES, Nevolana Sampaio et al. "Teses doutorais de titulados pela Faculdade de Medicina da Bahia, de 1840 a 1928". *Gazeta Médica da Bahia*, Salvador, v. 74, n. 1, pp. 9-101, jan.-jun. 2004.

MEMÓRIA de mulheres. Direção de Maria Angélica Lemos e Márcia Meireles. São Paulo: COMULHER, 1992. (37 min.) Disponível em: <www.youtube.com/watch?v=FjypbfewHyc&t=651s>. Acesso em: 10 fev. 2025.

MEMÓRIAS de classe. Direção de Joel Zito Araújo, 1989. (39 min.) Disponível em: <mostrajoelzitoaraujo.com.br/filmes/memorias-de-classe/>. Acesso em: 15 fev. 2025.

MENEZES, Sergio Schargel Maia de Menezes. *As multifacetas de Sylvia Serafim: Uma disputa na imprensa em torno de uma intelectual esquecida*. Rio de Janeiro: UERJ, 2024. Tese (Doutorado em Comunicação).

MUZART, Zahidé Lupinacci. "Uma pioneira: Maria Firmina dos Reis". *Muitas Vozes*, Ponta Grossa, v. 2, n. 2, pp. 247-60, 2014.

NICOLAU, Jairo. *História do voto no Brasil*. Rio de Janeiro: Jorge Zahar, 2004.

PATEMAN, Carole. *O contrato sexual*. Trad. de Marta Avancini. Rio de Janeiro: Paz e Terra, 1993.

PERROT, Michelle. "À margem: Solteiros e solitários". In: _____ (Org.). *História da vida privada*, v. 4: Da Revolução Francesa à Primeira Guerra. São Paulo: Companhia das Letras, 2020, pp. 268-82.

_____. *As mulheres ou os silêncios da história*. Trad. de Viviane Ribeiro. Bauru: Edusc, 2005.

_____. "As novas profissões do setor terciário: Vendedoras, secretárias, enfermeiras, professoras primárias". In: _____. *Minha história das mulheres*. São Paulo: Contexto, 2007, pp. 123-6.

_____. "Maneiras de morar". In: _____ (Org.). *História da vida privada*, v. 4: Da Revolução Francesa à Primeira Guerra. São Paulo: Companhia das Letras, 2020, pp. 284-301.

_____. "Práticas da memória feminina". *Revista Brasileira de História*, São Paulo, n. 18, pp. 9-18, 1989.

POLLAK, Michael. "Memória, esquecimento, silêncio". *Revista Estudos Históricos*, Rio de Janeiro, v. 5, n. 10, 1992.

QUEIROLO, Graciela A. "Dactilógrafas y secretarias perfectas: El proceso de feminización de los empleos administrativos (Buenos Aires, 1910-1950)". *Historia Crítica*, Bogotá: Universidad de los Andes, n. 57, pp. 117-37, 2015.

_____. *Mujeres en las oficinas: Trabajo, género y clase en el sector administrativo (Buenos Aires, 1910-1950)*. Buenos Aires: Biblos, 2018.

RAGO, Margareth. *Do cabaré ao lar: A utopia da cidade disciplinar e a resistência anarquista: Brasil 1890-1930*. São Paulo: Paz e Terra, 2014.

RICCI, Paolo (Org.). *As eleições na Primeira República, 1889-1930*. Brasília: Tribunal Superior Eleitoral, 2021.

RIO, João do. "As mariposas do luxo". In: _____. *A alma encantadora das ruas*. São Paulo: Companhia das Letras, 1997, pp. 245-55.

ROCHA, Elaine Pereira. "Antes índio que negro". *Dimensões*, Vitória: Ufes, v. 18, pp. 203-20, 2006. Disponível em: <periodicos.ufes.br/index.php/dimensoes/article/view/2444>. Acesso em: 5 ago. 2020.

SAFFIOTI, Heleieth. *A mulher na sociedade de classes: Mito e realidade*. São Paulo: Expressão Popular, 2013.

SANT'ANNA, Adelle Jeanne Santos. *A Delegação Suburbana da Frente Negra Brasileira: Apontamentos sobre a sede frentenegriana do bairro de Madureira*.

Rio de Janeiro: Escola Superior de Ciências Sociais da Fundação Getulio Vargas, 2019.

SCHAPOCHNIK, Nelson. "Cartões-postais, álbuns de família e ícones da intimidade". In: NOVAIS, Fernando A.; SEVCENKO, Nicolau. *História da vida privada no Brasil*, v. 3. São Paulo: Companhia das Letras, 2016, pp. 423-512.

SCHUMAHER, Schuma. *Gogó de emas: A participação das mulheres na história do estado de Alagoas*. Rio de Janeiro: Imprensa Oficial; Redeh, 2004.

_____. ; VITAL BRAZIL, Érico. *Mulheres negras do Brasil*. Rio de Janeiro: Senac; Redeh, 2007.

SCOTT, Joan. *Gender and the Politics of History*. Nova York: Columbia University Press, 1988.

_____. "Gênero: Uma categoria útil de análise histórica". *Educação & Realidade*, Porto Alegre, v. 20, n. 2, pp. 71-99, 1990.

_____. *Only Paradoxes to Offer: French Feminists and the Rights of Man*. Cambridge: Harvard University Press, 1996.

SILVA, De Plácido e. *Vocabulário jurídico*. 15. ed. rev. e atual. Rio de Janeiro: Forense, 1999, p. 137.

SILVA, Francisco Carlos Teixeira da. "Crise da ditadura militar e o processo de abertura política no Brasil, 1974-1985". In: FERREIRA, Jorge; DELGADO, Lucillia de Almeida Neves. *O Brasil republicano: O tempo da ditadura: Regime militar e movimentos sociais em fins do século XX*. Rio de Janeiro: Civilização Brasileira, 2019, Livro 4, pp. 107-32

SILVA, Midihã Ferreira. *Gênero e pobreza: Um estudo de caso das mulheres chefes de domicílio das comunidades de baixa renda do Caju*. Niterói: UFF, 2006. Dissertação (Mestrado em Economia).

SOARES, Karol Gillet. *As formas de morar na Belém da Belle Époque (1870--1910)*. Belém: UFPA, 2008. Dissertação (Mestrado em História Social da Amazônia).

SODRÉ, Lauro. *Mensagem apresentada pelo senhor Governador Lauro Sodré ao Congresso Legislativo do estado do Pará. Em sessão solene de abertura da 2ª reunião da 10ª legislatura a 7 de setembro de 1919*. Belém: Typ. da Imprensa Oficial do Estado, 1918, p. 123.

SPIVAK, Gayatri Chakravorty. *Pode o subalterno falar?*. Belo Horizonte: Editora UFMG, 2010.

STEPAN, Nancy Leys. *A hora da eugenia: Raça, gênero e nação na América Latina*. Rio de Janeiro: Editora Fiocruz, 2014.

STOTZ, Eduardo Navarro. *Do sindicato livre ao atrelado pelo Estado: Os metalúrgicos cariocas entre 1917 e 1945*. São Paulo: Alameda, 2020.

STROM, Sharon Hartman. *Beyond the Typewriter: Gender, Class, and the Origins of Modern American Office Work, 1900-1930*. Champaign: University of Illinois Press, 1992.

TRAVERSO, Enzo. *O passado, modos de usar: História, memória e política*. Lisboa: Unipop, 2012.

TENÓRIO, Patrícia Cibele da Silva. *A vida na ponta dos dedos: A trajetória de vida de Almerinda Farias Gama (1899-1999): Feminismo, sindicalismo e identidade política*. Brasília: UnB, 2020. Dissertação (Mestrado em História).

WEINSTEIN, Bárbara. "'Elas nem parecem operárias': Feminilidade e classe na América Latina no século XX". *Anos 90*, Porto Alegre, v. 17, n. 31, pp. 145--71, jul. 2010.

Créditos das imagens

pp. 9, 33, 38, 40, 42, 80, 129 (acima), 130-1, 161: CPDOC-FGV

p. 21: (acima) *Posse de Deodoro da Fonseca: Primeiro estudo para o Palácio Tiradentes*, de Eliseu Visconti. Pintura a óleo. Niterói: Museu do Ingá, [192-]; (abaixo) *Assinatura da Constituição de 1891: Decoração principal da mesa diretora da Assembleia Legislativa do Rio de Janeiro — Palácio Tiradentes*, de Eliseu Visconti.

pp. 46, 50, 74, 93-4, 117, 124, 148, 178: Acervo da Biblioteca Nacional

pp. 68, 83, 139, 153: Acervo do Arquivo Nacional

pp. 129, 132-6, 176, 188, 190-1, 195-6, 200-1, 209, 211, 213, 220, 231, 239: Arquivo da família

p. 185: Arquivo da autora

p. 222: Jorge Rodrigues Jorge/ Agência *O Globo*

© Cibele Tenório, 2025

Todos os direitos desta edição reservados à Todavia.

Grafia atualizada segundo o Acordo Ortográfico da Língua
Portuguesa de 1990, que entrou em vigor no Brasil em 2009.

capa
Paula Carvalho
foto de capa
CPDOC-FGV
obra de capa
Silvana Mendes
composição
Stephanie Y. Shu
preparação
Gabriela Marques Rocha
tratamento de imagens
Carlos Mesquita
checagem
Érico Melo
revisão
Karina Okamoto
Huendel Viana

Dados Internacionais de Catalogação na Publicação (CIP)

Tenório, Cibele (1983-)
Almerinda Gama : A sufragista negra / Cibele Tenório.
— 1. ed. — São Paulo : Todavia, 2025.

ISBN 978-65-5692-833-3

1. Biografia. 2. Perfil biográfico. 3. Sufrágio.
4. Feminismo. I. Título.

CDD 928

Índice para catálogo sistemático:
1. Biografia : Perfil biográfico 928

Bruna Heller — Bibliotecária — CRB 10/2348

todavia
Rua Fidalga, 826
05432.000 São Paulo SP
T. 55 11. 3094 0500
www.todavialivros.com.br

fonte
Register*
papel
Pólen natural 80 g/m²
impressão
Geográfica